Bildbearbeitung mit Capture NX 2

Walter Schlögl fotografiert gemeinsam mit seiner Frau seit 15 Jahren mit Nikon (Kleinbild, Digital) und mit Mamiya (Mittelformat). Er lebt in Wien und arbeitet als IT-Techniker mit Oracle Datenbanken. Seine Freizeit verbringt er meist in der Natur und ist dabei selten ohne Kamera anzutreffen. Die Motive findet er auf Ausflügen in der näheren Umgebung und auf Reisen in der ganzen Welt.

Sein Einstieg in die Digitalfotografie vor mehr als zwei Jahren war zufällig zur gleichen Zeit, als Nikon die Version 1.0.0 von Capture NX veröffentlicht hat. Er kennt daher diese Software mit all ihren Vor- und Nachteilen von Anfang an.

Walter Schlögl

Bildbearbeitung mit Capture NX 2

Der digitale Fotoworkflow mit dem Nikon-System

2., aktualisierte und erweiterte Auflage

Walter Schlögl
Walter.Schloegl-Resch@aon.at

Lektorat: Gerhard Rossbach, Dr. Michael Barabas
Copy-Editing: Alexander Reischert, Köln
Satz & Herstellung: Josef Hegele
Umschlaggestaltung: Helmut Kraus, www.exclam.de
Druck und Bindung: LegoPrint, Lavis, Italien

Bibliografische Information Der Deutschen Bibliothek
Die Deutsche Bibliothek verzeichnet diese Publikation in der Deutschen Nationalbibliografie;
detaillierte bibliografische Daten sind im Internet über <http://dnb.ddb.de> abrufbar.

ISBN 978-3-89864-549-2

2. Auflage 2008
Copyright © 2008 dpunkt.verlag GmbH
Ringstraße 19
69115 Heidelberg

5 4 3 2 1 0

Vorwort

In sehr kurzer Zeit hat die Digitalfotografie die Analogfotografie abgelöst. Fast unüberschaubar sind bereits die Angebote an Digitalkameras, aber noch lassen die Möglichkeiten der Nachbearbeitung, Verwaltung und Präsentation von digitalen Bildern einiges zu wünschen übrig. Kaum eines der unzähligen Programme geht über die im Massenmarkt verlangten Standardfunktionen hinaus. Wer nach 16-bit Bearbeitung, Farbprofilen oder einfach guter Qualität sucht, für den wird der Markt bereits recht klein.

Seit vielen Jahren vertraue ich auf Nikonkameras und -objektive und habe auf vielen Reisen Natur- und Landschaftsfotografie auf analogem Filmmaterial (Kleinbild, aber auch 4,5x6 Mittelformat) unzählige Filme belichtet. Am Anfang der Entwicklung von Digitalkameras war ich noch nicht ganz überzeugt, denn zu schwierig erschien dieses Medium für unsere wochenlangen Reisen weitab von Steckdosen und PCs zu passen. Angesichts manch ungeklärter Fragen bin ich erst nach vielen Diskussionen sehr spät auf Digitalfotografie umgestiegen. Nicht völlig umgestiegen – denn unsere Analogkameras haben wir behalten und werden weiterhin, wenn auch in reduziertem Maße, auf Diafilm fotografieren.

Meine Frau und ich haben unsere erste Digitalkamera, eine Nikon D200, 2006 gekauft und uns sehr rasch an die Vorteile des digitalen Fotografierens gewöhnt. Wir variieren die ISO von 100 bis 400, sehen uns die Bilder und das Histogramm am Kameramonitor an und nützen die Möglichkeit, nicht zufriedenstellende Fotos noch vor Ort zu löschen und die Aufnahme zu wiederholen.

Die Sache ändert sich dann aber, wenn man mit einer Speicherkarte voller Aufnahmen heimkommt. Was früher ganz einfach war – nämlich die entwickelten Dias zu rahmen, auszuwählen und zu projizieren – ist plötzlich einem komplexen Arbeitsablauf gewichen:

Unter welchem Namen soll ich die Bilder speichern? – Wie beschriften? – Welche Möglichkeiten der Nachbearbeitung habe ich? – Brauche ich RAW? – Wie projiziere ich meine Bilder mit sanfter ruckelfreier Überblendung? Brauche ich ein Backup? – Sicher fallen Ihnen noch eine ganze Menge weiterer Fragen ein, die Sie haben, seit Sie sich der Digitalfotografie widmen.

Im Freundeskreis und in den einschlägigen Internetforen wurde mir rasch klar, dass es vielen frischgebackenen Digitalfotografen gar nicht so leicht fällt, einen praktikablen und wenig zeitaufwendigen Arbeitsablauf zu entwickeln.

Das 2006 von Nikon auf den Markt gebrachte Programm Capture NX bietet nun eine Reihe von sehr brauchbaren Funktionen, die ohne großen Aufwand eine Nachbearbeitung (inkl. RAW-Konvertierung) und eine einfache IPTC-Beschriftung der digitalen Bilder erlauben. Die Zusammenfassung von RAW-Konvertierung und nicht destruktiver Nachbearbeitung in einem Programm und in einer Bilddatei (dem NEF-Format) sind in dieser Form bisher einzigartig.

Während Capture NX in der Version 1 noch einige Kanten und Ecken hatte und die Bedienung auf älteren Computern zum Geduldspiel wurde, hat Nikon die Kundenwünsche erhört und Mitte 2008 mit der Version 2 viele Neuerungen eingeführt. Nun ist auch der lang ersehnte Retusche-Pinsel verfügbar, und die vielgelobte Auswahlmöglichkeit mittels Kontrollpunkten kann jetzt mit allen weiteren Bearbeitungsschritten kombiniert werden. Der anpassbare Arbeitsbereich berücksichtigt nun auch einen 2-Schirm-Betrieb, und die Integration von Auswahlfeldern ermöglicht eine flüssige Bedienung ohne Öffnen zusätzlicher Dialoge. Auch die gesteigerte Performance kommt der Bedienung zugute.

Das vorliegende Buch behandelt das Programm Capture NX praxisorientiert und eignet sich sowohl zur ersten Einarbeitung in das Programm, als auch zur Referenz und Nachschlagewerk. Durch ein eigenes Einführungskapitel konnte sowohl die Übersichtlichkeit gewahrt als auch der Nutzen für Profi wie auch Einsteiger erhöht werden. In einem eigenen Kapitel wird auf die wichtigsten Begriffe zum Thema Farbmanagement hingewiesen, deren Kenntnis und Anwendung notwendig sind, um Farben unverfälscht zu Papier zu bekommen. Das letzte Kapitel zeigt den gesamten Arbeitsablauf des Digital-Fotografen und liefert Hinweise auf ergänzende Software, die einen wertvollen Beitrag für die Arbeit am PC darstellen können.

Danksagung

Ganz herzlich möchte ich an dieser Stelle den Diskussionsteilnehmern im Forum nikonfotografie.de danken. Die fundierten Hinweise und Vorschläge waren mir eine wertvolle Hilfe. Weiters danke ich Herrn Gerhard Rossbach, der von Anfang an überzeugt war, das Werk auf den Markt bringen zu können, Herrn Helmut Kraus für die gelungene Gestaltung des Titelcovers, Herrn Alexander Reischert für die sorgfältige Lektoratsarbeit, Herrn Josef Hegele für die Erstellung des Layouts und insbesondere meiner Frau, ohne deren Unterstützung dieses Buch niemals entstanden wäre.

Hinweise und Verbesserungsvorschläge senden Sie bitte an: CaptureNX@aon.at

Wien, Juli 2008   Walter Schlögl

Über dieses Buch

Dieses Buch richtet sich an Fotografen, die mit digitalen Nikon-Spiegelreflexkameras in RAW oder JPEG fotografieren und ihre Aufnahmen mit Nikon Capture NX nachbearbeiten wollen. Da Capture NX gerne auch mit weiteren Programmen kombiniert wird, wurde auch diesem Umstand durch entsprechende Hinweise Rechnung getragen.

Das Buch ist in folgende Kapitel unterteilt:

1. Grundlagen der Bildbearbeitung

Gibt eine kurze Einführung in das Thema Bildbearbeitung und zeigt, wie grundsätzlich ein Bild mit einem RAW-Konverter nachbearbeitet wird. Da Capture NX jedoch wesentlich mehr als nur ein RAW-Konverter ist, wird hier auch auf jene Funktionen eingegangen, die ein üblicher RAW-Konverter nicht bietet. Dieses Kapitel richtet sich vorrangig an jene, die bisher wenig professionelle Erfahrung mit anderen Bildbearbeitungsprogrammen gesammelt haben und für die Capture NX den Einstieg in die anspruchsvolle Bildbearbeitung darstellt. Wer statt RAW bisher nur JPEG genutzt hat, wird überrascht sein, wie hilfreich und komfortabel Capture NX selbst bei JPEG Nachbearbeitung ist. Wer nach dieser Lektüre von JPEG auf RAW umsteigt wird noch mehr überrascht sein, dass mit Capture NX selbst der RAW Workflow um nichts aufwändiger als JPEG Bearbeitung ist. Dieses Konzept von Capture NX ist derzeit einzigartig.

2. Digitale Bildbearbeitung

Das Hauptkapitel beschreibt sämtliche Funktionen von Capture NX 2.0 und zeigt, wie diese optimal angewendet werden können. Es werden teilweise Funktionen miteinander verglichen, um alternative Lösungswege aufzuzeigen. Wer Photoshop kennt, wird es hilfreich finden, dass manche Funktionen den entsprechenden Photoshop Menüpunkten gegenübergestellt werden. Wer mit Capture NX neu in das Thema Bildbearbeitung einsteigt, der findet in den Kapiteln 1 und 2 die notwendigen Informationen, um einfache und auch komplexe Nachbearbeitung an digitalen Bildern durchzuführen.

3. Farbmanagement

Gibt einen Überblick über den korrekten Umgang mit Farbräumen und zeigt, wie man Farben unverfälscht zu Papier bringt. Es werden die Grundlagen gezeigt, wie Farben am Monitor optimal angezeigt werden und auch weitgehend mit den Farben im Ausdruck überein stimmen. Die Hinweise können sowohl ohne teure Kalibrierhardware berücksichtigt als auch mit entsprechender Ausrüstung angewendet werden.

4. Workflow und Bildverwaltung

Behandelt den gesamten Arbeitsablauf am PC vom Einlesen der Daten über die Beschriftung der Aufnahmen mittels IPTC bis zur Ausgabe am Drucker oder der Veröffentlichung im Internet. Auch das leicht vernachlässigte Thema der Archivierung wird besprochen.

Ich empfehle für den Einstieg, die Kapitel 1 und 2 vollständig zu erarbeiten. Im Anschluss daran können Sie das Kapitel 2, welches mit wertvollen Querverweisen versehen ist, als Nachschlagewerk bei der Bearbeitung des eigenen Bildmaterials verwenden.

Notation:
 Zusätzliche englischsprachige Begriffe werden *kursiv* geschrieben.

 Menüpunkte werden mit senkrechtem Strich unterteilt (z.B.: Datei | Öffnen).

> Bereit sein ist viel, warten können ist mehr, doch erst den rechten Augenblick nützen ist alles.
>
> *Arthur Schnitzler*

> A great photograph is one that fully expresses what one feels, in the deepest sense, about what is being photographed.
>
> *Ansel Adams*

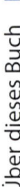

Über dieses Buch

Inhalt

ix

1 Grundlagen der Bildbearbeitung

All jenen, die mit Capture NX ihren ersten Einstieg in die digitale Bildbearbeitung unternehmen, möchte ich einige grundlegende Informationen mit auf den Weg geben, die nicht nur bei diesem, sondern auch bei anderen Programmen für Bildbearbeitung gelten und daher allgemein wertvoll sind. Genauso wie Sie vor dem Kauf des ersten Autos in der Fahrschule einmal fahren gelernt haben, finden Sie hier Begriffe, die Ihnen immer wieder begegnen werden, und Tricks, die Sie bei Capture NX wie auch bei anderen Programmen anwenden können. Ich werde viele Beispiele zwar anhand von Capture NX erklären, trotzdem geht es mir in diesem Kapitel noch nicht um die konkrete Bedienung des Programms. Erwarten Sie daher nicht, dass Sie nach diesem ersten Kapitel bereits eine Autoreise quer durch Europa machen können. Es genügt bereits, wenn Sie anfahren, lenken und stehen bleiben können.

Wenn Sie sich zu den Profis in Sachen Bildbearbeitung zählen und auf Anhieb drei Methoden kennen, die zur Helligkeitsregelung wesentlich besser geeignet sind als der Helligkeitsregler eines Bildbearbeitungsprogramms, dann profitieren Sie von diesem Kapitel ganz besonders. Sie kennen Photoshop oder ein gleichwertiges Programm bereits im Schlaf und wollen nur die reine Bedienung von Capture NX kennenlernen, bitte rücken Sie direkt zum nächsten Kapitel vor. Es wird Sie freuen, im Kapitel 2 nicht aufgrund mehrseitiger Erklärungen von Histogramm und Tonwertkorrektur vielleicht wesentliche und programmspezifische Informationen zu übersehen. Genauso wie in der Bedienungsanleitung eines Autos nicht jedes Mal Pedale, Lenkrad und Gangschaltung erklärt werden, konnte durch die Trennung das Kapitel 2 auch als Nachschlagewerk für die reine Bedienung von Capture NX ohne unnötigen Ballast übersichtlicher gehalten werden.

1.1 Unterschiedliche Bildformate (JPEG / RAW)

Wenn Sie erwartet haben, hier eine Erklärung sämtlicher digitaler Bildformate zu finden, muss ich Sie auf das Kapitel »Workflow« vertrösten. Für den Anfang genügt es, das bekannte JPEG-Format vom noch etwas weniger bekannten RAW-Format zu unterscheiden.

Sie können bei Ihrer Kamera einstellen, ob Sie die Aufnahmen als JPEG- oder als NEF-Datei (das ist das RAW-Format von Nikon) abspeichern wollen. Bei den meisten Nikon-Kameras gibt es auch die Möglichkeit, jedes Bild gleichzeitig sowohl als JPEG wie auch als NEF zu speichern. Das sehr selten auch noch auswählbare TIFF-Format möchte ich hier nicht betrachten, da es an dieser Stelle im Vergleich zu RAW keinen Vorteil bietet.

Was sind die Unterschiede zwischen JPEG und NEF?
JPEG ist ein sehr weit verbreitetes Bildformat, das von jedem Grafikprogramm erkannt wird. Es eignet sich zur Bildbearbeitung, zur Weitergabe an Freunde und Bekannte, zur Veröffentlichung im Internet und zur Fotoausarbeitung. Wer nur mit einer Kompakt-

kamera fotografiert, hat oft gar keine Alternative zum JPEG-Format. Man kann – entgegen anderslautenden Gerüchten – im JPEG-Format sehr gute Fotos machen.

Professionelle Kameras bieten neben JPEG zusätzlich die Möglichkeit, die Aufnahmen auch noch im (zumeist herstellerspezifischen) RAW-Format zu speichern. Nikon hat eines der besten RAW-Formate definiert, das NEF-Format (Nikon Electronic Format). Es bietet bei der Nachbearbeitung weitreichende Möglichkeiten, von denen Capture NX optimalen Gebrauch macht.

Was ist das Besondere am RAW-Format?

Betrachten wir kurz in einem Rückblick eine Analogkamera. Wenn Sie damit einen Film belichten, dann erhalten Sie ein Negativ, auf dem noch nicht sehr viel erkennbar ist. Erst durch die Entwicklung in der Dunkelkammer gewinnen Sie daraus Ihr Bild.

Wenn Sie nun wieder Ihre Digitalkamera hernehmen, dann tritt dort an die Stelle des Films ein Sensor. Dieser zeichnet wiederum das fotografierte Bild auf und speichert es als Bitmuster ab. In die Kamera eingebaut ist eine digitale Dunkelkammer, die das Bild sofort entwickelt. Ohne diese Entwicklung wäre das aufgenommene Bild nur schwarzweiß und auch relativ kontrastlos.

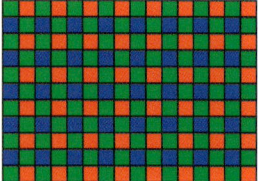

Der Grund dafür liegt zum Teil in der sogenannten Bayer-Matrix, die derzeit bei den meisten Digitalkameras verwendet wird. Die heute üblichen Sensoren können nur Helligkeiten aufzeichnen und keine Farbe erkennen. Der schachbrettartige Farbfilter sorgt dafür, dass 50 % der Sensorpixel Grüntöne aufnehmen (da unser Auge auf Grün empfindlicher reagiert), 25 % sind für Rottöne und 25 % für Blautöne zuständig.

Dieses Rohbild wird (falls die Kamera entsprechend eingestellt ist) als RAW direkt auf die Speicherkarte geschrieben. Gleichzeitig wird das Bild in der Kamera »entwickelt«. Weißabgleich, Kontrast, Schärfe und viele weitere Parameter werden verarbeitet, um aus den Rohdaten des Sensors ein fertiges Bild zu berechnen. Dieses Bild wird am Monitor angezeigt und (wieder nur bei entsprechender Einstellung) als JPEG auf die Speicherkarte geschrieben.

Die Helligkeit wird vom Sensor in weit mehr als 256 Stufen erfasst. Die meisten Kamerasensoren lösen ca. 4000 Helligkeitsstufen (12 Bit) auf, manche erfassen sogar 16.000 Helligkeitsstufen (14 Bit). Das ist weit feiner abgestuft, als unser Auge unterscheiden kann. Für die Ausarbeitung ist es daher völlig ausreichend, eine Farbtiefe von 256 Stufen (8 Bit) zu verwenden. Auch das JPEG-Format verwendet 8 Bit Farbtiefe, um jede der drei Grundfarben (Rot, Grün, Blau) zu kodieren. Da das RAW-Format direkt die Sensordaten speichert, sind im RAW-Bild sämtliche erfassten Helligkeitsstufen (also 12 oder 14 Bit) enthalten.

Welchen Vorteil bietet nun das RAW-Format?

Auf den ersten Blick bietet JPEG alles, was ein Fotograf benötigt. Das RAW-Format erscheint manchen daher unnötig. Vor allem Anfänger wollen unbeschwert fotografieren und vielleicht nur wenige Bilder nachbearbeiten. Wir wollen auch nicht mehr Zeit am PC verbringen als notwendig. Trotzdem ist das RAW-Format mehr als eine kurze Betrachtung wert.

Ich versuche im Folgenden, die häufigsten Gründe zu widerlegen, die gegen das RAW-Format vorgebracht werden.

RAW-Bilder benötigen viel Speicherplatz.

Es ist richtig, dass ein komprimiertes RAW-Bild ungefähr doppelt so groß ist wie ein JPEG in höchster Qualitätsstufe. Andererseits ist Speicherplatz heute keine Preisfrage mehr. Speicherkarten mit 8 GB sind längst finanzierbar, ein Notebook oder Image-Tank mit einer 120 GB-Festplatte kostet nicht die Welt und PCs mit weniger als 500 GB Festplattengröße sind kaum mehr erhältlich. Am Speicherplatz sollte es also nicht scheitern.

Ich benötige meine Aufnahmen noch am gleichen Tag zur Weitergabe.

So mancher Fotograf hat häufig das Problem, dass ihm kaum Zeit zur Nachbearbeitung bleibt. Er benötigt seine Aufnahmen so rasch wie möglich. Eine Lösung wäre (wenn es die Kamera erlaubt) JPEG und NEF gemeinsam abzuspeichern. Dann könnten Sie die besten Aufnahmen sofort als JPEG weitergeben und den Rest in Ruhe aussortieren und als RAW nachbearbeiten. In diesem Fall ist jedoch die dreifache Speichermenge im Vergleich zu JPEG notwendig. Eine andere Möglichkeit wäre, am PC mit Capture NX die NEF-Dateien ohne Nachbearbeitung nach JPEG umzuwandeln.

RAW-Bilder sind wesentlich aufwändiger in der Nachbearbeitung.

Diese Begründung ist sogar von Profifotografen zu hören. Es mag sein, dass mit den meisten bekannten Programmen die RAW-Bearbeitung etwas aufwändiger ist als die gewohnte Bildbearbeitung im JPEG-Format. Sie haben jedoch Glück, da Sie mit Capture NX das einzige Programm am Markt gekauft haben, bei dem die RAW-Bearbeitung genauso einfach ist wie die eines JPEG-Bildes.

Ich möchte meine Bilder gar nicht allzu umfangreich nachbearbeiten.

Sie können Ihre ersten Erfahrungen mit JPEG gewinnen und später immer noch auf RAW umsteigen. Dieses Buch bietet Ihnen auch für die JPEG-Bearbeitung wertvolle Hinweise und Informationen. Dort, wo ein Bearbeitungsschritt nur für NEF verfügbar ist (Beispiel: Weißabgleich), wird explizit darauf hingewiesen und, falls verfügbar, auch auf Alternativen für die JPEG-Bearbeitung verwiesen.

Sie sind immer noch nicht vom Vorteil des RAW-Formates überzeugt und stellen sich weiterhin die Frage: Soll ich nun auch in RAW fotografieren?

Machen wir dazu einen einfachen Test.

Fotografieren Sie ein anspruchsvolles Motiv in RAW+JPEG (AdobeRGB, large, fine) und vergleichen Sie beide Aufnahmen am Monitor und auf dem Ausdruck: Sie werden unmöglich einen Unterschied feststellen. Wenn doch, dann haben Sie bei Ihrem Farbmanagement eine falsche Einstellung gewählt.

JPEG (unbearbeitet) RAW (unbearbeitet)
Es ist kein Unterschied erkennbar!

Warum um alles in der Welt gibt es dann Fotografen, die auf RAW schwören?

Ganz einfach:

▸ Wenn Sie nie den Weißabgleich Ihrer Aufnahmen am PC verbessern wollen,
▸ wenn Sie nie Helligkeit, Kontrast oder Farbe in weiten Bereichen ändern wollen,
▸ wenn Sie nie die Belichtung um ein oder zwei Drittelstufen korrigieren wollen,
▸ wenn Sie nie Kontrast oder Schärfe eines Bildes nachträglich reduzieren wollen,

dann fotografieren Sie in JPEG, andernfalls ist RAW die bessere Wahl.

Im RAW-File sind Weißabgleich und Schärfe noch nicht hineingerechnet, deshalb lassen sich diese Einstellungen nachträglich beliebig ändern.

Ein RAW-Bild besteht aus 12 Bit Farbtiefe (neue Kameras bieten sogar 14 Bit an), deshalb lassen sich umfangreiche Änderungen an Helligkeit oder Kontrast durchführen, ohne die erforderliche Farbtiefe von 8 Bit für den Ausdruck zu gefährden.

Wenn Sie in JPEG fotografieren, reduzieren Sie jeden Farbkanal bereits in der Kamera auf 8 Bit. Dieser Verlust geht Ihnen bei der Nachbearbeitung dann unter Umständen ab, denn er kann bei starker Kontrastanhebung störende Farbabstufungen erzeugen.

> **RAW-Bilder** entsprechen dem Negativ in der Analogfotografie. Es kann bei der Ausarbeitung noch weitgehend Einfluss auf das Ergebnis genommen werden.
> Bei Nikon werden RAW-Bilder im **NEF-Format** gespeichert.

Wenn Sie ein teures Auto mit 6-Zylinder-Motor kaufen, werden Sie auch nicht zwei Zylinder ausschalten, nur weil das Auto auch mit vier Zylindern fährt.

Lassen Sie also Ihre Kamera die volle Farbtiefe abspeichern, nur so haben Sie bei der Nachbearbeitung auch den vollen Spielraum.

Vergleich JPEG / RAW

Bei dem folgenden Beispiel habe ich versucht, in der rechten oberen Ecke eine Struktur in den Wolken herauszuholen, indem ich den Kontrast verstärkt habe. Trotz größter Anstrengung ist es mir bei der JPEG-Aufnahme nicht gelungen, auch nur die kleinsten Strukturen in den Wolken herauszuarbeiten, da die Tonwerte beim JPEG unwiederbringlich verloren sind. Die Wolke im JPEG-Bild ist und bleibt eine einheitlich gefärbte Fläche ohne jede Struktur. Nur die RAW-Aufnahme zeigt, dass der Sensor der Kamera selbst in dieser hellen Fläche deutliche Strukturen aufzeichnen konnte. Mit RAW und Capture NX ist es am PC ein Leichtes, diese Strukturen je nach Bedarf zu verstärken und damit zu betonen.

JPEG (bearbeitet)   RAW (bearbeitet)
Der Unterschied ist deutlich erkennbar!

Fairerweise muss ich dazu anmerken, dass die 8-Bit-Grenze bei JPEG weniger deutlich in Erscheinung tritt, je weniger Kontraständerung bei der Bearbeitung stattfindet. Es wurde das RAW-Bild auch viel stärker abgedunkelt, als für das Motiv wirklich notwendig. Obwohl Himmel und auch Wolken bereits zu dunkel geworden sind, ist damit deutlich erkennbar, welche Reserven in einer RAW-Aufnahme verfügbar sind.

Hinweis: Mit HDRI (High Dynamic Range Imaging) könnte bei dieser Aufnahme noch deutlich besser die Struktur in den überbelichteten Wolken herausgearbeitet werden. Dafür sind jedoch eine Belichtungsreihe und spezielle Software notwendig (siehe dazu auch folgenden Literaturhinweis. [BV09]).

1.2   RAW-Konverter und Bildbearbeitung

Ein RAW-Konverter ist – einfach gesehen – ein Programm, das RAW-Bilder in herkömmliche Formate wie z.B. JPEG oder TIFF umwandeln kann. Würden wir die Bilder mit dem RAW-Konverter einfach nur 1 : 1 umwandeln, ohne sie zu bearbeiten, dann könnten wir uns diesen Schritt sparen und gleich in der Kamera TIFF-Bilder erzeugen. An der Tatsache, dass die meisten Kameras TIFF als Speicheroption gar nicht mehr anbieten, können Sie bereits erkennen, dass der RAW-Konverter mehr ist als nur ein simpler Format-Konverter.

Ich betrachte zuerst einen herkömmlichen RAW-Konverter, wie er vielfach am Markt (teilweise sogar kostenlos) angeboten wird. Im Anschluss daran zeige ich Ihnen den Unterschied zu Capture NX.

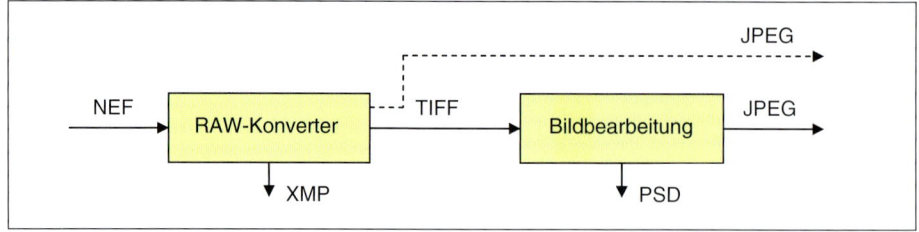

Bei einem herkömmlichen Workflow arbeiten Sie mit einem RAW-Konverter, der das RAW-Bild der Kamera (in unserem Fall die NEF-Datei) lesen, verarbeiten (»entwickeln«) und an eine Bildbearbeitung weitergeben kann. Auf die Bearbeitungsschritte solcher RAW-Konverter möchte ich hier nicht im Detail eingehen, da ich nur den Unterschied zu Capture NX darlegen möchte. Je nach RAW-Konverter können hier Parameter wie Farbtemperatur, Belichtung, Lichter und vieles mehr verändert und auf das gesamte Bild angewendet werden.

Diese RAW-Konverter können entweder als Plug-In für eine Bildbearbeitung oder auch als eigenständiges Programm vorliegen. In beiden Fällen ist eine weitere Bildbearbeitung im Anschluss an den RAW-Konverter mehr oder weniger nahtlos vorgesehen und bei vielen Aufnahmen auch notwendig, da diese RAW-Konverter nur rudimentäre Bearbeitung erlauben. In der nachfolgenden Bildbearbeitung folgen dann jene Korrekturen, die nur auf einzelne Bereiche des Bildes angewendet werden sollen. Es gibt auch viele Parameter, die in beiden Schritten angewendet werden könnten, was die Übersicht nicht unbedingt erhöht. Sollte eine Aufnahme doch keine weitere Bearbeitung benötigen, kann sie auch direkt aus dem RAW-Konverter als JPEG gespeichert werden (in der Abbildung punktiert erkennbar).

Falls Sie die einzelnen Bearbeitungsschritte später einmal ändern wollen, können Sie alle Bearbeitungsschritte des RAW-Konverters je Bild in einer speziellen Datei (zumeist ein XMP-File) ablegen. Auch bei vielen Bildbearbeitungsprogrammen, die eine nicht destruktive Bearbeitung bieten, ist es möglich, die angewendeten Bearbeitungsschritte (z.B. als Einstellungsebenen) in einem bestimmten Format (in diesem Beispiel als PSD-Datei) abzulegen, um sie nachträglich wieder ändern zu können.

Bei einem destruktiven Workflow würden Sie bis auf das fertige JPEG-Bild alle Zwischenschritte löschen. Viele Fotografen haben sich jedoch für einen nicht destruktiven Workflow entschieden, bei dem sie jeden einzelnen Bearbeitungsschritt nachträglich ändern können, z.B. wenn sie merken, dass die Schärfung doch etwas zu stark war. In diesem Fall werden (bis auf die TIFF-Datei, die ohne Aufwand neu generiert werden kann) alle hier genannten Dateien (NEF, XMP, PSD) aufgehoben und auch nach der Bearbeitung nicht gelöscht.

> Bei der nicht destruktiven Bildbearbeitung können sämtliche Bearbeitungsschritte auch nach dem Speichern jederzeit wieder rückgängig gemacht werden.

Je nach verwendetem Programm kann der Workflow mehr oder weniger von dem hier gezeigten abweichen. Ich werde in einem eigenen Kapitel am Ende dieses Buches noch näher auf dieses Thema eingehen.

Im Vergleich zu vorigem Beispiel bietet der Workflow mit Capture NX einige Vorteile.

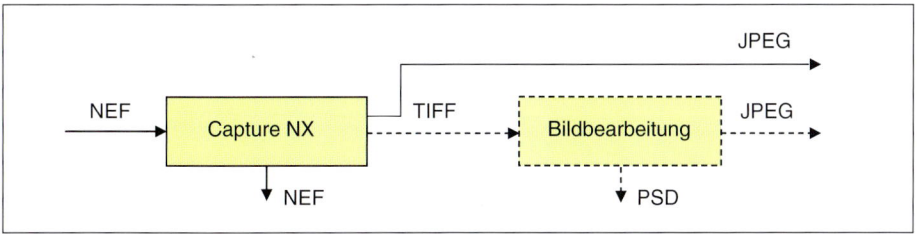

Da Capture NX in der Lage ist, Veränderungen nicht nur auf das gesamte Bild (global), sondern durch gezielte Auswahl auch auf Bereiche eines Bildes (lokal) anzuwenden, entfällt in den meisten Fällen ein zusätzlicher Bearbeitungsschritt in einem weiteren Bildbearbeitungsprogramm (hier daher nur punktiert eingezeichnet). Capture NX bietet neben der RAW-Konvertierung zahlreiche Funktionen zur weiteren Bildbearbeitung, daher kann auf eine nachfolgende Bearbeitung in anderen Programmen größtenteils verzichtet werden.

Ein weiterer wesentlicher Unterschied ist, dass Capture NX sämtliche Kameraeinstellungen auswertet und automatisch auf das RAW-Bild anwendet. Genauso wie die Kamera mit ihrer eingebauten »Dunkelkammer« ein aufgenommenes Bild sofort »entwickeln« und am Monitor anzeigen kann, wird ein in Capture NX geöffnetes NEF-Bild mit den gleichen Einstellungen »entwickelt« und es stimmt die Anzeige am Bildschirm daher sofort mit dem Bild am Kameramonitor oder dem gleichzeitig abgespeicherten JPEG-Bild überein. Im Vergleich dazu zeigt ein RAW-Bild in einem anderen RAW-Konverter zu mehr oder weniger deutlichen Abweichungen im direkten Vergleich mit dem JPEG-Bild aus der Kamera. Dies bedingt oft zusätzliche manuelle Arbeitsschritte, die Ihnen Capture NX erspart.

Capture NX benötigt auch keine zusätzliche Datei, in der die Bearbeitungsschritte abgelegt werden. Alle veränderten Parameter werden direkt in die NEF-Datei geschrieben und müssen somit beim Kopieren oder Verschieben nicht extra berücksichtigt werden. Diese Bearbeitungsschritte können jedoch nur von Capture NX selbst gelesen und interpretiert werden, andere RAW-Konverter ignorieren diese Parameter und zeigen daher immer das unbearbeitete RAW. Wenn Sie das mit Capture NX bearbeitete NEF-Bild in anderen Programmen öffnen wollen, so müssen Sie das Ergebnis daher entweder als TIFF- oder JPEG-Bild speichern, damit die Capture NX-Änderungen auch von anderen Programmen erkannt werden.

Capture NX hat noch ein weiteres Alleinstellungsmerkmal, das ich an dieser Stelle kurz erwähnen möchte. Falls Staub auf dem Sensor kleine sichtbare Flecken auf Ihrem Bild hinterlassen hat und Ihre Kamera die Funktion »Referenzbild« anbietet, dann können Sie in Capture NX die Funktion »Staubentfernung« verwenden, um sehr effizient die Flecken vom NEF-Bild zu entfernen. Sie werden diese Funktion im Kapitel über Bildbearbeitung noch kennenlernen.

Nachdem ich nun Capture NX über alles gelobt habe, möchte ich gleich noch einen kleinen Kritikpunkt anbringen, um nicht den Eindruck zu erwecken, ein Nikon Marketing-Buch zu schreiben. Sollten Sie stürzende Kanten ausrichten wollen, so bietet die aktuelle Version kein geeignetes Werkzeug zur perspektivischen Korrektur.

Wir haben damit Capture NX in unseren Workflow eingeordnet. Im Folgenden möchte ich häufige Bildmängel darstellen und mögliche Lösungen mit Capture NX zeigen.

1.3 Helligkeit und Kontrast

Wir kennen als Fotografen die Funktion des Belichtungsmessers, der dafür sorgen soll, dass unsere Aufnahmen richtig belichtet sind. Genauso gut kennen wir auch jene Fälle, in denen ein Bild zu dunkel oder zu hell wirkt. Beginnen Sie in diesem Fall nicht sofort am Helligkeitsregler zu drehen, sondern betrachten Sie das Problem etwas genauer.

Jedes Bild besteht aus verschieden hellen Bildbereichen, die sich in verschiedene Helligkeitszonen einteilen lassen. Während der berühmte Landschaftsfotograf Ansel Adams für die Ausarbeitung seiner Schwarzweiß-Aufnahmen zehn Helligkeitszonen betrachtet hat, möchte ich mich hier zum Einstieg auf drei Zonen beschränken.

Die hellen Bereiche nennen wir die »**Lichter**«, im Bild links finden wir sie in den hell überstrahlten Wolken und der Spiegelung im Meer.

Die dunklen Bereiche bekommen den Namen »**Schatten**«, in diesem Beispiel sind das die Büsche im Vordergrund.

Die mittleren Helligkeitsbereiche wollen wir »**Mitteltöne**« nennen, das sind hier die dunklen Wolken, die Inseln und deren Schatten im Wasser.

Wenn wir ein Bild vorhin als zu hell oder zu dunkel beurteilt haben, dann können wir dieses Urteil nun wesentlich präziser beschreiben. Ist das Bild nur in den Mitteltönen zu hell bzw. zu dunkel? Wie verhält es sich mit den Lichtern und Schatten, sind in diesem Bereich noch Details zu erkennen oder nicht?

Häufig sind in weißen Wolken keine Strukturen mehr zu erkennen, wir sprechen in diesem Fall von **ausgefressenen Lichtern**. Das Bild muss deshalb nicht überbelichtet sein. Wenn die Mitteltöne und Schatten korrekt wiedergegeben werden, ist das Bild trotzdem brauchbar. Das Gegenteil davon sind die **zugelaufenen Schatten**, die ebenfalls kein Problem darstellen, solange sich in diesem Bereich keine bildwichtigen Objekte befinden.

Das führt uns direkt zum Begriff des Kontrastes, den Sie sicherlich ebenfalls bereits kennen werden. Im Zusammenhang mit Fotos oder Monitoren wird auch häufig von Brillanz gesprochen, was in diesem Fall meist das Gleiche bedeutet. Da in Capture NX der Begriff »Brillanz« nicht vorkommt, werde ich beim Begriff »Kontrast« bleiben.

Kontrast ist der Unterschied zwischen hellen und dunklen Bereichen. Wenn z.B. bei einer Aufnahme in diffusem Licht im Bild keine vollständig schwarzen und auch keine vollständig weißen Bereiche vorkommen, dann sprechen wir von einem geringen Kontrast. Bei sonnigen Landschaftsaufnahmen ist der Kontrast in der Natur häufig so hoch, dass der Sensor unserer Kamera diesen nicht vollständig wiedergeben kann.

Geringer Kontrast *Hoher Kontrast*

Die Anzahl der Helligkeitsstufen, die der Sensor aufzeichnet, hat auf den Kontrastumfang keinen Einfluss. Selbst wenn sich bei Ihrer Kamera die Farbtiefe von 12 Bit auf 14 Bit umschalten lässt, ist der gesamte Kontrastumfang damit nicht größer. Es werden nur die einzelnen Treppenstufen feiner aufgelöst, was im unbearbeiteten Bild jedoch nicht sichtbar wird.

Ähnlich wie Ansel Adams in seiner Dunkelkammer zehn Helligkeitsstufen betrachtet hat, bieten Bildbearbeitungsprogramme ein Werkzeug, mit dem wir 256 Helligkeitsstufen betrachten können. Das Werkzeug kennen Sie bereits von Ihrer Kamera und wissen daher, dass mit dem Histogramm eine wesentlich bessere Beurteilung der Belichtung möglich ist als mit der reinen Bildanzeige auf dem eingebauten Display. Ich zeige Ihnen nun einige typische Aufnahmeprobleme und vergleiche dazu die Anzeige im Histogramm. Selbst wenn Sie einen kalibrierten hochwertigen Monitor verwenden, werden Sie durch Beachtung des Histogramms wesentlich rascher zum gewünschten Ergebnis finden, da wir damit die Helligkeitsstufen im Bild optimal beurteilen können.

1.4 Das Histogramm

Ich möchte Ihnen anhand des folgenden Beispiels erläutern, welche Aussagen wir aus dem Histogramm ziehen können und welche Hilfe es bei der Bearbeitung bietet.

Dieses Bild zeigt den Innenhof des Stiftes St. Florian in Oberösterreich und stammt unbearbeitet direkt aus einer Kamera mit Standardeinstellungen. Das Bild wirkt auf den ersten Blick korrekt belichtet.

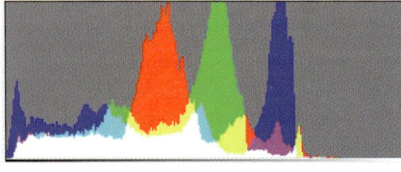 Das Histogramm zeigt, wie viele Pixel im Bild eine bestimmte Helligkeit haben. Je höher der Berg, desto mehr Pixel weisen den entsprechenden Helligkeitswert auf, der auf der horizontalen Achse von Schwarz bis Weiß zu sehen ist. Bei Capture NX wird diese Helligkeit sogar für alle drei Grundfarben (Rot, Grün und Blau) getrennt angezeigt.

Wir sehen im linken Bereich des Histogramms die dunklen Töne, also die Schatten. Da das Histogramm bis an den linken Rand heranreicht, sind Schatten vorhanden. Im rechten Bereich reicht das Histogramm nicht bis an den Rand, es gibt daher keine vollständig weißen Pixel. Die weißen Säulen an der Fassade des Stiftes werden daher als sehr helles Grau wiedergegeben. Der obere Rand des Histogramms ist nur eine Skalierungsfrage und bedeutet nicht, dass Bereiche abgeschnitten werden. In anderen Programmen können die Spitzenwerte daher durchaus höher oder auch weniger hoch angezeigt werden.

Welche Schlüsse können wir aus diesem Histogramm ziehen?

1. Das Histogramm zeigt uns, dass im Bild die Lichter fehlen. Die Verteilung könnte etwas weiter bis zum rechten Rand gehen.

    Diese Aussage ist richtig. Sie werden viele Aufnahmen finden, bei denen nicht der gesamte Tonwertbereich genutzt wird. Während solche Aufnahmen auf einem guten Monitor trotzdem brillant wirken, erscheint das Bild im Druck meist etwas stumpf, da ein gedrucktes Bild nicht so wie der Monitor selbst leuchtet.

    Da unser Auge bei der Beurteilung einer Aufnahme viel kritischer auf ausgefressene Lichter reagiert als auf zugelaufene Schatten, gilt für den Fotografen bei Digitalkameras die gleiche Regel wie beim Diafilm, eher etwas knapper zu belichten. Die Folge davon sollte ein Histogramm sein, das am rechten Rand noch etwas Platz lässt. Wenn Sie Ihre Aufnahmen ohnehin am PC nachbearbeiten, dann bietet dieser ungenutzte Tonwertbereich einen guten Bearbeitungsspielraum. Wenn Sie jedoch die Bilder direkt aus der Kamera ohne Nachbearbeitung verwenden wollen, dann werden Sie die Individualeinstellungen der Kamera vermutlich auf höhere Brillanz einstellen.

2. Das Maximum der roten, grünen und blauen Farbtöne stimmt nicht überein.

    Diese Aussage ist zwar auch richtig, es handelt sich hier jedoch um kein Problem. Da der Himmel deutlich heller ist als das Gebäude, befindet sich das Maximum der blauen Farbtöne im rechten Bereich. Die Kamera hat bei dieser Aufnahme den Weißabgleich korrekt ermittelt. Ein falscher Weißabgleich ist üblicherweise im Histogramm nicht erkennbar. Tatsächlich würde in diesem Fall erst ein völlig falscher Weißabgleich die drei Maxima ungefähr in Deckung bringen.

    Bevor ich nun die Tonwertkorrektur vorstellen möchte, bringe ich noch ein Beispiel, wie wir dieses Bild *nicht* bearbeiten sollten. Wir könnten auf die Idee kommen, mithilfe der Regler für Helligkeit und Kontrast das Histogramm etwas in die Mitte zu verschieben.

Helligkeit erhöht

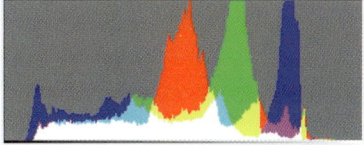

Histogramm nach rechts verschoben

Der Helligkeitsregler schiebt das Histogramm nach rechts. Dunkle, mittlere und helle Tonwerte werden somit gleichermaßen heller. Solange wir darauf achten, dass wir das Histogramm nicht über den Rand hinaus verschieben, gehen bei diesem Schritt keine Tonwerte verloren. Obwohl das Histogramm jetzt gleichmäßig und zentriert aussieht, wirkt das Bild nun etwas zu blass. Das Bild nutzt nicht den gesamten darstellbaren Kontrastumfang, es gibt weder absolut schwarze noch absolut weiße Pixel im Bild. Wir verwenden daher als Nächstes den Kontrastregler, um den Kontrast zu verstärken.

Kontrast erhöht   *Histogramm gedehnt*

Wir hätten erwartet, dass die dunklen Bereiche nach links wandern (und damit dunkler werden) und die hellen Bereiche nach rechts wandern (und damit heller werden). Im Großen und Ganzen ist das auch geschehen, der Kontrast hat merklich zugenommen. Wir hätten jedoch sicherlich nicht erwartet, dass im linken Bereich die dunklen Tonwerte nicht sauber bis zum Rand verlaufen. Ohne Beobachtung des Histogramms wäre uns diese Schwäche des Kontrastreglers sicher nicht aufgefallen. Auch in anderen Programmen ist mit diesen beiden Reglern keine sehr zielsichere Einstellung des Tonwertverlaufs zu erreichen. Ich zeige Ihnen daher im folgenden Kapitel, wie Sie Helligkeit und Kontrast mühelos in den Griff bekommen.

1.5   Professionelle Werkzeuge

Für einen Einsteiger mag der Regler für Helligkeit und Kontrast das wichtigste Werkzeug bei der Bildbearbeitung darstellen. Der Profi verwendet hingegen lieber die kompliziert aussehenden Werkzeuge »Tonwertkorrektur« und »Gradationskurve«, wie sie in den meisten Bildbearbeitungsprogrammen (jedoch nicht in allen RAW-Konvertern) zu finden sind. Capture NX hat diese beiden Regler sogar zu einem einzigen vereint. Für die Regelung der Helligkeit bei RAW-Aufnahmen gibt es darüber hinaus einen eigenen Regler »Belichtungskorrektur«, den ich jedoch erst im Kapitel über Bildbearbeitung vorstellen möchte. Da es mir an dieser Stelle noch gar nicht um die Bedienung des Programms selber geht, sondern ich nur das grundsätzliche Verständnis für die eingesetzten Werkzeuge schaffen möchte, gehe ich an dieser Stelle noch nicht auf die programmspezifischen Funktionen ein. Sie können diese Beispiele natürlich mit Capture NX gleich selbst ausprobieren, in diesem Fall rufen Sie die Funktion im Menü »Anpassen | Helligkeit | Tonwerte und Grad.-kurven« (oder noch einfacher mit `Strg` - `L`) auf.

→ **Hinweis:** Wer mit einem Mac arbeitet, wird sicherlich wissen, dass die Funktion der `Strg`-Taste unter Windows auf der Mac-Tastatur mit der Befehltaste (⌘, Command-

oder Apfeltaste) belegt ist. Die $\boxed{\text{Alt}}$-Taste wird am Mac auch als Wahltaste (Optionstaste) bezeichnet. Statt der rechten Maustaste kann am Mac bei einer Ein-Tasten-Maus die Steuerungstaste (Control-Taste) verwendet werden. Da Ihnen als geübter Mac-User all diese Funktionen längst bekannt sind, werde ich sie zur besseren Lesbarkeit des Textes nicht jedes Mal extra erwähnen. Leider arbeitet die überwiegende Mehrheit der Anwender immer noch mit Windows, und da einige von ihnen die Mac-Tastatur nicht einmal kennen, habe ich mich für die gebräuchliche Windows-Schreibweise entschieden.

Veränderung der Helligkeit

Im ersten Beispiel zeige ich, wie man den gewöhnlichen Helligkeitsregler mit der Gradationskurve nachbilden kann. Dieses Beispiel wirkt tatsächlich etwas mühsam, dient aber nur zum Verständnis, Sie werden es in dieser Form kaum umsetzen. Ich verwende zur Beurteilung absichtlich nicht das zugehörige Bild, sondern nur die Veränderung im Histogramm. Sie werden erkennen, dass aus dem Histogramm eine sehr gute Aussage über die Tonwertänderung im Bild herausgelesen werden kann.

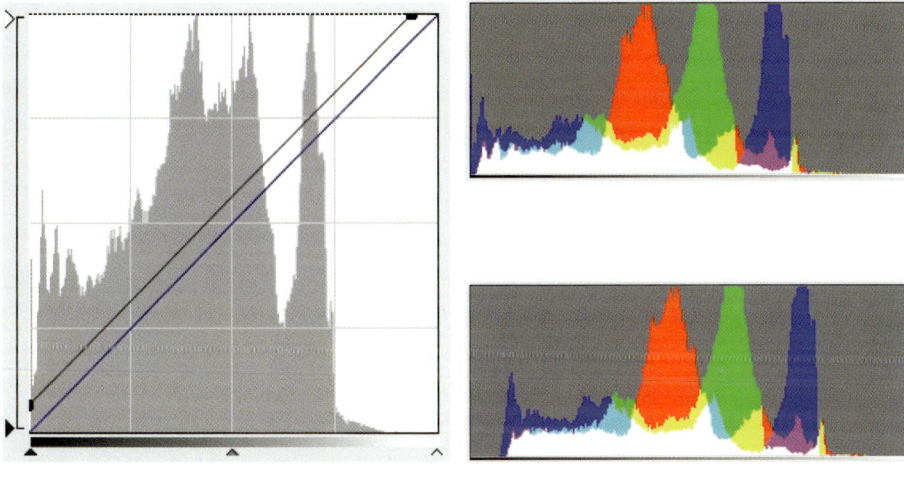

Helligkeit erhöht   *Histogramm (vorher / nachher)*

Ich möchte Ihnen anhand von diesem etwas ungewöhnlichen Beispiel die Funktionsweise der Gradationskurve erläutern. Sie sehen im linken Bild an der horizontalen Achse einen Graubalken, der von Schwarz bis Weiß verläuft. Darüber sehen Sie das Gebirge der bereits bekannten 256 Tonwerte des Bildes, es entspricht dem Histogramm vor der Veränderung. An der vertikalen Achse müssen Sie sich den gleichen Balken selbst vorstellen, da Capture NX ihn hier leider nicht darstellt. Er verläuft ebenfalls von Schwarz (ganz unten) bis Weiß (ganz oben). In vielen anderen Bildbearbeitungsprogrammen ist dieser senkrechte Balken ebenfalls dargestellt.

Die blaue Diagonale, die von links unten nach rechts oben verläuft, ist die Ausgangslinie, die keine Veränderung bewirkt. Jede Verschiebung nach oben bedeutet eine Aufhellung, jede Verschiebung nach unten eine Abdunkelung. Da wir in diesem Beispiel die Linie parallel verschoben haben, sind dunkle, mittlere und helle Bereiche gleichermaßen aufgehellt worden. Das ist auch recht gut am Histogramm erkennbar, da das Gebirge gleichmäßig nach rechts verschoben wurde. Ich zeige Ihnen noch einige weitere Beispiele, wo wir statt einer Geraden eine Kurve verwenden werden, das Prinzip der Helligkeitsänderung ist jedoch immer das gleiche.

Da es extrem unwahrscheinlich ist, dass wir dunkle, mittlere und helle Bereiche alle um den gleichen konstanten Wert heller machen wollen, wird diese Form der Helligkeitsänderung kaum angewendet. Das ist wohl auch der Grund, warum der zuvor gezeigte Helligkeitsregler von Profis nur in Ausnahmefällen verwendet wird.

Veränderung des Kontrastes

Im nächsten Beispiel werden wir den Kontrastregler mit der Gradationskurve nachbilden. Dieses Beispiel ist bereits etwas praxisorientiert, da die Gradationskurve tatsächlich das ideale Werkzeug ist, um den Kontrast zu verändern. Auch diesmal zeige ich zur Übung die Veränderungen nicht am Bild selbst, sondern nur anhand des Histogramms.

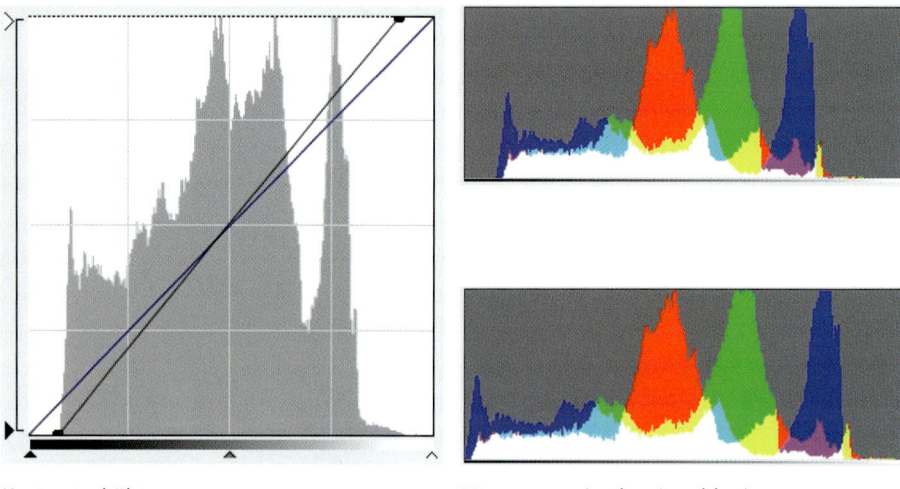

Kontrast erhöht   *Histogramm (vorher / nachher)*

Wir erinnern uns, Kontrast ist der Unterschied zwischen hellen und dunklen Bereichen. Der Profi spricht auch von der Steilheit der Tonwertkurve. Da ich in diesem Beispiel die Steilheit der Ausgangsdiagonale vergrößert habe, hat der Kontrast zugenommen. Im Histogramm können wir erkennen, dass dunkle Bereiche dunkler und helle Bereiche heller geworden sind.

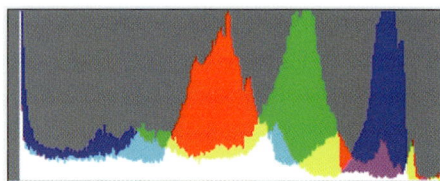

Im Gegensatz zum Kontrast-Beispiel im vorigen Kapitel (hier nochmals dargestellt) bemerken wir im linken Bereich bei den dunklen Tonwerten diesmal keinen unsauberen Verlauf. Die Tonwerte gehen nahtlos bis an die Grenze des Histogramms. Wir können daran erkennen, dass der Kontrast mit der Gradationskurve wesentlich besser eingestellt werden kann als mit dem Kontrastregler.

Ich habe in diesen beiden Beispielen gezeigt, wie man den Helligkeits- und Kontrast-regler mit der Gradationskurve nachbilden kann. Für das Verständnis waren diese beiden Beispiele recht anschaulich, in der Praxis wird jedoch kaum jemand auf diese Art seine Bilder bearbeiten. Ich zeige Ihnen daher im nächsten Beispiel, wie wir bei diesem Bild Kontrast und Helligkeit wirklich verändern würden.

Optimale Einstellung der Tonwerte

Wir haben in den vorigen Beispielen ausschließlich mit der Gradationskurve gearbeitet. Da Nikon jedoch so freundlich war, im gleichen Regler auch noch die Tonwertkorrektur anzubieten, verwende ich nun diese etwas einfacher anzuwendende Verstellmöglichkeit.

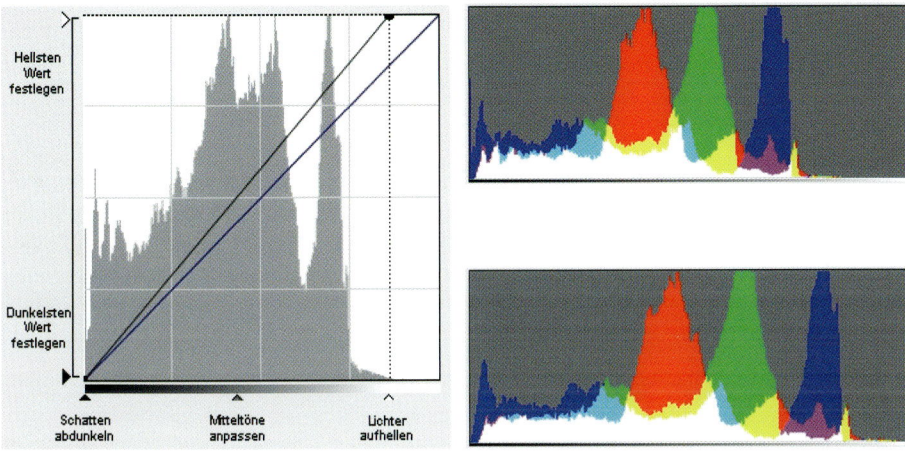

Tonwertkorrektur   Histogramm (vorher / nachher)

Um die Tonwerte zu verändern, müssen wir die Gradationskurve (das ist die diagonale Linie) in diesem Fall gar nicht anfassen. Auf der horizontalen Achse finden wir drei Pfeile, die wir als Regler verschieben können. Wenn wir den linken Regler nach rechts schieben, werden dunkle Bereiche noch dunkler, wir können damit die Schatten abdunkeln. Ein Verschieben des rechten Reglers nach links bewirkt, dass helle Bereiche noch heller wer-den, es werden also die Lichter aufgehellt. Den mittleren Regler können wir in beide Richtungen verschieben und damit die Mitteltöne (also die mittleren Helligkeitsbereiche) anpassen. Verschieben wir den Regler nach links, wird das Bild heller, ein Verschieben nach rechts macht das Bild dunkler. Wir werden uns das gleich noch ansehen. Wenn wir den mittleren Regler nicht verändern, dann bleibt er immer genau zwischen dem linken und rechten Dreieck.

In diesem Beispiel ist der Tonwertbereich von 0 (absolutes Schwarz) bis 220 (sehr helles Weiß) auf den maximal verfügbaren Bereich von 0 bis 255 (absolutes Weiß) aufgeweitet wor-den. Alle Tonwerte dazwischen sind (nahezu) stufenlos angepasst worden, es sind dabei im Fall von RAW-Bildern nur in absoluten Extremfällen Tonwertabrisse zu erwarten.

Sollten in Ihrem Histogramm bei der Bearbeitung Lücken sichtbar werden, dann han-delt es sich dabei in den meisten Fällen nur um ein Darstellungsproblem. Capture NX verwendet eine beschleunigte Histogrammanzeige, die erst mit leichter Verzögerung neu

1.5 Professionelle Werkzeuge

berechnet wird. Die Neuberechnung kann einige Sekunden dauern und hat keinen Einfluss auf das Bild selber, sondern nur auf die Darstellung des Histogramms.

→ **Hinweis:** Capture NX rechnet intern immer mit 16 Bit Farbtiefe, unabhängig davon, ob es sich um ein 8-Bit-JPEG oder ein 12- bzw. 14-Bit-RAW-Bild handelt. Die meisten Programme arbeiten intern jedoch nur mit 8 Bit. Dort würden Lücken im Histogramm auf echte Tonwertabrisse hindeuten.

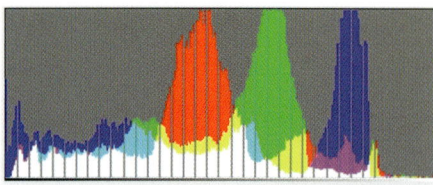 Beispiel für ein Histogramm mit Lücken (senkrechten Streifen), welches bei Capture NX leicht mit echten Tonwertabrissen verwechselt werden könnte.

Die hier gezeigte Tonwertkorrektur wird für Sie vermutlich einer der meistverwendeten Bearbeitungsschritte werden und kann durchaus auch auf optimal belichtete Bilder angewendet werden. Wir könnten auch den Zielbereich der Tonwerte reduzieren, indem wir die Regler an der vertikalen Achse verschieben. Dies wird jedoch nur in Spezialfällen gemacht, ich zeige dazu einen Anwendungsfall am Ende des Kapitels.

Optimale Einstellung der Bildhelligkeit

Sie sind bestimmt schon ganz neugierig, welche Möglichkeiten wir außer dem Helligkeitsregler noch haben, um die Bildhelligkeit zu verändern. Neben der bereits erwähnten Belichtungskorrektur für RAW-Aufnahmen gibt es mit dem hier verwendeten Regler zwei sehr elegante Möglichkeiten, die auch bei optimal belichteten Bildern eingesetzt werden können. Es kann durchaus sein, dass sich aufgrund einer Tonwertkorrektur der Helligkeitseindruck des Bildes verändert. Da wir im Histogramm den Eindruck nicht beurteilen können, verwende ich ausnahmsweise wieder das Bild selbst zur Beurteilung.

Als Ausgangsmaterial verwende ich das Bild nach der Tonwertkorrektur. Die Aufnahme ist zwar korrekt belichtet, trotzdem verändere ich probeweise die Helligkeit der Mitteltöne.

Mitteltöne leicht aufgehellt

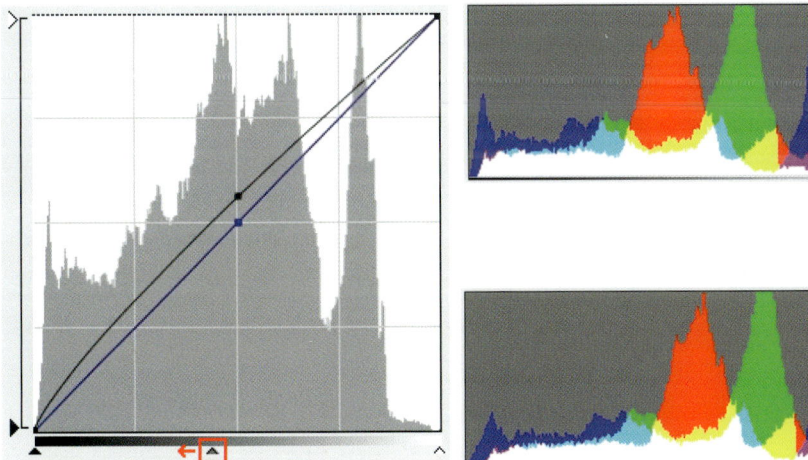

Mitteltöne aufhellen   *Histogramm (vorher / nachher)*

Ich habe den mittleren der drei Pfeile nach links gezogen und damit die Helligkeit der Mitteltöne erhöht. Die zweite Möglichkeit wäre gewesen, die Kurve in der Mitte anzufassen und nach oben zu ziehen. Wie am Verlauf der Kurve zu erkennen ist, hat sich die Helligkeit der schwarzen und weißen Pixel nicht geändert. Diese Art der Helligkeitsänderung ist einer Parallelverschiebung der Kurve (und damit auch dem Einsatz des Helligkeits-reglers in den meisten Fällen vorzuziehen).

Das nächste Beispiel zeigt die gleiche Methode zur Abdunkelung der Mitteltöne.

Mitteltöne leicht abgedunkelt

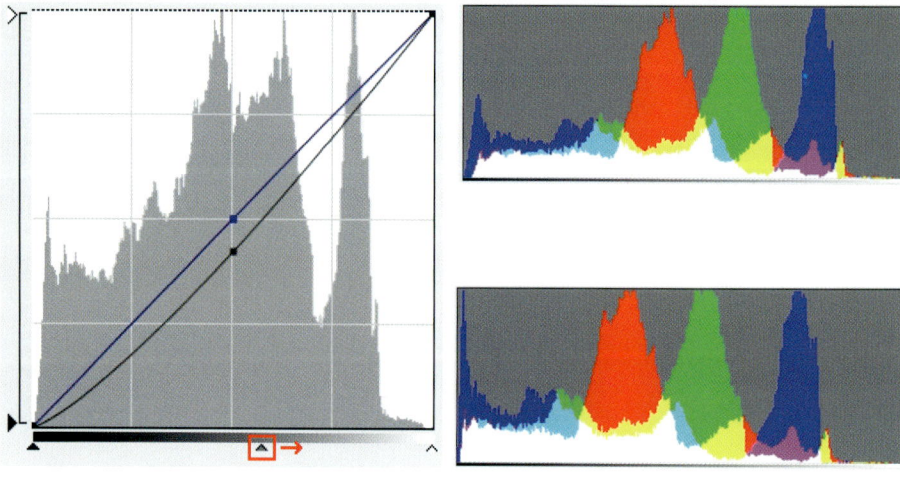

Mitteltöne abdunkeln   *Histogramm (vorher / nachher)*

Für eine Abdunkelung der Mitteltöne kann man entweder wie hier den mittleren Regler nach rechts oder die Kurve nach unten ziehen. Beides bewirkt, dass die beiden Endpunkte (Schwarz und Weiß) unverändert bleiben und sämtliche Tonwerte dazwischen gleichmä-ßig entsprechend der Kurve abgesenkt werden.

→ **Tipp:** Da eine Kontraständerung auch bei korrekter Belichtung den Helligkeitseindruck eines Bildes beeinflussen kann, ist es manchmal notwendig, nach einer Tonwertkorrektur die Helligkeit in den Mitteltönen anzupassen. Verwenden Sie dazu vorrangig die Methode, wie sie hier beschrieben wurde. Der Helligkeitsregler ist für diese Art der Korrektur ungeeignet.

Ich möchte noch einmal darauf hinweisen, dass wir anhand des Histogramms die korrekte Helligkeit eines Bildes nicht beurteilen können. Wenn Sie einen unkalibrierten (vielleicht sogar falsch eingestellten) Monitor verwenden, kann sogar die Beurteilung am Monitor danebenliegen. Sie können das selbst leicht testen, indem Sie den Monitor absichtlich zu hell einstellen und das Bild entsprechend bearbeiten, sodass es wieder korrekt angezeigt wird. Der Ausdruck des Bildes wird mit Sicherheit zu dunkel sein. Verwenden Sie daher für die Bildbearbeitung einen hochwertigen Monitor und verzichten Sie am Laptop-Monitor auf umfangreiche Bildkorrekturen.

Abweichungen von der Norm

Das folgende Beispiel zeigt eine sogenannte Low-key-Aufnahme, bei der dunkle Farbtöne bewusst vorherrschen. Die Aufnahme stammt ebenfalls aus dem Stift St. Florian. Die Belichtung erfolgte manuell auf den Innenhof. Sollte jemand den Stiegenaufgang kennen, die Figur ist nicht durch einen Scheinwerfer beleuchtet, sondern durch einen drahtlos ausgelösten Blitz aufgehellt worden.

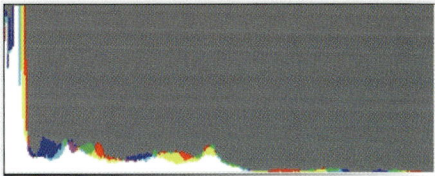

Das Beispiel einer Low-key-Aufnahme zeigt, dass die Helligkeit eines Bildes korrekt sein kann, obwohl die Tonwerte zum überwiegenden Teil in den Schatten liegen. Eine Korrektur der Helligkeit würde den Eindruck dieses Bildes vollkommen zerstören.

→ **Tipp:** Wenn Sie so eine Aufnahme als Foto ausarbeiten lassen, müssen Sie angeben, dass Sie keine automatische Bildkorrektur wünschen. Bei händisch bearbeiteten Bildern würde ich generell von einer automatischen Bildkorrektur durch den Ausbelichter abraten.

Bei einer High-key-Aufnahme überwiegen vorrangig die hellen Bildbereiche, das Histogramm sieht daher spiegelverkehrt zu obigem Beispiel aus. Es gilt die gleiche Regel wie bei Low-key-Aufnahmen, auch in diesem

Fall ist jede automatische Helligkeitskorrektur zum Scheitern verurteilt. Der Kontrast jedoch kann sowohl bei Low-key- als auch bei High-key-Aufnahmen wie besprochen angepasst werden.

Als nächste Ausnahme möchte ich ein Motiv besprechen, wo bewusst auf hohe Kontraste verzichtet wird. In den meisten Fällen gewinnt ein Bild an Brillanz, wenn (z.B. mithilfe der gezeigten Tonwertkorrektur) der gesamte Tonwertbereich genutzt wird. Wenden wir die gleiche Korrektur jedoch auf eine Nebelaufnahme an, dann ist die Stimmung des Bildes mit großer Sicherheit zerstört.

Das Originalbild aus der Kamera zeigt einen begrenzten Tonwertumfang. Es gibt keine absolut schwarzen Bereiche und mehr als 25 % der hellen Tonwerte sind nicht genutzt. Wenden wir nun auf diese Nebelaufnahme die Tonwertkorrektur in der üblichen Form an.

Die dunkle, düstere Stimmung ist dahin, die Tonwerte gehen vom linken bis zum rechten Rand des Histogramms, der Nebel besteht stellenweise aus absolut weißen Bereichen.

Wir verhindern eine zu starke Kontrastanhebung, indem wir die Regler nicht bis an den Rand des Histogrammgebirges heranrücken. Dadurch nutzt das Bild nicht den gesamten Tonwertbereich und der Nebel in unserem Beispiel behält seinen dunklen Charakter.

Der Regler zum Aufhellen der Lichter ist hier nur bis zum Tonwert 200 verschoben und lässt dem Gebirge links davon noch etwas Platz. Die hellen Tonwerte werden dadurch nicht zu stark aufgehellt und der Nebel behält seinen Charakter.

Wir können daraus erkennen, dass weder Kontrast noch Helligkeit zu den Parametern gehören, die automatisch korrigiert werden können. Auch wenn so manche Bildbearbeitung solche Funktionen anbietet, empfiehlt es sich, die Korrekturen vor allem bei kritischen Motiven per Hand vorzunehmen.

Die S-Kurve

In vielen Fällen kann der Kontrast mit der bisher beschriebenen Methode nicht in dem Umfang angehoben werden, wie es unser Empfinden fordern würde. Das gesamte Bild nutzt bereits den kompletten Tonwertumfang aus, trotzdem wirkt das Hauptmotiv blass und kontrastlos. In solchen Fällen setzen viele Fotografen erfolgreich eine leicht S-förmig gekrümmte Gradationskurve ein. Wir wollen uns die Anwendung sofort an einem Beispiel ansehen. Meist handelt es sich bei den typischen Problemfällen um Aufnahmen, die ohne direktes Sonnenlicht entstanden sind.

1.5 Professionelle Werkzeuge

Diese Aufnahme zeigt eine Steilküste von Madeira. Obwohl es ausreichend hell war, ist die Felswand nicht direkt von der Sonne beschienen.

Die Aufnahme wurde mit –2/3 belichtet, dadurch zeigt der Felsen satte Farben und die Lichter in der Gischt sind kaum ausgefressen. Das Histogramm zeigt einen vollständig genutzten Tonwertbereich von 0 bis 255. Der winzige Peak am rechten Ende des Histogramms stammt von der weißen Gischt um den Felsen um oberen Bildrand. Wir werden diese Gischt bei der weiteren Bearbeitung kritisch im Auge behalten.

Im ersten Versuch erhöhen wir den Kontrast stärker, als wir es in den vorangegangenen Beispielen gelernt haben. Wir ziehen daher die Regler für Schatten und Lichter weit über den Rand des Histogrammgebirges hinaus.

Der Kontrast hat zwar deutlich zugenommen, aber das Histogramm ist dadurch sowohl in den Schatten als auch in den Lichtern abgeschnitten. Wir erkennen das an den schmalen senkrechten Säulen an beiden Rändern des Histogramms. Während wir dies in den Schatten meistens akzeptieren, ist die Gischt um die Felsen nun in den Lichtern komplett ausgefressen. Die Lösung dieser Aufgabe liegt in einer Kontrasterhöhung, die nur auf die Mitteltöne wirken darf. In den Schatten und Lichtern soll der Kontrast nicht erhöht, sondern im Gegenteil sogar leicht verringert werden. Wir dürfen die Steigung der Gradationskurve daher nicht im gesamten Verlauf erhöhen.

Der Trick besteht darin, dass die geschwungene S-Kurve im Bereich der Schatten und Lichter eine geringere Steigung aufweist und nur im Bereich der Mitteltöne die Steigung erhöht wurde. Somit konnte im Bereich der Mitteltöne der Kontrast erhöht werden, ohne den gesamten Tonwertumfang zu verändern. Sie können im Histogramm gut erkennen, dass die Tonwerte weder am linken noch am rechten Rand eine Säule bilden und daher nicht beschnitten wurden. Auch an der Gischt ist erkennbar, dass die Lichter deutlich weniger ausgefressen sind als beim vorigen Versuch, obwohl die Brillanz im Bild mindestens genauso stark zugenommen hat.

Bei manchen Fotografen ist die S-Kurve derart beliebt, dass sie so eine Kurve sogar dauerhaft in ihre Kamera laden. Ich empfehle die S-Kurve jedoch nur gezielt bei jenen Bildern anzuwenden, wo der Kontrast nach der üblichen Tonwertkorrektur am Monitor beurteilt und immer noch für zu gering erachtet wird.

→ **Hinweis:** Eine Kontrasterhöhung im RGB-Farbraum hat auch eine Auswirkung auf die Farben, wie Sie am kräftigen Rot der Felsen erkennen können. Bei den Capture NX-Funktionen werden Sie den LCH-Editor kennenlernen, der diesen Effekt vermeiden kann.

Genauso wie diese positive S-Kurve den Kontrast in den Mitteltönen erhöhen konnte, lässt sich mit einer negativen S-Kurve der Kontrast entsprechend verringern. Von dieser Möglichkeit wird jedoch weniger Gebrauch gemacht, da ein zu hoher Kontrast nur bei sehr wenigen Motiven störend auftritt.

Wenn Sie eine negative S-Kurve extrem stark übertreiben, dann tritt ein sogenannter Pseudo-Solarisationseffekt auf, der zwar nicht zur Bildkorrektur verwendet werden kann, aber als künstlerisches Gestaltungsmittel durchaus seine Berechtigung hat.

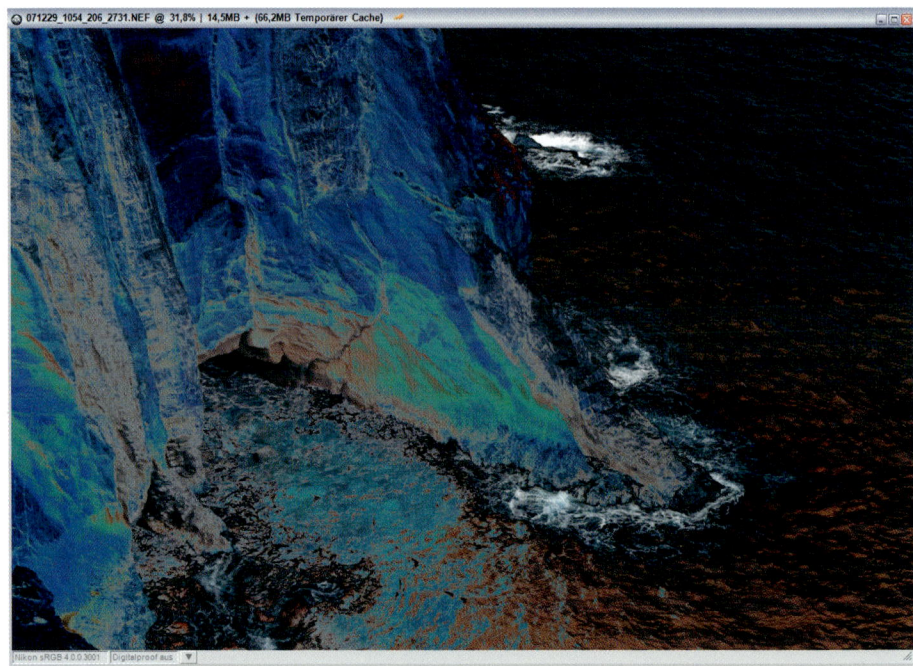

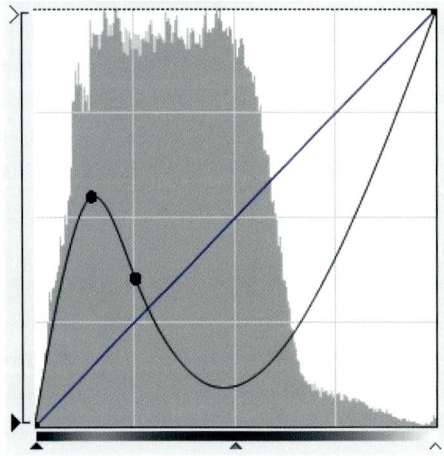

Pseudo-Solarisationseffekt:
Hervorgerufen durch eine Gradations-kurve, die in ihrem mittleren Verlauf eine negative Steigung (also ein Gefälle) auf-weist.

Nur weiße und schwarze Pixel behal-ten ihr Aussehen, im Bereich der Mittel-töne tritt eine Helligkeits- und auch eine Farbumkehr ein.

Ich bin Ihnen noch ein Beispiel schuldig, bei dem es gewünscht ist, den Zielbereich der Tonwerte zu reduzieren. Wir haben bisher immer nur die drei Regler an der horizontalen Achse verändert, jetzt werden wir einen Spezialfall betrachten, bei dem wir den hellsten Wert nicht auf 255 belassen wollen, und dafür den Regler an der vertikalen Achse verwenden können.

Wenn Sie ein Bild randlos in einem Buch drucken wollen, dann kommt es häufig vor, dass ein bewölkter Himmel den Tonwert 255 (also reines Weiß) hat. Der Himmel geht in diesem Bereich (linke obere Bildecke) dann randlos in das Papier über, man sagt auch: Das Bild läuft aus.

Um das zu vermeiden, genügt es bereits, den hellsten Wert um ca. fünf Tonwerte (von 255 auf 250) zu reduzieren. Sie finden den entsprechenden Regler bei der Tonwertkorrektur in der linken oberen Ecke. Das Histogramm zeigt, dass die Tonwerte nun nicht mehr bis an den rechten Rand heranreichen. Das Bild hebt sich auch im Bereich der hellsten Stellen nun deutlich vom Papier ab, ohne an Kontrast merklich verloren zu haben.

1.6 Farbton und Sättigung

Nach all den Beispielen über Helligkeit und Kontrast könnten Sie fast schon den Eindruck bekommen, dass wir hier nur über SW-Fotografie sprechen. Das liegt jedoch daran, dass wir die Farben (wenn überhaupt) erst nach der Kontrastkorrektur bearbeiten.

Beim Farbton handelt es sich um die Farbe selber. Die Sättigung beschreibt einfach gesehen, wie bunt eine Farbe ist. Je geringer die Sättigung, desto blasser wirkt diese Farbe. Bei der Sättigung 0 wird jede Farbe zu Grau oder bei gleichzeitig maximaler Helligkeit zu Weiß.

Wir erkennen im Farbkreis die drei Primärfarben Rot, Grün und Blau; diese werden auch Lichtfarben genannt. Dazwischen finden wir die sogenannten Körperfarben Cyan (oder Türkis), Magenta (oder Purpur) und Gelb.

Da wir bei der Bildbearbeitung den Farbton verschieben können, ist es nicht uninteressant, den Farbkreis zu kennen. Im Extremfall könnten wir die Farben sogar bis zur Komplementärfarbe verschieben, die sich im Farbkreis jeweils gegenüber befindet.

➔ **Hinweis:** Da Buntheit als relative Sättigung bezogen auf den Weißpunkt definiert ist, handelt es sich streng genommen um zwei unterschiedlich definierte Begriffe. Da wir die Farbtheorie hier jedoch nicht wissenschaftlich betrachten wollen, können wir diese Feinheit für die Bildbearbeitung vernachlässigen.

Die Farbauswahl unter Capture NX

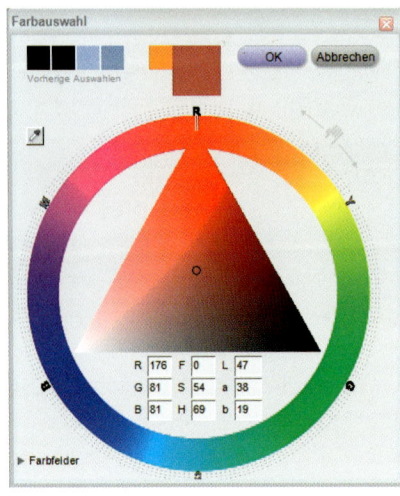

Es ist nicht notwendig, dass Sie den Farbkreis auswendig lernen. Die Farbauswahl von Capture NX stellt uns diesen Farbkreis recht anschaulich dar. Aufgerufen wird diese Farbauswahl aus verschiedenen Filtern, z.B. »Kolorieren«.

Wir benötigen für die Auswahl drei Angaben, um eine Farbe eindeutig zu beschreiben.

Farbton, Sättigung und Helligkeit beschreiben die Farbe nach dem FSH-Modell. Sie wählen zuerst den Farbton am Kreis aus und die beiden restlichen Parameter im Dreieck. Die drei Werte (F für Farbton, S für Sättigung und H für Helligkeit) werden darunter angezeigt.

Bei der Darstellung und Speicherung verwendet der Computer normalerweise die drei Grundfarben Rot, Grün und Blau. Auch diese drei Parameter beschreiben jedes Farbpixel.

Das dritte Farbmodell »Lab« hat programmintern zwar eine Bedeutung, für die Bildbearbeitung mit Capture NX ist seine Kenntnis jedoch nicht notwendig. Im Kapitel über Farbmanagement werde ich dieses Farbmodell kurz beschreiben.

1.7   Welche Bearbeitung braucht mein Bild?

Wir kennen nun einen guten Grundstock an Begriffen und sollten uns allmählich Gedanken darüber machen, was wir uns von einer Bildbearbeitung erhoffen. Natürlich soll das Bild durch die Bearbeitung besser werden, aber was ist es eigentlich genau, was uns am unbearbeiteten Bild stört? Versuchen wir in Worten einfach einmal zu beschreiben, was an einem konkreten Bild nicht ganz optimal ist. Zur Demonstration möchte ich ein Bild verwenden, das sich gleich in mehreren Punkten optimieren lässt.

Es fällt sofort auf, dass der Schnee nicht weiß ist, sondern blau. Das liegt am falschen Weißabgleich und ist somit ein Kandidat für eine Korrektur. Die Berge im Hintergrund sind für die Bildaussage unnötig, daraus folgt eine Korrektur des Ausschnitts. Am Klettergerüst können wir erkennen, dass dieses Bild gerade zu rücken ist. Damit haben wir die nächste Korrektur beschrieben.

Und wie sieht es mit Kontrast und Helligkeit aus?

Wenn wir die Berge abschneiden, gibt es keine hellen Lichter mehr im Bild und wir können den Kontrast deutlich erhöhen. Dadurch sollte der Schnee so weiß werden, wie es sich für Schnee nun mal gehört.

Globale und lokale Bildbearbeitung

Die meisten Änderungen beziehen sich auf das gesamte Bild und werden daher global angewendet. Es kann aber auch sein, dass nur Teile des Bildes bearbeitet werden sollen. Für solche lokalen Veränderungen können wir in Capture NX zwei verschiedene Verfahren einsetzen: Entweder wir wählen einen Bereich des Bildes mit herkömmlichen Auswahlwerkzeugen wie z.B. dem Pinsel oder Lasso aus, oder wir verwenden sogenannte Kontrollpunkte *(Control Points)*, die von der Firma Nik entwickelt und in Capture NX erstmals implementiert wurden. Seit einiger Zeit ist diese neue Auswahltechnik auch als Plug-In für Photoshop verfügbar. Sie werden diese Möglichkeiten in einem der folgenden Kapitel kennenlernen.

Bei dem Bild oben habe ich das Gesicht des Mädchens mit einem Kontrollpunkt aufgehellt. Zusammen mit den anderen beschriebenen Verbesserungen ist dabei dieses Bild entstanden. Der Zeitaufwand für diese Bearbeitung beträgt weniger als eine Minute.

Ich werde im Kapitel 2 Schritt für Schritt zeigen, wie diese und weitere Bearbeitungsschritte mit Capture NX optimal durchgeführt werden können.

1.8 Die optimale Reihenfolge

Wir haben im vorigen Beispiel bereits mehrere Bearbeitungsschritte angewendet. Es ist dabei nicht ganz unwichtig, in welcher Reihenfolge wir diese Schritte ausführen. Beim Ausrichten des Bildes fallen automatisch Ecken weg und der Ausschnitt wird verkleinert. Wenn wir anschließend den Ausschnitt ohnehin verringern, spielt das keine Rolle. Umgekehrt wäre es jedoch ungeschickt gewesen, zuerst den Ausschnitt zu verringern, um dann beim Ausrichten noch einmal Bildecken zu verlieren. So ähnlich verhält es sich mit der Tonwertkorrektur, die wir erst erfolgreich anwenden konnten, nachdem die hellen Schneeberge weggeschnitten waren. Ähnliche Regeln gelten für Bildrauschen, Bildschärfung und weitere Schritte. Ich möchte versuchen, eine Vielzahl möglicher Bearbeitungsschritte aufzulisten, und dabei einige Tipps für die optimale Reihenfolge mitgeben. Gleichzeitig benenne ich bereits jetzt die vorhandenen Menüpunkte von Capture NX, damit diese Aufzählung für Sie von doppeltem Nutzen ist. Auch wenn Sie diese Funktionen jetzt noch nicht kennen, so können Sie die Liste später einmal als Kurzreferenz zum Nachschlagen verwenden.

Capture NX wendet die **Kameraeinstellungen** (Farbmodus, Scharfzeichnung, Tonwertkorrektur, Sättigung, Farbtonkorrektur) automatisch beim Öffnen des NEF-Bildes an. Wenn Sie diese Einstellungen ändern wollen, dann sollten Sie das ganz zu Beginn machen, da ja alle weiteren Änderungen darauf aufbauen. In einigen Fällen (wie bei vorigem Beispiel) liegt der **Weißabgleich** daneben. Diese Farbverschiebung können wir bei RAW-Bildern völlig unkompliziert korrigieren. Sollte das Bild mit einer höheren ISO-Zahl aufgenommen worden sein, dann können wir mit der **Rauschreduzierung** störendes Bildrauschen reduzieren. Damit ist der erste Bearbeitungsschritt definiert, der in vielen Fällen auch völlig entfallen kann, falls die Kameraeinstellungen passend zur Aufnahmesituation gewählt waren.

Der nächste Bearbeitungsschritt korrigiert leichte Fehlbelichtung oder zu großen Kontrastumfang des Motivs und wirkt direkt auf den vollen Tonwertumfang der RAW-Daten. Nur in diesem Schritt können verlorene Lichter oder Schatten rekonstruiert werden.

Nachdem wir nun Belichtungsfehler und Rauschen erfolgreich bekämpft haben, widmen wir uns den Sensor- und Objektivfehlern. Falls wir in gleichmäßigen Flächen **Staubflecken** entdecken, dann können wir (bei RAW-Aufnahmen) diese mit einem Referenzbild automatisch herausrechnen. Die **Chromatische Aberration** (auch Farblängsfehler genannt) korrigiert Capture NX automatisch, darum müssen wir uns also nicht extra kümmern. Somit bleibt uns noch die **Vignettierungskorrektur**, falls die Ecken des Bildes leicht abgedunkelt erscheinen, und die **Verzeichnungskorrektur**, falls gerade Linien tonnen- oder kissenförmig aussehen. Bei der Unschärfe handelt es sich nicht unbedingt um einen Objektivfehler, wir schärfen unser Bild meist erst am Ende der Bearbeitung.

Wir werden feststellen, dass die Reihenfolge des Menüs »Entwickeln« in Capture NX relativ genau unserem Bearbeitungsablauf entspricht. Das ist natürlich kein Zufall.

Es folgt (wenn notwendig) eine weitere Retusche von Flecken sowie das **Beschneiden** und **Ausrichten**, um einen optimalen Ausschnitt für die weitere Bearbeitung festzulegen.

Ich kenne auch Fotografen, die erst am Ende den gewünschten Ausschnitt festlegen. Probieren Sie einfach selbst, welche Arbeitsweise Ihnen angenehmer erscheint.

Jetzt endlich kümmern wir uns um **Kontrast**, **Helligkeit** und **Farben**. Es gibt dafür jeweils gleich eine Hand voll Möglichkeiten, die ich Ihnen alle zeigen werde. Falls Sie sich entscheiden, von den vielen unterschiedlichen Funktionen nur einige wenige einzusetzen, so ist das nicht unbedingt ein Nachteil. Die Hauptsache ist, Sie kommen damit an Ihr gewünschtes Ziel. Wir bearbeiten zuerst global das gesamte Bild und korrigieren im Anschluss lokal ausgewählte Bereiche, falls es die Aufnahme erfordert.

Als letzter Schritt erfolgt ein obligatorisches **Schärfen**. Damit haben wir unseren Schummelzettel fertig, und ich fasse die Punkte noch einmal in einer Liste zusammen.

Liste üblicher Bearbeitungsschritte und entsprechender Funktionen in Capture NX:

Korrektur	Menüpfad	Funktion
Kameraeinstellungen nachträglich anpassen	Entwickeln | Kameraeinstellungen	Weißabgleich Bildoptimierung Farbmodus Scharfzeichnung Tonwertkorrektur Sättigung Rauschreduzierung
Belichtungskorrektur, Kontrastkorrektur	Entwickeln | Schnellanpassung	Belichtungskorrektur, Kontrast, Lichter und Schatten, Sättigung
Korrektur von Sensor- und Objektiv-Fehlern	Entwickeln | Kamera- und Objektivkorrekturen	Farbmoiré-Reduzierung Staubentfernung Korr. der chrom. Aberration Vignettierungskorrektur
Verzeichnungskorrektur	Anpassen | Korrektur	Verzeichnungskorrektur
Ausrichten	Toolbar	Ausrichten
Beschneiden	Toolbar	Beschnittwerkzeug
Retusche von Flecken	Toolbar	Auto-Retusche-Pinsel
Kontrast und Helligkeit	Anpassen | Helligkeit	Tonwerte und Grad.-kurven
	Anpassen | Helligkeit	Automatische Tonwertkorr.
	Anpassen | Farbe	LCH-Editor
	Anpassen | Helligkeit	D-Lighting
Sättigung	Anpassen | Farbe	LCH-Editor
	Anpassen | Farbe	Farbverstärkung
	Anpassen | Farbe	Sättigung und Wärme
	Filter	Kontrast: Farbumfang
Farbton	Anpassen | Farbe	LCH-Editor
	Anpassen | Helligkeit	Tonwerte
	Anpassen | Helligkeit	Automatische Tonwertkorr.
	Anpassen | Farbe	Farbabgleich
	Filter | Bildeffekte	Bild optimieren
Schärfen	Anpassen | Scharfzeichnung	Unscharf maskieren

In dieser Liste sind nicht sämtliche Funktionen von Capture NX aufgeführt. Zum Teil handelt es sich um Spezialfunktionen (z.B. Schwarz/Weiß-Konvertierung) denen eigene Kapitel gewidmet sind, teilweise habe ich jene Funktionen bewusst weggelassen, die ich zwar noch beschreiben werde, deren Einsatz ich aber weniger empfehlen kann. In diesem Fall finden Sie natürlich Hinweise auf empfohlene Alternativen.

Auch die Kontrollpunkte sind in dieser Liste noch nicht enthalten. Mit diesen können Sie lokale Korrekturen auf sehr einfach und nahtlos auszuwählende Bereiche durchführen. Sie werden begeistert sein, und ich möchte Ihnen auch keine Funktion vorenthalten, aber einige Highlights sind für das kommende Kapitel reserviert.

1.9 Einstellung der Kamera

Einige Kameraeinstellungen haben durchaus eine Auswirkung auf die weitere Bildbearbeitung in Capture NX. Obwohl diese Einstellungen in Capture NX größtenteils nachträglich geändert werden können, ist es sinnvoll, sich bereits im Vorhinein Gedanken darüber zu machen, da Sie dadurch den Bearbeitungsaufwand unter Umständen deutlich reduzieren können. Es gibt dabei unterschiedliche Sichtweisen, wie Sie Ihre optimalen Kameraeinstellungen ermitteln können.

Sie möchten möglichst wenige Aufnahmen am PC nachbearbeiten.

Wählen Sie in der Kamera jene Einstellung, die ohne Nachbearbeitung am PC (also direkt aus der Kamera) das beste Ergebnis liefert. Wenn Sie z.B. Wert auf hohen Kontrast und starke Schärfung legen, dann ändern Sie die Einstellungen entsprechend ab. Sie müssen dazu gar nicht lange mit der Kamera herumexperimentieren. Machen Sie einige Aufnahmen mit den Standard-Einstellungen und experimentieren Sie mit Capture NX am PC. Wenn Sie in Capture NX die optimalen Kameraeinstellungen gefunden haben, dann stellen Sie diese in der Kamera ein. Bei den teureren Modellen können Sie auch mehrere Einstellungssets speichern, bei den preiswerteren Modellen verwenden Sie stattdessen die Motivprogramme. Beim RAW-Format können Sie sogar bei zu starker Kontrastanhebung oder Schärfung in der Kamera die Werte in Capture NX beliebig ändern. Das JPEG-Format bietet diesen Spielraum nicht.

Sie sind gewohnt, jedes einzelne Bild am PC zu bearbeiten.

In diesem Fall haben Sie verschiedene Möglichkeiten. Durchaus üblich ist es, die meisten Parameter auf Standard-Einstellung zu belassen, da Sie ohnehin jedes einzelne Bild am PC individuell nachbearbeiten.

Es gibt auch Fotografen, die es sich angewöhnt haben, viele Parameter (wie z.B. Tonwertkorrektur und Scharfzeichnung) auf ein Minimum zu stellen. In diesem Fall verzichten Sie auf umfangreichere Vorverarbeitung in der Kamera, die Sie zum Teil ohnehin am PC wieder rückgängig machen, und übernehmen gleich sämtliche Schritte selber. Für den Anfang würde ich Ihnen diesen Weg jedoch nicht gleich empfehlen. Die Bilder sehen beim ersten Öffnen vor der Nachbearbeitung sehr blass und auch unscharf aus.

Da Sie das Bild am Kameradisplay gerne auf Schärfe kontrollieren wollen, wäre es vielleicht von Vorteil, die Scharfzeichnung auf das Maximum zu stellen. In diesem Fall ist die Schärfe am Display zwar gut erkennbar, für die Nachbearbeitung muss dieser Parameter aber unbedingt wieder reduziert werden, da die meisten Motive damit überschärft wirken. Diese Aufgabe kann Capture NX mit einer Stapelverarbeitung übernehmen.

Es gibt in dieser Frage kein Richtig oder Falsch. Wenn Sie wollen, können Sie mit den Standard-Einstellungen beginnen und sich Schritt für Schritt Ihrem individuellen Optimum nähern.

Die relevanten Einstellungen der Kamera im Überblick:

	Parameter	Default-Einstellung	empfohlene Einstellung
1	Farbraum	sRGB	beliebig
2	Bildqualität	JPEG (F)	RAW oder RAW+JPEG
3	Bildgröße	L	L / M / S
4	JPEG-Komprimierung	Dateigröße	Bildqualität
5	NEF-Komprimierung	aus	beliebig
6	Weißabgleich	A	A
7	Langzeitbelichtung	aus	ein
8	Hohe Empfindlichkeit	Normal	beliebig
9	Scharfzeichnung	A	beliebig
10	Tonwertkorrektur	A	beliebig
11	Farbwiedergabe	I	beliebig (I / II / III)
12	Farbsättigung	Normal	Normal
13	Farbtonkorrektur	0	0

Grün hinterlegte Parameter sind hauptsächlich für das JPEG-Format relevant, die Einstellung kann bei NEF-Files als Vorschlag für die Nachbearbeitung in Capture angesehen werden.

Wichtige und nachträglich in Capture nicht zu ändernde Parameter sind orange markiert. Wenn die empfohlene Einstellung vom Standard-Wert abweicht, ist sie gelb hinterlegt.

1. **Farbraum** *(Color Space / Gamut)* [sRGB | AdobeRGB]:
   Dieser Wert hat nur auf des JPEG-Format Einfluss. Wenn Sie ausschließlich JPEG fotografieren, sollten Sie den größeren AdobeRGB-Farbraum wählen.
   Wenn Sie RAW+JPEG fotografieren und das JPEG nur zur Ansicht am Monitor verwenden, können Sie ohne Einschränkung sRGB nehmen.
   Das RAW-Format lässt sich mit Capture NX in jeden beliebigen Farbraum umwandeln.
2. **Bildqualität** *(Image Quality)* [F … Fine | N … Normal | B … Basic]:
   Wenn Sie in RAW fotografieren, wollen Sie eventuell schnell ein JPEG-File zur sofortigen Verwendung. In diesem Fall sollten Sie RAW+JPEG einstellen. Falls das JPEG nur als Preview-Bild zur Vorschau verwendet wird, können Sie als Qualität B (Basic) einstellen; wollen Sie das JPEG-Bild eventuell auch drucken, empfehle ich F (Fine) oder N (Normal).
3. **Bildgröße** [L … Large | M … Medium | S … Small]:
   Dieser Wert hat nur auf das JPEG-Format Einfluss. Für ein Preview-Bild am Monitor ist S ausreichend, in allen anderen Fällen wählen Sie am besten L.

4. **JPEG-Komprimierung** (*JPEG Compression*):
Dieser Parameter hat weniger Einfluss als die Bildqualität [F | N | B].
Wenn Sie F [Fine] für höchste Qualität gewählt haben, sollten Sie hier von Dateigrößenpriorität auf »optimale Bildqualität« umschalten, sonst werden Bilder mit mehr Details eventuell zu stark komprimiert.

5. **NEF-Komprimierung** (*RAW Compression*):
Auch wenn Ihre Kamera unkomprimierte NEF-Files speichern kann, können Sie trotzdem die NEF-Komprimierung wählen. Moderne Kameras unterscheiden zwischen absolut verlustloser und nahezu verlustloser Komprimierung. Der qualitative Unterschied ist in allen Fällen rein marginal und Sie sparen bis zu 50 % Platz. In Capture NX können unkomprimierte NEF-Files nachträglich komprimiert werden, aber nicht umgekehrt.

6. **Weißabgleich** (*White Balance*):
Da der Weißabgleich bei RAW-Aufnahmen am PC geändert werden kann, lohnt es sich nicht, diese Einstellung je nach Lichtsituation laufend zu ändern. Wenn Sie nur JPEG fotografieren, sollten Sie dieser Einstellung vor allem bei Kunstlichtaufnahmen mehr Beachtung schenken.

7. **Langzeitbelichtung** (*Long Exposure NR*):
Dies ist der einzige Parameter, der auch für RAW qualitätsrelevant ist. Bei Langzeitbelichtungen entsteht je nach Sensortemperatur ein sogenanntes Dunkelrauschen, das effizient durch eine unmittelbar darauf folgende Dunkelaufnahme gleicher Belichtungszeit teilweise herausgerechnet werden kann. Dieser Effekt kann so nicht am PC erzielt werden. Die Funktion wirkt ab einer Belichtungszeit von 8 s und verlängert jede Langzeitbelichtung (für die Dunkelaufnahme) um den Faktor zwei.

8. **Hohe Empfindlichkeit** (*High ISO Noise Reduction*):
Die Stärke der Rauschunterdrückung (z.B. ab ISO 400) kann hier eingestellt oder wesentlich feiner am PC gewählt werden. Selbst in der Stellung »aus« wird z.B. ab ISO 800 eine minimale Rauschunterdrückung durchgeführt. Wenn Sie nur RAW fotografieren, dann können Sie die Rauschreduzierung hier auch ausschalten und erst am PC mit Capture NX das Rauschen herausrechnen.

9. **Scharfzeichnung** (*Sharpening*):
Falls Sie ausschließlich in JPEG fotografieren, sollten Sie diesen Wert nicht zu hoch wählen, da die Schärfe bei JPEG am PC nur mehr erhöht werden kann. Wenn das JPEG nur der Vorschau dient, wäre auch der maximale Wert (z.B. +2) vertretbar.

10. **Tonwertkorrektur** (*Tone Compensation*):
Mit diesem Parameter kann der Kontrast verändert werden. Falls Sie ausschließlich in JPEG fotografieren, sollten Sie diesen Wert nicht zu hoch wählen, da der Kontrast bei JPEG am PC nur mehr erhöht werden kann.

11. **Farbwiedergabe** (*Color Mode*):
Dieser Parameter (in Capture NX als Farbmodus bezeichnet) kann ähnlich wie die Wahl eines Diafilms betrachtet werden. Wer früher mit Fuji fotografiert hat, dem mag die folgende Liste als Anhaltspunkt dienen.
(Dieser Vergleich mit Fuji-Diafilm stammt nicht von Nikon.)

Color Mode	Fujifilm	Beschreibung	geeignet für
I	Astia	lebendige Farbwiedergabe mit neutralen Hauttönen	Porträt
II	Provia	neutrale Farbwiedergabe	Reproduktion
III	Velvia	sehr lebendige Farbwiedergabe	Landschaft

12. **Farbsättigung** *(Saturation):*

Dies ist der einzige Parameter, dessen Standardeinstellung nicht auf »Automatisch« gesetzt ist, und das aus gutem Grund. Lassen Sie diesen Parameter unverändert und erhöhen Sie die Sättigung bei Bedarf am PC. Es wäre für die Kamera nur sehr schwer zu erkennen, welche Motive eine gesteigerte Sättigung vertragen. Bei der Sichtung der Aufnahmen hingegen ist es wesentlich einfacher, jene Bilder zu identifizieren, bei denen die Sättigung verändert werden soll.

13. **Farbtonkorrektur** *(Hue Adjustment):*

Dieser Wert sollte nicht verändert werden, außer Sie wollen absichtlich einen Farbstich erzeugen.

Je nachdem, für welches Format Sie sich nun entschieden haben, können Sie etwa mit folgender Speichergröße [Megabyte] je Bild rechnen:

Die Tabelle ist für die gängigen Auflösungen von 6, 10 und 12 Megapixel gerechnet.

Einstellung	6 MP	10 MP	12 MP	Verwendung	Tipp für Farbraum
RAW+JPEG (L / F)	8 MB	13 MB	16 MB	JPEG auch für Druck	
RAW+JPEG (L / B)	6 MB	9 MB	12 MB	JPEG nur als Preview	sRGB
RAW+JPEG (S / B)	5 MB	8 MB	10 MB	JPEG nur als Preview	sRGB
RAW	5 MB	8 MB	10 MB		
JPEG (L / F)	3 MB	5 MB	6 MB		AdobeRGB

→ **Hinweis:** Die RAW-Komprimierung ist jeweils »Ein«, die JPEG-Größe wurde zwischen Large und Small variiert, die JPEG-Komprimierung wurde zwischen Fine und Basic variiert.

Ich selbst verwende die Variante »RAW+JPEG (Large / Basic)«, das JPEG-Bild dient dabei nur zur Sichtung am PC. Als Farbraum kann dafür sRGB gewählt werden, da sich aus dem RAW-Bild jederzeit ein AdobeRGB-JPEG generieren lässt.

Noch einmal zur Erinnerung: Wenn Sie RAW+JPEG fotografieren, dann können Sie die grünen Parameter (siehe Tabelle auf Seite 31) ganz nach Belieben (je nach Motiv auch etwas stärker) wählen. Falls ein Effekt zu stark war, greifen Sie einfach auf das RAW-Bild zurück. Wenn Sie nur in JPEG fotografieren, wählen Sie lieber neutrale bis geringe Korrekturwerte, denn nur so behalten Sie bei JPEG einigermaßen einen Nachbearbeitungsspielraum.

Nun ist es aber so weit. Wir können die ersten Aufnahmen machen und im nächsten Kapitel starten wir mit der Nachbearbeitung der Bilder.

Lavertezzo, Tessin (CH)

2 Digitale Bildbearbeitung

Wir haben bereits einige wesentliche Bearbeitungsfunktionen kennengelernt und diese auch in eine sinnvolle Reihenfolge sortiert. Dieses Kapitel folgt nun der erarbeiteten Reihenfolge, da sich diese bei einem Großteil der Aufnahmen bewährt hat. Trotzdem ist es nicht notwendig, sich streng danach zu richten. Jeder Weg ist erlaubt, wenn er uns zum Ziel bringt.

Sie finden in dem folgenden Text ab und zu Hinweise auf Photoshop-Funktionen. Wenn Sie dieses Programm kennen, können Sie damit einen Bezug herstellen, wenn nicht, dann überspringen Sie diese Hinweise. Für das Verständnis der Capture NX-Funktionen sind diese Hinweise nicht notwendig. Im Folgenden wird Capture NX mit CNX und Photoshop mit PS abgekürzt. Manchmal finden Sie zu den deutschen Begriffen die englischen in Klammern. Dies hilft Ihnen, im Internet nach weiteren Infos zu suchen.

Kapitel	Inhalt	Seite
Die Oberfläche von CNX	Installation, Erster Start, Browser, Bearbeitungsliste, Übersichtsfenster, Bildinfo, Farbauswahl, Voreinstellungen	36
Kameraeinstellungen Anpassungen	Bildoptimierung, Aktives D-Lighting, Weißabgleich, Rauschreduzierung	48
Erste Korrekturen	Schnellanpassung, Belichtungskorrektur, Lichter, Schatten	54
Sensor- und Objektiv-korrekturen	Staubentfernung,Chromatische Aberration, Vignettierungskorrektur, Verzeichnung, Fisheye	56
Der optimale Ausschnitt	Ausrichten, Beschnittwerkzeug, Retusche-Pinsel	62
Kontrast und Helligkeit für brillante Bilder	Tonwerte und Gradationskurven, Automatische Tonwertkorrektur, D-Lighting, Kontrast & Helligkeit, LCH-Editor	65
Farben betonen	Farbverstärkung, Sättigung & Wärme, LCH-Editor, Kontrast: Farbumfang	75
Farbton verändern zur Farbkorrektur	Automatische Tonwertkorrektur, Tonwerte und Gradationskurven, Farbabgleich, Bildeffekte – Bild optimieren, LCH-Editor	82
Bildbereiche durch Auswahl bearbeiten	Auswahl durch Verlauf, Füllen/Entfernen, Auswahlpinsel, Lasso & Auswahl	88
Kontrollpunkte (U-Points)	Farbkontrollpunkt, Mehrere Kontrollpunkte, Schwarz-, Weiß-, Neutralkontrollpunkt, Rote-Augen-Kontrollpunkt	104
Digitale Filter	Schwarzweiß, Sepia, Getont, Kolorieren, Korn / Rauschen	121
Für die Ausgabe anpassen	Skalierung und Schärfung, Hochpass, Lokale Kontrasterhöhung, Gaußscher Weichzeichner, Größe und Auflösung, Bild anpassen	130
Der perfekte Druck	Farbprofil, Digitalproof, Drucken	139

Workflow Funktionen	Speichern, Bildversionen, Ordner, Stapelverarbeitung, Einstellungsdateien, Beobachteter Ordner, Bildanpassungen übertragen, Labels	145
Tipps, Tricks, Workarounds	Einfügen und Umreihen von Schritten, Bildstellen ausbessern	157

2.1 Die Oberfläche von Capture NX (CNX)

Wir wollen mit der Installation und dem ersten Start von Capture NX beginnen. Sie lernen hier die Programmoberfläche kennen und ich beschreibe die Funktionen der einzelnen Fenster wie z.B. das Übersichtsfenster (rechts oben) oder auch die im Screenshot nicht dargestellte, aber sehr häufig eingesetzte Farbauswahl. Auch den Browser mit seinen Registern (Ordner und Metadaten) wollen wir uns ansehen.

Installation

Sie können Capture NX bei der ersten Installation 30 Tage kostenlos testen. Diese Testdauer gilt einmalig und kann nicht verlängert werden, auch nicht durch Installation einer neueren Version. Wenn Sie Ihren Produktschlüssel eingeben, wandeln Sie die Test-Installation automatisch in ein gültiges Produkt um.

Capture NX benötigt die Runtime Umgebung .NET von Microsoft (seit CNX V 1.2.0 wird .NET 2.0 benötigt). Diese Umgebung kann entweder bereits vorhanden sein, oder automatisch mit installiert werden. Für gewöhnlich sollte es damit keine Probleme geben.

Falls die Installation nicht gelingt, probieren Sie zuerst das Programm zu deinstallieren und wiederholen Sie die Installation. Sollte es immer noch nicht laufen, hilft es in manchen Fällen, sämtliche Nikon Programme zu deinstallieren und neu zu installieren. Das ist auch häufig die Lösung, die der Nikon Support empfiehlt.

Unterstütze Betriebssysteme:

- Mac OS X ab V 10.3.9
- Windows 2000, XP, Vista (32-Bit)

Vista (64-Bit) wird derzeit von Nikon nicht direkt unterstützt. Da unter Vista (64-Bit) aber auch 32-Bit Applikationen laufen, funktioniert das Programm mit der bekannten 32-Bit Speichereinschränkung auch unter Vista (64-Bit). Es kann dabei natürlich nicht auf 4 GB RAM zugreifen.

Als Arbeitsspeicher wird von Nikon 1 GB oder mehr empfohlen. Es hat sich gezeigt, dass erst ab 2 GB RAM komfortabel mit Capture NX gearbeitet werden kann.

Es gibt von Nikon die Aussage, dass bei gleichzeitiger Verwendung sonstiger Bildbearbeitungs-Software von Nikon ein ordnungsgemäßer Betrieb von Capture NX nicht gewährleistet sei. Zum Glück gibt es jedoch mit den aktuellen Nikon Produkten keine negative gegenseitige Beeinflussung. Sollten Sie jedoch versuchen, das alte Capture 4 und das neue Capture NX gleichzeitig zu betreiben, so erhalten Sie für diese Kombination im Falle von auftretenden Problemen von Nikon keinen Support.

Erster Start von Capture NX

Die Oberfläche von Capture NX präsentiert sich sehr aufgeräumt und übersichtlich. Sie haben alle wesentlichen Fenster im Blick und können diese sowohl am Rand verankern als auch beliebig frei platzieren. Werfen wir einfach mal ein Blick darauf.

Wir haben hier das erste Bild zur Bearbeitung geöffnet und sehen die Standard-Paletten von Capture NX. Links oben finden Sie die **Menüleiste** und darunter die **Symbolleiste**. Damit können Sie viele Bearbeitungsfunktionen von Capture NX direkt aufrufen.

Die Paletten verfügen über eigene Steuerungselemente, die in obigem Bild türkis beschriftet sind. Mit dem **Vergrößern/Minimieren**-Symbol können Sie ein Fenster auf- und zuklappen. Mit der **Verschieben**-Leiste können Sie die Palette vom Rand lösen und beliebig platzieren. Das **Andocken**-Symbol wird verwendet, um die Palette wieder an ihren angestammten Platz am Rand zurück zu setzen. Mit dem **Skalieren**-Symbol können Sie die Größe der Palette verändern.

Browser

Der Browser bietet über seine beiden Registerkarten (Ordner und Metadaten) folgende Möglichkeiten.

Ordner

Wir suchen hier in unserer Verzeichnisstruktur nach dem gewünschten Ordner und zeigen den Inhalt im Browser an. Dazu muss neben dem Ordner auch der Browser selbst aufgeklappt sein. Seit CNX Version 2 kann der Browser auch auf einen zweiten Monitor platziert werden. Wählen Sie dazu im Menü die Option »Fenster | Arbeitsbereiche | Zweiter Monitor | Browser« aus. Die Option »… | Zweiter Monitor | Desktop« legt den Browser wieder auf den Hauptschirm. Ich verwende zum Auswählen und Öffnen der Bilder oft auch ViewNX und habe damit sehr gute Erfahrungen gemacht. Sie können ViewNX kostenlos von der Nikon Homepage herunterladen. Das Programm bietet einen eigenen Button »Bild in Capture NX öffnen« und ist daher eine Alternative für den recht trägen CNX Browser.

Metadaten

Dieses Register war in CNX Version 1 noch etwas übersichtlicher auf zwei Register aufgeteilt und bietet jetzt im oberen Bereich die »Datei- und Kamerainformationen« und im unteren Bereich die »XMP- und IPTC-Informationen«.

Datei- und Kamerainformationen

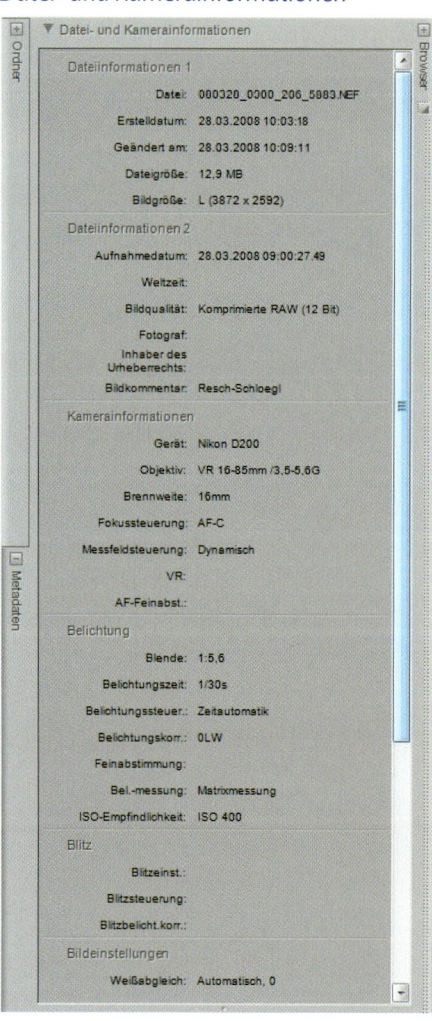

Jedes Bild merkt sich, egal ob als NEF oder JPG gespeichert, bei der Aufnahme die verwendeten Kameraeinstellungen in speziell dafür vorgesehenen Dateiattributen, den sogenannten EXIF-Tags [sprich: Tägs]. Capture NX zeigt (ebenso wie ViewNX) diese Werte vorbildlich und sehr übersichtlich an. Die Parameter »**VR**« (für Antiverwackelung) und »**AF-Feinabstimmung**« werden erst ab der D3/D300 angezeigt. Der Parameter »**Bild-Authentifikation**« und die **GPS**-Werte werden nur dann angezeigt, wenn diese Funktionen verwendet werden. Informationen dazu finden Sie in der Bedienungsanleitung, falls Ihre Kamera diese Funktionen unterstützt. Sie sind zumeist den Profi-Modellen vorbehalten.

Der einzige Wert, der zusätzlich noch von Interesse wäre, ist der Zähler für die **Anzahl der Auslösungen**. Diesen Parameter zeigt weder Capture NX noch ViewNX an. Sie finden im Kapitel »Workflow« eine Liste von Programmen, bei denen die EXIF-Daten zwar nicht so übersichtlich wie hier, dafür aber vollständig angezeigt werden.

→ **Hinweis:** Bis zur CNX V 1.2 war es möglich, die Kameraeinstellungen in diesem Fenster direkt zu ändern, ohne ein Bild öffnen zu müssen. Diese Möglichkeit besteht seit CNX V 1.3 hier nicht mehr. Es gibt jedoch (auch im neuen ViewNX) stattdessen die Möglichkeit der »Schnellanpassung«, die um einiges leistungsfähiger ist.

2 Digitale Bildbearbeitung

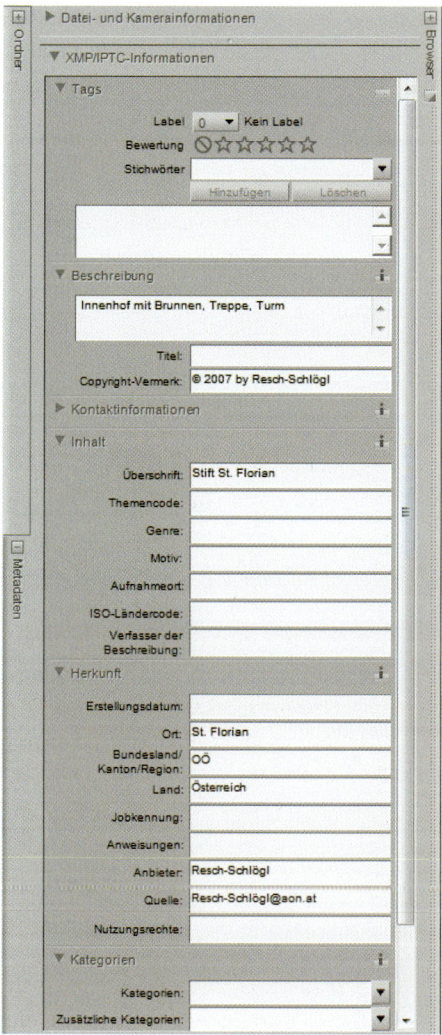

Während die EXIF-Daten bereits bei der Aufnahme von der Kamera geschrieben werden, bleiben die XMP/IPTC-Felder zunächst leer und können mit CNX oder auch ViewNX befüllt werden. Sie können die Werte hier entweder je Bild einzeln eintragen oder mehrere Bilder markieren und damit die Daten für die markierten Bilder gleichzeitig erfassen. Eine weitere Möglichkeit ist, per Stapelverarbeitung die Daten auf mehrere Bilder zu kopieren.

Ich beschreibe das Thema »IPTC« sowie auch die Suchmöglichkeiten nach diesen Daten im Kapitel 4.4. Im Anhang finden Sie auch die Bedeutung aller Felder. Für den Anfang genügt es, wenn Sie »**Beschreibung**«, »**Ort**« und »**Land**« eingeben, da Sie diese Daten kurz nach einer Aufnahme noch am besten in Erinnerung haben. Wenn Sie Ihre digitalen Bilder weitergeben, füllen Sie am besten auch den Bereich »**Kontaktinformationen**« aus.

→ **Hinweis:** Die Felder »**Stichwörter**« und »**zusätzliche Kategorien**« werden von professionellen Bildverwaltungsprogrammen zur Katalogisierung und Suche in großen Bildbeständen verwendet. Wenn Sie so ein Programm einsetzen, dann werden Sie die Felder auch dort ausfüllen, da diese Programme dafür komfortablere Möglichkeiten bieten. Wenn Sie kein professionelles Programm zur IPTC gestützten Bildverwaltung einsetzen, dann ergibt es relativ wenig Sinn, diese Felder in CNX zu verwenden, da Sie hier nicht danach suchen können.

Der Nachfolger des IPTC-Standards lautet XMP und wird nach Adobe nun auch von Nikon mit ViewNX und Capture NX ab Version 2.0 unterstützt. Intern hat sich dabei vieles geändert, es werden z.B. die Daten doppelt (nach IPTC und XMP-Norm) abgespeichert, dies sollte für den Anwender jedoch transparent erfolgen. Bei der XMP-Norm sind vor allem die Felder für Kontaktinformationen deutlich erweitert worden. Im Abschnitt »Inhalt« sind die Felder »Aufnahmeort« und »ISO-Ländercode« hinzugekommen.

Üblicherweise werden IPTC-Felder verwendet, um nach Bildern suchen zu können. Bildverwaltungsprogramme bieten dafür sehr ausgefeilte Möglichkeiten, um auch verschiedene Suchbegriffe zu verknüpfen. Leider bietet Nikon weder mit Capture NX noch mit ViewNX die Möglichkeit, ein Bild nach seiner IPTC-Beschriftung zu suchen. Trotzdem kann es von Vorteil sein, die erste Beschriftung bereits hier vorzunehmen, da nur sehr wenige Programme in der Lage sind, IPTC-Daten in NEF-Dateien zu schreiben. Weitere Infos zum Thema »IPTC« finden Sie im Kapitel »Workflow«.

→ **Tipp:** Die Vista-Suche kann auch nach einigen IPTC-Feldern suchen. Geben Sie »Thema:Suchbegriff« ein, dann wird der Suchbegriff im IPTC-Feld »Beschreibung« gesucht. Mit »Titel:Suchbegriff« und »Autor:Suchbegriff« suchen Sie im Feld »Titel« und im Feld »Copyright-Vermerk«.

Die Bearbeitungsliste

Bevor wir uns die Bearbeitungsliste ansehen, möchte ich Sie bitten, ein beliebiges Bild zu öffnen. In der Bearbeitungsliste werden alle Bearbeitungsschritte abgelegt, die wir auf ein Bild anwenden. Wenn wir das Bild als NEF-Datei speichern, werden diese Schritte auch mitgespeichert. Wenn wir das Bild später wieder öffnen, können wir jeden einzelnen dieser Schritte beliebig ändern, löschen oder auch neue Schritte einfügen. Diese Arbeitsweise nennt man »nicht destruktiv«, da sie eine nachträgliche Änderung erlaubt. Wer Photoshop kennt, wird dort vermutlich mit Einstellungsebenen arbeiten, die zwar etwas komplizierter in der Anwendung, dafür aber auch um einiges mächtiger sind.

Es ist sogar möglich, ein bearbeitetes JPEG-Bild als NEF-Datei zu speichern. Es wird damit zwar nicht zur RAW-Datei, aber es erlaubt dadurch, die auf das JPEG-Bild angewendeten Bearbeitungsschritte später wieder zu ändern.

Entwickeln

Wenn wir ein Bild öffnen, dann trägt Capture NX für uns die ersten Bearbeitungsschritte gleich selbst ein. Die Schritte »Schnellanpassung« sowie »Kamera- und Objektivkorrekturen« sind somit bei jedem Bild vorhanden, RAW-Bilder bekommen auch noch den Eintrag »Kameraeinstellungen«.

Anpassen

Jeder weitere Schritt, den wir ausführen, erzeugt einen neuen Eintrag in dieser Liste. Der neue Schritt wird üblicherweise an das Ende der Liste angefügt. Wenn wir einen neuen Schritt in der Mitte der Liste einfügen wollen, dann aktivieren wir dazu jenen Schritt, nach dem der neue eingefügt werden soll.

Diese Zweiteilung entspricht dem Konzept von CNX, RAW-Konverter und Bildbearbeitung in einem Programm zu vereinen. Wer das Konzept von PS kennt, findet die Funktionen des RAW-Konverters unter »Entwickeln« und die Funktionen von PS-CS unter »Anpassen«. Es gibt Bearbeitungsfunktionen (z.B. Rauschreduzierung), die wir sowohl unter »Entwickeln« finden, als auch unter »Anpassen« einfügen können. Ich gebe Ihnen bei diesen Funktionen entsprechende Hinweise, wann eine der beiden Varianten von Vorteil sein könnte.

Mit dem Haken können Sie jeden einzelnen dieser Schritte (oder auch eine Gruppe) aktivieren und deaktivieren, um die Auswirkungen zu kontrollieren. Bei CNX1 wurden alle nachfolgenden Schritte automatisch ebenfalls deaktiviert, ab CNX2 können Sie dieses Verhalten in den Voreinstellungen ändern. Falls Sie nachfolgende Schritte aktiviert lassen, müssen Sie eine längere Berechnungszeit in Kauf nehmen, da der einzelne Schritt extra herausgerechnet werden muss. Andererseits lassen sich damit recht interessante Vergleiche anstellen, sodass diese Option bei einem schnellen Prozessor vorteilhaft sein kann.

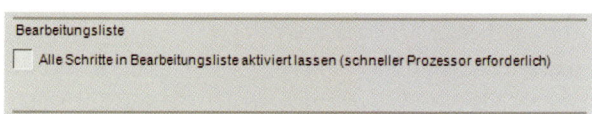

Das Übersichtsfenster

Menüpfad zum Ein- / Ausblenden: Fenster | Übersicht

In der Übersicht (rechts oben) wird das geöffnete und aktive Bild angezeigt. Ein blasser Rahmen kennzeichnet den dargestellten Bildausschnitt. Sie können diesen Rahmen mit der Maus verschieben und mit den beiden Lupen vergrößern bzw. verkleinern.

Es gibt mehrere Möglichkeiten, wie Sie ein Bild zoomen oder verschieben können. Das Übersichtsfenster ist ein recht anschaulicher Weg, die Symbolleiste stellt ein Zoomwerkzeug (Lupe) bereit und das Menü »Ansicht« bietet ebenfalls Zoomfunktionen. Wenn Sie genug Übung haben, werden Sie vorrangig Tastaturabkürzungen verwenden.

Direktauswahl (A):   Auswahl z.B. von Kontrollpunkten
Verschiebewerkzeug (H): verschiebt den Zoombereich
Zoomwerkzeug (Z):   Zoom durch Aufziehen eines Rechteckes

Die Werkzeuge sind auch über die Tastatur direkt auswählbar:

Funktion	Werkzeug	Tastatur
Direktauswahl	Pfeil (*Auswahl*)	A
Verschieben	Hand	H
Temporäres Umschalten auf Verschieben		Leertaste
Bild verkleinern	Lupe + Alt-Taste	Strg + -
Bild vergrößern	Lupe (*Zoom*)	Strg + +
An Bildschirmgröße anpassen	Doppelklick auf Hand	Strg + 0
Bild in voller Größe anzeigen (100 %-Ansicht)	Doppelklick auf Lupe	Strg + Alt + 0
Vollbild		F
Alle Paletten ausblenden		→-Taste
Darstellung (vor schwarzem Hintergrund)		P

→ **Tipp:** Wenn Sie zum Verschieben die Leertaste halten, müssen Sie im Anschluss nicht wieder auf das Direktauswahlwerkzeug zurückschalten.

Je nach aktivem Symbol haben Sie im Bild folgendes Kontextmenü auf der rechten Maustaste verfügbar.

Pfeil:

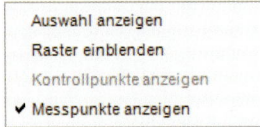

Hand oder Zoom:

| An Bildschirmgröße anpassen |
| Bild in voller Größe anzeigen (100%) |

Das Bildinfo-Fenster mit Histogramm und Messpunkten

Menüpfad zum Ein- / Ausblenden: Fenster | Bildinfo

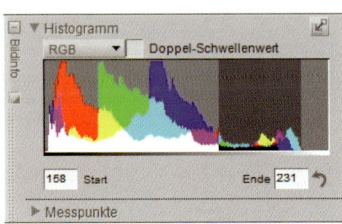

Das Histogramm (rechts unten) in der Palette »Bildinfo« zeigt wichtige Informationen über die Helligkeits- und Farbverteilung im Bild.

Die Eingabe von Start- und Endwerten bewirkt, dass im Bild alle Pixel innerhalb dieses Helligkeitsbereiches blinken. Alternativ können Sie mit der Maus einen Bereich im Histogramm markieren. Der Pfeil rechts unten hebt diese Markierung wieder auf.

Mit der Funktion »Doppel-Schwellenwert« (⇧ + T) werden die hellsten Stellen im Bild weiß und die dunkelsten Stellen im Bild schwarz markiert (der Rest wird grau). Sollten keine weißen Stellen angezeigt werden, so schieben Sie den Regler für Lichter nach links bis zu der Stelle, wo das Histogramm anzusteigen beginnt. Genauso können Sie zur Suche nach den dunkelsten Stellen den Schattenregler vom linken Rand nach rechts ziehen. Der Pfeil setzt auch diese Auswahl wieder zurück.

Im Menü »Ansicht« finden Sie zwei Funktionen, um die hellsten und dunkelsten Stellen getrennt anzeigen zu können.

Ansicht | verlorene Lichter anzeigen   ⇧ + H (helle Stellen)
Ansicht | verlorene Schatten anzeigen   ⇧ + S

→ **Tipp:** Behalten Sie bei Bearbeitungsschritten mit starker Helligkeits- oder Kontraständerung immer die Auswirkung auf das Histogramm im Auge. Sollten Tonwerte am unteren oder oberen Ende beschnitten werden, so ist das hier sofort zu erkennen.

Messpunkte

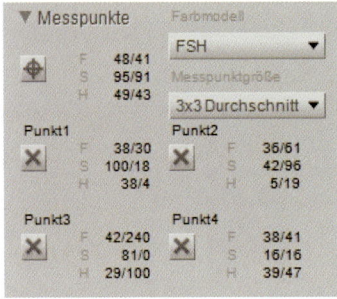

Unterhalb des Histogramms lassen sich Messpunkte einblenden. Der Durchmesser dieser Messpunkte kann mit »**Samplegröße**« ausgewählt werden.

Mit dem Button »**Messpunkt hinzufügen**« lassen sich bis zu vier weitere Messpunkte direkt im Bild fix platzieren und mit dem Button »**Messpunkt löschen**« wieder entfernen.

Das **Farbmodell** kann von RGB auf FSH (Farbton, Sättigung, Helligkeit) umgeschaltet werden.

Es wird jeder Wert mit zwei Zahlen angezeigt: Vor dem Schrägstrich steht der Wert des unbearbeiteten Bildes und nach dem Schrägstrich der Wert laut den aktuell aktiven Bearbeitungsschritten (also des angezeigten Bildes).

> Die **Samplegröße** bestimmt, ob exakt der Farbwert eines Pixels genommen oder über 3 × 3 bzw. 5 × 5 Pixel gemittelt werden soll.

Farbauswahl

In vielen Bearbeitungsschritten (z.B. beim Kolorieren) begegnet uns die Farbauswahl von CNX.

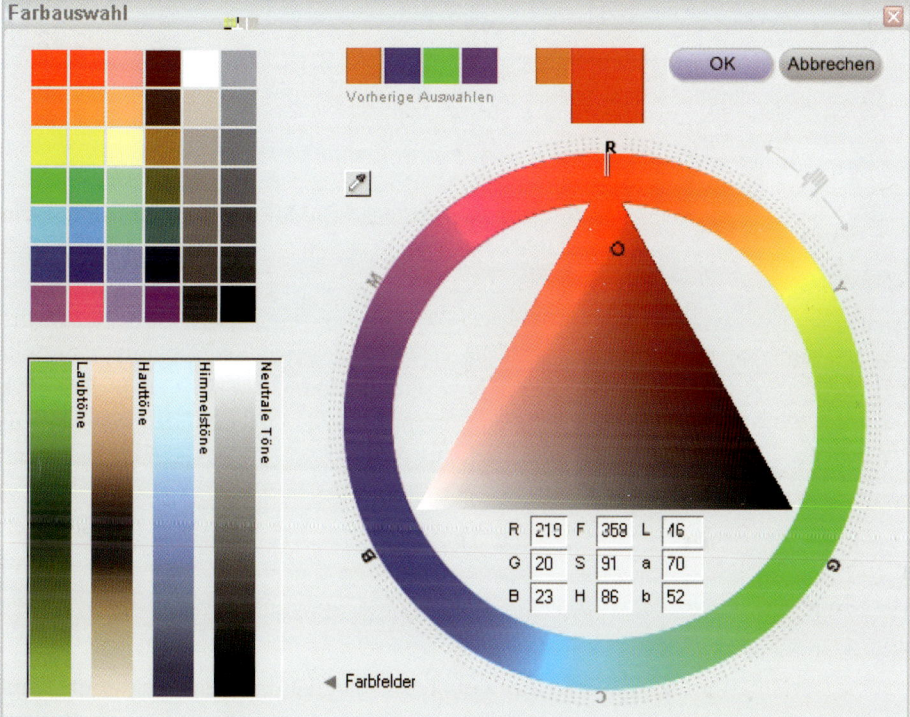

Wir wählen eine gewünschte Farbe, indem wir zuerst im Farbkreis den Farbton *(Hue)* auswählen. In Klammern finden Sie hier zu einigen Farben den Farbtonwert:

Rot (0) – **Orange (30)** – **Gelb (60)** – **Grün (120)** – **Cyan (180)** – **Blau (240)** – **Violett (270)** – **Magenta (300)**

Das Farbdreieck stellt daraufhin alle Schattierungen dieses Farbtons dar. Die obere Spitze entspricht dabei der voll gesättigten Farbe, die linke Kante reduziert die Sättigung bei voller Helligkeit bis zu Weiß, die rechte Kante reduziert die Helligkeit bei voller Sättigung bis zu Schwarz, die untere Kante stellt in allen Fällen den Grau-Verlauf ohne Farbanteil dar.

➡ **Tipp:** Sie können die Werte für **F**arbton *(Hue)*, **S**ättigung *(Saturation)* und **H**elligkeit *(Brightness)* auch direkt in die entsprechenden Felder F, S und H eintippen.

Für eine Gegenüberstellung der Farbmodelle RGB, FSH *(HSB)* und Lab verweise ich Sie auf das entsprechende Kapitel »Farbmanagement«.

Die zuletzt ausgewählten Farben haben Sie unter »Vorherige Auswahlen« im direkten Zugriff.

Über den Knopf »**Farbfelder**« (links unten) öffnen Sie eine direkte Auswahlmöglichkeit auf weitere häufig benutzte Farben. Mit der **Pipette** können Sie jede beliebige Farbe aus einem geöffneten Bild entnehmen.

Voreinstellungen

Menüpfad: Bearbeiten | Voreinstellungen ⌈Strg⌉ - ⌈K⌉)

Bevor wir an die Bearbeitung unserer Bilder gehen, sollten wir uns kurz mit den Voreinstellungen des Programms auseinandersetzen.

Das Fenster Voreinstellungen« besitzt die folgenden Register.

Ich habe die empfohlenen Änderungen für Sie rot markiert.

1. Allgemein

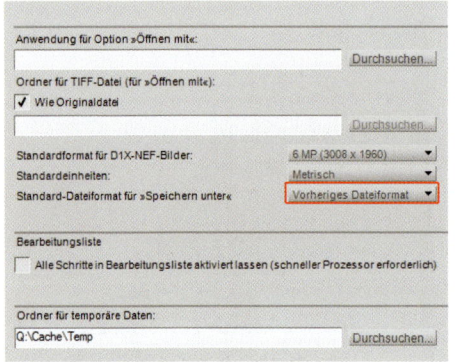

Anwendung für Option »Öffnen mit«:
Hier können Sie den Link auf ein anderes Bildbearbeitungsprogramm (z.B. Photoshop) eintragen. Falls Sie die dabei erstellte TIFF-Datei in einem bestimmten Ordner ablegen wollen, dann deaktivieren Sie die Option »Wie Originaldatei« und wählen darunter den gewünschten Pfad aus.

Standard-Dateiformat für »Speichern unter«: [Default = NEF]

Wenn Sie hier »Vorheriges Dateiformat« auswählen, dann merkt sich CNX das letzte Speicherformat.

Die Option »Bearbeitungsliste« wurde auf Seite 40 bereits beschrieben.

Der Ordner für temporäre Daten wird vom Betriebssystem vorbestückt und sollte auf eine schnelle Harddisk zeigen.

2. Farbmanagement

Standard-RGB-Farbraum: [Default = Nikon sRGB]
»**Dieses anstatt des eingebetteten Profils verwenden**« [Default = aus]

Sie können diese beiden Einstellungen belassen, egal ob Sie mit sRGB oder AdobeRGB fotografieren. CNX verwendet als Arbeitsfarbraum automatisch den in der Kamera eingestellten Farbraum.

CMYK-Separationsprofil: [Default = Nikon CMYK]
Sollten Sie vorhaben, die CMYK-Separation nicht Ihrer Druckerei zu überlassen, dann können Sie das dafür benötigte Profil hier eintragen. Da eine Beschreibung der CMYK-

Separation den Rahmen dieses Buches sprengen würde, verweise ich Sie auf entsprechende Literatur [FM01], [FM02].

→ **Achtung:** CNX kann CMYK-Dateien zwar erstellen, aber nicht mehr öffnen.

Druckerprofil: [Default = sRGB]
Falls Sie für Ihren Drucker ein Profil angefertigt haben, können Sie es hier eintragen. Die Checkbox »**Dieses Profil beim Drucken verwenden**« sollte dann natürlich aktiviert werden.

Ich habe für eine detailliertere Betrachtung diesem Thema ein eigenes Kapitel »Farbmanagement« gewidmet.

Rendering Intent: [Default = Wahrnehmungsorientiert]
Schwarzpunktkompensation verwenden: [Default = Ja]
Lassen Sie diese Werte für Fotonachbearbeitung immer so eingestellt.

→ **Hinweis:** Die Schwarzpunktkompensation wird von Profis nur dann deaktiviert, wenn (z.B. bei relativ farbmetrischer Umwandlung) die Schatten im Ausdruck grau statt schwarz werden.

3. Tonwerte und Messpunkte

Schwarzpunkt, Weißpunkt und Neutralpunkt können mit diesen Einstellungen bleiben.

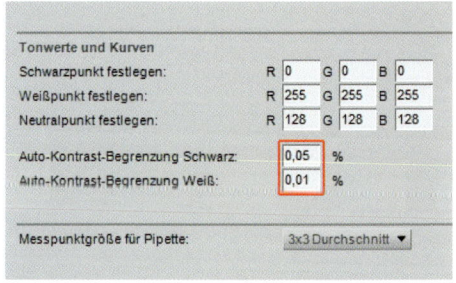

Auto-Kontrast-Begrenzung
Schwarz: [Default = 0,5 %]
Weiß: [Default = 0,5 %]

Diese Werte können Sie z.B. auf 0,05 % und 0,01 % verkleinern, um bei Auto-Kontrast weniger Details in den Schatten und Lichtern zu verlieren. Falls Sie bei einigen Aufnahmen doch einen höheren Kontrast wünschen, so ist es wesentlich einfacher, nach der Funktion »Auto-Kontrast« den Wert händisch weiter zu steigern.

4. Anzeige

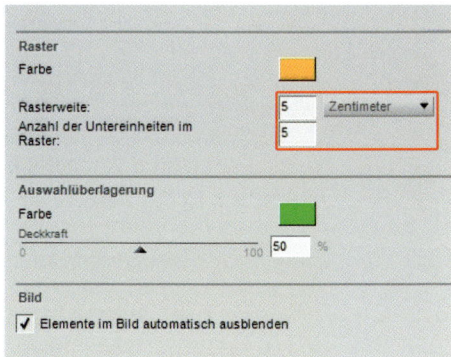

Rasterweite: [Default = 1 Zoll]
Untereinheiten:
[Default = 4 Rasterlinien]

Diese beiden Werte können Sie z.B. auf 5 Zentimeter mit 5 Rasterlinien ändern.

Auswahlüberlagerung:
[Default = grün mit 50 % Deckkraft]

Seit CNX2 kann eine Auswahl auch Transparent angezeigt werden. Der hellgrüne Farbton ist dafür recht gut geeignet.

Elemente im Bild automatisch ausblenden:

Elemente wie Messpunkte oder Raster werden automatisch ausgeblendet, wenn der Mauszeiger das Bild verlässt.

5. Cache

Browser-Cache: Die im Browser angezeigten Indexbilder werden zur beschleunigten Darstellung zwischengespeichert. Wenn Sie diesen Cache leeren, werden die Indexbilder wieder neu erstellt. Leeren Sie diesen Cache z.B. bei einer Neustrukturierung der Bildablage oder falls Sie Probleme bei der Bildanzeige im Browser haben.

Bilder-Cache verwenden und **Cache-Dateien beim Speichern anlegen:** [Default = Ja]

Diese Einstellungen sollten Sie nicht deaktivieren, da ein Cache (= Zwischenspeicher) die Geschwindigkeit des PCs bei der Bildbearbeitung deutlich erhöhen kann.

Caching von Dateien, die von einem Stapelverarbeitungsprozess erstellt wurden: [Default = Nein]

Schalten Sie diese Option ein, wenn Sie im Anschluss an eine Stapelverarbeitung einzelne Bilder händisch nachbearbeiten, und von einer Beschleunigung durch den Cache profitieren wollen.

Cache-Speicherort: [Default = C:\Dokumente und Einstellungen\user\Lokale Einstellungen\Anwendungsdaten\Nikon\Capture NX\Cache]

Falls Sie einen PC mit mehreren (physikalisch getrennten) Festplatten besitzen (also nicht lediglich getrennte Partitionen auf einer Festplatte), dann sollten Sie den Cache auf eine andere Platte legen als Ihre Bilder, da der gleichzeitige Zugriff auf Cache und Bilder sich damit nicht gegenseitig ausbremsen kann.

Die **Cache-Größe beschränken** Sie je nach verfügbarem Platz.

Beispiel für einen optimal konfigurierten PC:

Festplatte	Partition	Inhalt	Backup
HD 1	C:	Windows, Programme	Backup per Image auf HD 4
HD 2	D:	Daten	tägliches File-Backup auf HD 4
HD 3	Q:	Cache	kein Backup notwendig
HD 4	extern	Backup	

→ **Tipp:** Gönnen Sie sich für ein zügiges Arbeiten eine schnelle CPU (z.B. Intel Core 2 Duo oder Quad, AMD Athlon 64 X2) und ausreichend Speicher (≥ 2 GB). Eine schnelle Grafikkarte hat wenig Einfluss auf die Bildbearbeitung.

6. XMP-IPTC-Voreinstellungen

Wenn Sie bestimmte Metadaten (z.B. die Kontaktinformationen) immer wieder gleich befüllen wollen, dann können Sie hier einen Datensatz unter einem bestimmten Namen anlegen. Dieser steht dann im Menü unter »Stapelverarbeitung | XMP-IPTC-Voreinstellungen laden…« zur Verfügung.

→ Tipp: Deaktivieren Sie zuerst alle Felder (Haken bei »Alle auswählen« entfernen), die Sie nicht vorbestücken wollen, und aktivieren Sie einzeln nur die verwendeten Felder. Jedes aktivierte Feld wird in der Stapelverarbeitung dann überschrieben und leere aktivierte Felder werden gelöscht. Dadurch könnte eine vorher erfolgte händische IPTC-Beschriftung verloren gehen.

7. Labels

Bei einem professionellen Workflow vergeben Sie den Bildern je nach Bearbeitungsstatus ein bestimmtes Label. Seit CNX2 sind die Labels nun mit ViewNX und auch mit Adobe PS sowie iView (heute MS Expression Media) kompatibel. Wie viele Labels Sie verwenden und welche Namen und Farben Sie dafür definieren, können Sie in den Voreinstellungen benutzerdefiniert wählen.

Beispiele für Lables: bewerten, löschen, beschriften, bearbeiten, drucken, ausarbeiten

In CNX1 wurden die Labels noch als Bewertung verwendet, dafür gibt es jetzt aber eigene Sterne.

8. Einstellungen verwalten

Hier können Sie auswählen, welche Stapelverarbeitungsaktionen Sie im Schnellzugriff haben wollen. Ich beschreibe diese Funktion im Kapital über Stapelverarbeitung.

9. Arbeitsbereiche

CNX merkt sich die Position der Fenster und erlaubt es auch, verschiedene Anordnungen als Arbeitsbereich zu speichern. Es sind bereits vier Standard-Arbeitsbereiche vordefiniert und Sie können nun z.B. mit den Tastenkürzel `Alt` + `5` bis `Alt` + `9` fünf weitere individuelle Arbeitsbereiche hinzufügen. Ordnen Sie dazu die Fenster wie gewünscht an und achten Sie auch darauf, ob der Browser aufgeklappt ist bzw. ob Ordner oder Metadaten angezeigt werden. Wählen Sie dann unter Voreinstellungen | Arbeitsbereich die Funktion »Hinzufügen…« und vergeben Sie einen sprechenden Namen.

Nachdem wir die Einstellungen für unsere Zwecke angepasst haben, können wir nun endlich das erste Bild öffnen. Sie können dazu entweder den eingebauten Browser verwenden oder das Bild über ViewNX zur Bearbeitung in Capture NX öffnen.

47

2.1 D e Oberfläche von Capture NX (CNX)

2.2 Kameraeinstellungen anpassen

Pfad: Entwickeln | Kameraeinstellungen

Sie können bei Ihrer Kamera bestimmte Bildparameter (wie z.B. Scharfzeichnung oder Farbwiedergabe) anpassen, diese Einstellungen werden dann gemeinsam mit dem RAW-Bild in der NEF-Datei gespeichert. Während derzeit alle am Markt erhältlichen RAW-Konverter diese Einstellungen ignorieren, ist Capture NX in der Lage, diese Parameter auszuwerten. Wenn Sie diese Einstellungen in Capture NX nicht ändern, dann sieht das geöffnete NEF-Bild genauso aus, wie das direkt von der Kamera erzeugte JPEG-Bild. Der Vorteil des RAW-Formates ist nun, dass Sie diese Einstellungen hier beliebig ändern können. Die häufigste Frage in diesem Zusammenhang lautet: »Welchen Vorteil bietet es mir, diese Parameter hier zu ändern?« Die Antwort lautet: »Das hängt ganz von Ihren eingestellten Parametern ab.«

Bildoptimierung nicht verwenden

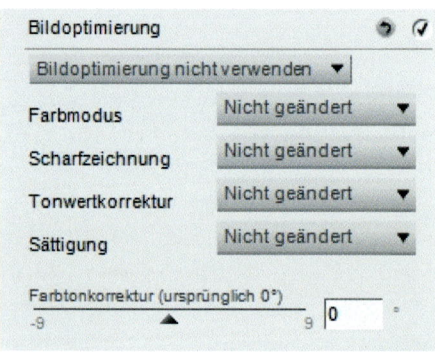

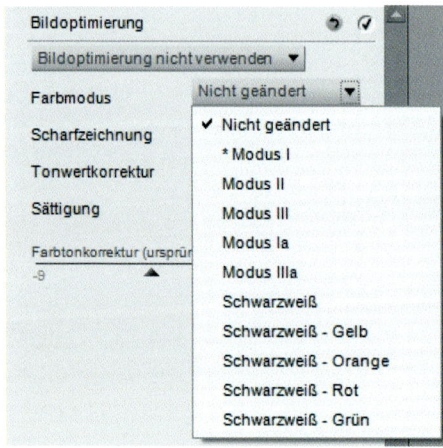

Wenn Ihre Einstellung den Standardwerten entspricht, oder wenn Sie optimale Einstellungen gewählt haben, dann ist es normalerweise auch nicht notwendig, diese hier zu ändern. Scharfzeichnung, Tonwerte, Sättigung und Farbton können Sie mit vielen CNX-Funktionen deutlich besser beeinflussen als mit diesem Menü.

Es gibt jedoch Fotografen, die in Ihrer Kamera die Schärfung absichtlich auf das Maximum stellen, um die Schärfe am Kameradisplay besser beurteilen zu können. In diesem Fall wäre es angebracht, diesen Wert nun hier zu reduzieren. Wir werden im Kapitel »Workflow Funktionen« die Stapelverarbeitung kennenlernen, mit der dieser Schritt komfortabel gleich für alle Bilder eines Verzeichnisses erledigt werden kann.

Solange Sie die Kameraparameter hier nicht überschreiben, wird der Text »Nicht geändert« angezeigt. Der wirksame Parameter wird dabei mit einem Stern gekennzeichnet und kann auch im Browser (Register »Kamerainformationen«) abgelesen werden.

➔ **Hinweis:** Der hier angezeigte Parameter »Farbmodus« wird in vielen Kameramenüs als »Farbwiedergabe« bezeichnet.

Dieses Fenster lässt sich noch für eine zweite Funktion einsetzen, die mit CNX V 1.3 neu eingeführt worden ist. Schalten Sie dazu von »Bildoptimierung nicht verwenden« um auf:

Bildoptimierung

Dieses Werkzeug bietet Ihnen hier die gleichen Möglichkeiten, die Sie in ViewNX unter »Datei | Picture Control Utility starten« finden.

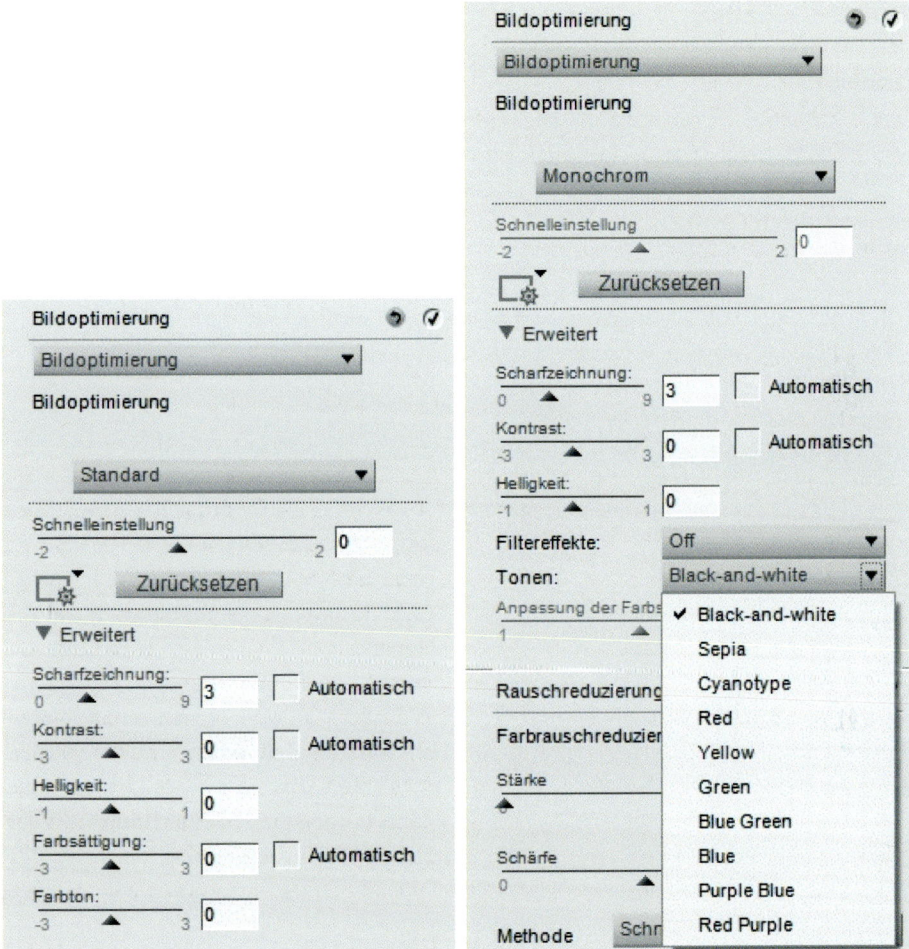

Besonders interessant sind die Möglichkeiten der Schwarz/Weiß-Tonung, die Sie erhalten, wenn Sie die Einstellung von »Standard« auf »Monochrom« ändern. So viele vorgefertigte Tonungsfarben bieten Ihnen nicht einmal die sonst wesentlich mächtigeren CNX Filter.

Wenn Sie ein Bild schnell optimieren wollen, dann ist diese Funktion dafür recht gut geeignet. Da Ihnen jedoch ViewNX dieselben Möglichkeiten bietet, würden Sie für diese Art der Bildoptimierung nicht extra Capture NX starten.

➜ **Tipp:** Ich empfehle Ihnen, die rasche Bildoptimierung hier (oder das entsprechende Picture Control Utility in ViewNX) nur dann zu verwenden, wenn Sie nicht vorhaben, weitere Bearbeitungsschritte mit Capture NX vorzunehmen. Es könnte sonst zu einer Überlagerung von Effekten kommen, die nur schwer durchschaubar und daher eher verwirrend als hilfreich sind.

→ **Hinweis:** Mit dem Haken rechts oben können Sie eine Funktion vorübergehend deaktivieren. Mit dem Pfeil können Sie die Einstellung auf die letzten Werte vor der Änderung zurücksetzen.

Aktives D-Lighting

Dieser Regler wird nur dann eingeblendet, wenn Ihre Kamera diese Funktion (die mit der D3 eingeführt wurde) unterstützt. Da die Auswahlmöglichkeiten hier nur sehr beschränkt sind, erzielen Sie mit den Reglern Belichtungskorrektur, Lichter und Schatten im Abschnitt »Schnellanpassung« weitaus bessere Ergebnisse.

Weißabgleich *(White Balance)*

Pfad: Entwickeln | Kameraeinstellungen | Weißabgleich

Am deutlichsten fällt bei einem Bild ein falscher Weißabgleich auf, wenn graue oder weiße Flächen einen Farbstich aufweisen. Capture NX bietet uns zwei grundsätzlich verschiedene Möglichkeiten, den Weißabgleich bei RAW-Aufnahmen zu korrigieren.

1. Farbtemperatur festlegen

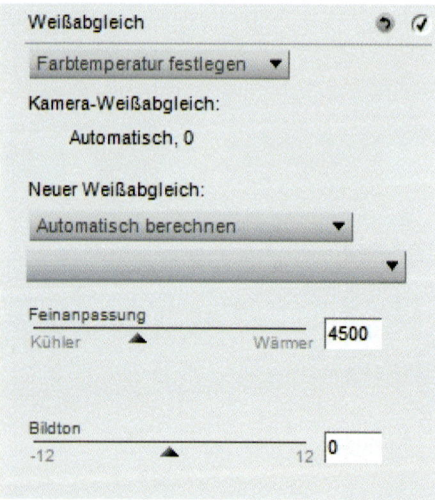

Im ersten Fall wird die Farbtemperatur festgelegt: entweder durch automatisches Neuberechnen und anschließende Feinanpassung oder durch direkte Eingabe des gewünschten Wertes. Sie verändern die Farbe damit von »Kühler« (Blau) nach »Wärmer« (Rot).

Sollte Ihr Bild auch einen Farbstich in Richtung Grün oder Magenta aufweisen, dann können Sie mit dem **Bildton**-Regler diesen ausgleichen.

→ **Achtung:** Der Bildton-Regler ist nicht fein genug dosierbar, in vielen Fällen ist ein Wert von 1 (oder -1) bereits zu viel.

2. Graupunkt setzen

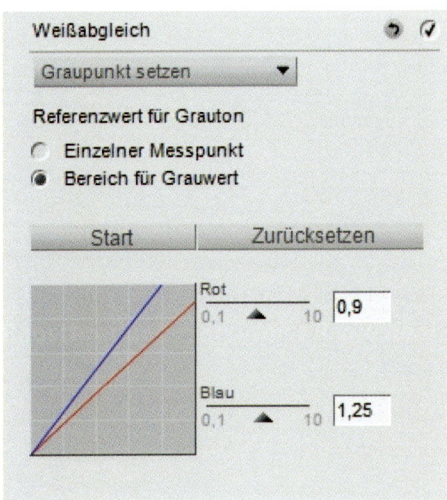

Wenn in Ihrem Bild eine weiße oder graue Stelle vorkommt, dann verwenden Sie besser die zweite Möglichkeit, den Graupunkt direkt als Punkt oder Bereich zu markieren. Das Ergebnis ist in diesem Fall wesentlich präziser.

Wählen Sie am besten »Bereich für Grauwert« und starten Sie die Farbaufnahme mit dem Button »Start«.

Wenn Sie im Anschluss wieder auf die erste Option zurückschalten wird dort »Graupunkt verwenden« angezeigt. Ein Feintuning des ermittelten Wertes ist leider deaktiviert.

→ **Hinweis:** Es ist in Capture NX nicht möglich, direkt ausgehend vom Kamerawert oder gesetzten Graupunkt ein Feintuning vorzunehmen. Sie müssen daher immer den Weißabgleich zuerst von Capture NX automatisch berechnen lassen, bevor Sie den ermittelten Wert ändern. CNX zeigt nicht einmal den von der Kamera ermittelten Wert an.

→ **Tipp:** Wenn Sie bei JPEG-Aufnahmen den Weißabgleich korrigieren wollen, dann verwenden Sie dazu die Funktion »Sättigung und Wärme«, die ich im Kapitel »Sättigung und Farbton« vorstellen werden. Im Kapitel »Kontrollpunkte« finden Sie ebenfalls Möglichkeiten, einen Farbstich (sogar lokal aus einzelnen Bildbereichen) zu entfernen.

Eine Farbtemperatur-Tabelle finden Sie im Anhang A.1.

Rauschreduzierung *(Noise Reduction)*

Pfad: Entwickeln | Kameraeinstellungen | Rauschreduzierung
      Anpassen | Rauschreduzierung

Genauso lästig wie Staub ist das Bild-Rauschen, das vor allem bei höheren ISO-Zahlen auftritt. Auch wenn Nikon mit der D3 eine Kamera entwickelt hat, die erst ab ISO 1600 deutliches Rauschen zeigt, so gibt es doch bei jeder Kamera eine ISO-Grenze, ab der Rauschen sichtbar wird.

Wenn Sie in Ihrer Kamera die Funktion »Rauschreduzierung« aktivieren, dann wendet Capture NX beim Öffnen des RAW-Bildes eine auf die ISO-Zahl abgestimmte Rauschreduktion an. Seit CNX V 1.2 erfolgt diese Berechnung im Hintergrund ohne störenden Performanceverlust, Sie finden die eingestellten Parameter über den Pfad Entwickeln | Kameraeinstellungen | Rauschreduzierung.

Da es zwei Möglichkeiten gibt, die Rauschreduzierung aufzurufen, möchte ich Ihnen meine Erfahrungen mit der neuen CNX Version dazu gerne mitteilen.

a) Sie sind zufrieden mit der ISO-abhängigen automatischen Rauschreduzierung, dann können Sie die von CNX getroffenen Einstellungen so lassen, wie sie sind.

b) Sie möchten die automatische Rauschreduzierung für das gesamte Bild verändern. In diesem Fall rufen Sie die Funktion über »Entwickeln« auf und verändern hier die von CNX vorgegebenen Werte.

c) Sie möchten die Rauschreduzierung nur auf jene Teile des Bildes anwenden, wo besonders starkes Rauschen sichtbar ist. Deaktivieren Sie in diesem Fall die Rauschreduzierung unter »Entwickeln« und fügen Sie einen neuen Bearbeitungsschritt über das Menü »Anpassen« ein. Wie wir einen Bearbeitungsschritt auf einzelne Bereiche anwenden, werde ich im Kapitel »Bildbereiche durch Auswahl bearbeiten« zeigen.

Die Funktion dieses Reglers ist, unabhängig von dem Pfad, über den Sie ihn aufrufen, immer die gleiche. Die Möglichkeit der Einschränkung auf ausgewählte Bildbereiche bietet der Pfad »Entwickeln« jedoch nicht.

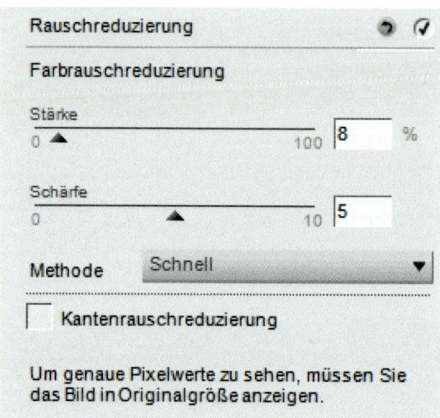

Im Vergleich zu PS mit vier Reglern (für »Stärke«, »Details erhalten«, »Farbstörungen reduzieren« und »Details scharfzeichnen«) finden wir bei CNX nur zwei Regler für:

Stärke (reduziert das Rauschen) und **Schärfe** (kompensiert den Schärfeverlust).

Entsprechend rascher als in PS finden wir die optimale Einstellung.

→ **Tipp:** Erhöhen Sie die Stärke, bis das Rauschen verschwindet, und erhöhen Sie anschließend die Schärfe, bis Details wieder sichtbar werden.

Die **Methode** »Schnell« ist bereits recht langsam, wählen Sie daher die Methode »Hohe Qualität« nur, wenn wirklich notwendig.

Wenn Sie zusätzlich Artefakte an den Kanten reduzieren wollen, können Sie den entsprechenden Punkt »**Kantenrauschreduzierung**« aktivieren.

Die Stärke der Rauschreduzierung ist Geschmacksache und auch stark von der Kamera abhängig. Die folgende Tabelle mag daher nur als grober Anhaltspunkt dienen.

ISO:	100	200	400	800	1600	2200	3200
Stärke:	0	5	8	15	27	38	50
Schärfe:	0	0	5	5	5	5	5

→ **Tipp:** Beurteilen Sie das Bild immer in der 100 %-Ansicht.

Das folgende Bild, aufgenommen mit einer D200 bei ISO 1600 (Blende 11, 1/40 s), soll als Basis für unterschiedliche Einstellungen der Rauschreduzierung verwendet werden.

Die weiteren Screenshots zeigen einen Ausschnitt in 200 %-Ansicht.

ISO 1600, Gesamtansicht

ISO 1600, Rauschreduzierung deaktiviert

Stärke: 15 | Schärfe: 3

Stärke: 15 | Schärfe: 5

Stärke: 15 | Schärfe: 7

Stärke: 27 | Schärfe: 3

Stärke: 27 | Schärfe: 5

Stärke: 27 | Schärfe: 7

Stärke: 38 | Schärfe: 3

Stärke: 38 | Schärfe: 5

Stärke: 38 | Schärfe: 7

Gegenüber dem verrauschten Bild wirken alle neun gezeigten Beispiele deutlich ent-
rauscht. Wenn Sie die Schärfe zu wenig erhöhen, wirkt das Bild bei starker Rauschreduzierung etwas verwaschen wie ein Aquarell, was auf dem Bild links unten gut erkennbar
ist. Die höchste Schärfe erreicht das Bild rechts oben, das jedoch bei noch stärkerer Vergrößerung auch das meiste Restrauschen zeigt. Einen guten Kompromiss zwischen Rau-

schen und Schärfe stellt das Bild in der Mitte und auch jenes rechts unten dar. Das Optimum der Einstellung ist meist stark vom Motiv selbst abhängig. Am Monitor wird Ihnen der Vergleich wesentlich leichter fallen als hier im Druck.

Das Bild links zeigt das gleiche Motiv mit ISO 100 (Blende 11, 1/2,5 s) fotografiert und soll zeigen, dass die Rauschreduzierung ein Stativ nicht ersetzen kann.

→ **Tipp:** Die zurzeit beste Rauschreduzierung bietet NoiseNinja™ – www.picture-code.com

→ **Achtung:** Nur die Pro-Variante (ab 70 $) kann 16-Bit-Bilder bearbeiten.

2.3 Erste Korrekturen

Pfad: Entwickeln | Schnellanpassung

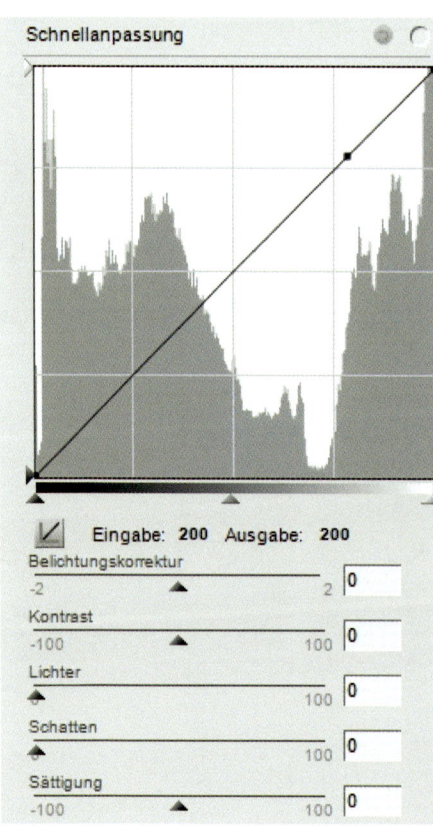

CNX bietet uns RAW-Konverter und Bildbearbeitung in einem Programm, aber nur die Funktionen unter »Entwickeln« kommen wirklich an alle Tonwerte, die das RAW-Format bietet.

Solange das Histogramm der Originalaufnahme weder in den Lichtern noch in den Schatten Verluste aufweist, können Sie auf eine Bearbeitung unter »Schnellanpassung« meist verzichten.

Wenn im Histogramm unter »Schnellanpassung« jedoch Schatten oder Lichter verloren gehen, dann gibt es nur hier die Möglichkeit, diese so weit wie möglich wieder zu gewinnen.

Während uns die Belichtungskorrektur nur hier zur Verfügung steht, könnten wir Histogramm, Kontrast und Sättigung auch später als Bearbeitungsschritt anwenden. Der D-Lighting-Regler könnte auch die Regler »Lichter« und »Schatten« ersetzen. Gerade im letzten Fall wird jedoch deutlich, dass ein Regler mehr Spielraum hat, wenn ihm die gesamten RAW-Tonwerte zur Verfügung stehen. Bei der Bearbeitung kontrastreicher Aufnahmen sollte die Möglichkeit der Schnellanpassung daher nicht unterschätzt werden.

1. Belichtungskorrektur

Wesentlich effizienter als jede Helligkeitskorrektur wirkt diese Belichtungskorrektur, die uns nur bei RAW-Aufnahmen zur Verfügung steht.

Bei Bedarf kann eine geringfügige Korrektur der Belichtung eine Aufnahme retten. Versprechen Sie sich jedoch keine Wunder, falls der Belichtungswert um mehr als 1,0 korrigiert werden müsste.

2. Kontrast

Der Kontrastregler hier zeigt keinen Vorteil gegenüber einer herkömmlichen Kontrastregelung. Meine Empfehlung, den Kontrast auf andere Art zu regeln, gilt daher auch in diesem Fall. Insbesondere bei einer Kontrastverringerung ist es damit nicht möglich, verlorene Tonwerte zu retten. Im Gegensatz dazu sind die beiden folgenden Regler umso besser.

3. Lichter

Um überstrahlte Lichter abzudunkeln oder sogar verlorene Tonwerte aus dem RAW-Bild zu retten, bietet sich dieser Regler an. Sie können ihn eventuell mit einer negativen Belichtungskorrektur kombinieren und auch mit D-Lighting ergänzen, wobei alle Schritte unter »Anpassen« auf verlorene Tonwerte keinen Zugriff mehr haben.

4. Schatten

Im Gegensatz zum Regler »Lichter« können Sie damit Schatten aufhellen und auch hier Tonwertreserven aus dem RAW-Bild verfügbar machen. Sollte das gesamte Bild zu dunkel sein, können Sie eine kleine positive Belichtungskorrektur anwenden. Auch in diesem Fall ist eine Kombination mit D-Lighting möglich. Vergleichen Sie die Auswirkungen sowohl im Bild als auch im Histogramm.

5. Sättigung

Nach umfangreicher Korrektur der Lichter und Schatten ist eine leichte Erhöhung der Sättigung meist notwendig. Ein Wert von 20 bis 60 sollte dafür ausreichen.

6. Histogramm und Tonwertkorrektur

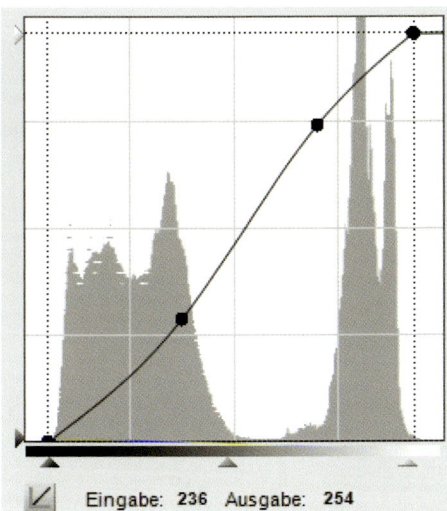

Wenn Sie bereits dabei sind, Kontrast und Helligkeit zu regeln, dann können Sie die Funktionen der Tonwertkorrektur im angezeigten Histogramm dafür verwenden.

Es bietet einen etwas geringeren Funktionsumfang als die Funktion »Anpassen | Helligkeit | Tonwerte und Kurven«, die ich noch vorstellen werde.

➜ **Tipp:** Details in den Lichtern sind weniger leicht zu restaurieren als in den Schatten. Vermeiden Sie daher bei Digitalkameras wie auch beim Diafilm eine Überbelichtung.

2.4   Sensor- und Objektivkorrekturen

Pfad: Entwickeln | Kamera- und Objektivkorrekturen
    Anpassen | Korrektur

Im Anschluss erledigen wir gleich eventuell notwendige Korrekturen, bedingt durch Sensorfehler oder Abbildungsfehler des Objektivs. Es handelt sich dabei im Wesentlichen um die Farbmoiré-Reduktion, Staubentfernung, Korrektur der chromatischen Aberration (die wir gleich doppelt vorfinden), die Vignettierungs- und die Verzeichnungskorrektur. Die Sensorkorrekturen (Farbmoiré und Staub) stehen uns nur bei RAW-Aufnahmen zur Verfügung, die Objektivkorrekturen sind auch bei JPEG-Aufnahmen verfügbar.

Farbmoiré-Reduzierung

Pfad: Entwickeln | Kamera- und Objektivkorrekturen

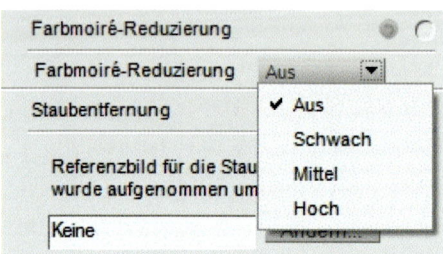

Sollten Sie bei feinen Gitterstrukturen farbige Interferenzmuster erkennen, so ist dieser Menüpunkt ideal, um die Störungen bei RAW-Aufnahmen automatisch zu entfernen.

Da Nikon-Kameras wenig anfällig für Moiré-Bildung sind, werden Sie diese Funktion selten benötigen.

Staubentfernung *(Dust Off)*

Pfad: Entwickeln | Kamera- und Objektivkorrekturen

Staub am Sensor macht sich vor allem im Bereich gleichmäßiger Flächen (wie z.B. beim Himmel) bemerkbar. Capture NX kann zwar nicht den Staub vom Kamerasensor selbst entfernen, wenn Sie rechtzeitig eine Referenzaufnahme gemacht haben, dann entfernt diese Funktion hier jedoch vom RAW-Bild sichtbare Staubflecken sehr effizient.

Hinweis: Die Kamera-Funktion »Referenzbild« speichert in einer speziellen NDF-Datei ein Muster des aktuell am Sensor befindlichen Staubes. Für eine optimale Staubentfernung empfehle ich ein Referenzbild zumindest einmal täglich und auf jeden Fall *vor* einer Sensorreinigung zu erstellen. Die Referenzbild-Funktion steht nicht bei allen Nikon Kameras zur Verfügung.

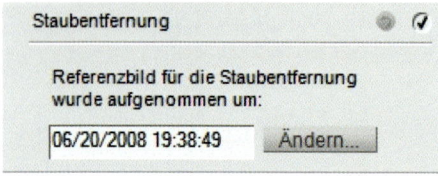

CNX sucht im Bild-Ordner nach einer zeitlich nahe liegenden NDF-Datei. Kann das Programm im gleichen Ordner keine passende Datei finden, dann können Sie den Pfad ändern und in einem anderen Ordner die Suche fortsetzen.

Sollten nicht alle Flecken entfernt sein, verwenden wir später den Retusche-Pinsel.

Automatische Korrektur der chromatischen Aberration

Pfad: Entwickeln | Kamera- und Objektivkorrekturen

| Korr. der chrom. Abberation | | |

Automatische Korrektur aktiv (Default)

Fehler der chromatischen Aberration (CA) sind an Kanten mit starken Kontrasten in Form von roten oder blauen Farbsäumen erkennbar.

Bei NEF-Aufnahmen ist diese Funktion automatisch aktiviert, bei JPEG-Aufnahmen müssen wir diese Korrektur manuell durchführen (siehe nächster Punkt).

Das Bild links zeigt keine Farbfehler, da Capture NX diese automatisch korrigiert.

Automatische Korrektur deaktiviert

Sie können diese automatische Korrektur einfach aktiviert lassen, da sie weder viel Rechenzeit benötigt, noch negative Auswirkungen auf die Bildqualität hat.

Das Bild links zeigt, wie die Farbsäume aussehen würden, wenn wir die automatische Korrektur deaktivieren.

→ **Hinweis:** Ab der D3 / D300 wird die CA bereits in der Kamera (und daher auch für JPEG-Aufnahmen) korrigiert.

2.4 Sensor- und Objektivkorrekturen

Manuelle Korrektur der chromatischen Aberration

Menüpfad: Anpassen | Korrektur | Korrektur der chromatischen Aberration

Für die manuelle Korrekturen der CA (z.B. bei JPEG-Aufnahmen mit Kameras, die diese Korrektur noch nicht intern durchführen) verwenden wir diesen Regler.

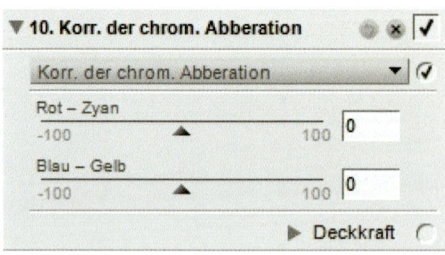

Wir korrigieren über die beiden Regler:

Rot – Cyan

Blau – Gelb

Ein Farbsaum entsteht durch unterschiedliche Brechungswinkel für rotes und blaues Licht und tritt vor allem an kontrastreichen Kanten in den Bildecken auf.

Blau – Gelb   *Rot – Cyan*   *korrigiert*

Die manuelle Korrektur ist nicht nur wesentlich zeitaufwändiger als die automatische, sie ist in vielen Fällen auch nicht so effizient. Am manuell korrigierten Bild ist im Gegensatz zum automatisch korrigierten ein zarter Farbsaum zu erkennen, der jedoch erst bei sehr starker Vergrößerung sichtbar wird.

➡ **Tipp:** Beurteilen Sie die Korrektur (in allen vier Ecken) mindestens in der 100 %-Ansicht.

Ein größerer Ausschnitt dieses Bildes zeigt, dass selbst eine nicht korrigierte CA bei diesem Maßstab kaum mehr erkennbar ist.

Automatische Korrektur deaktiviert

Korrektur roter Augen

Pfad: Entwickeln | Kamera- und Objektivkorrekturen

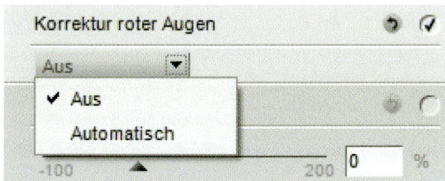

Obwohl diese Funktion auch für JPEG-Aufnahmen zur Verfügung steht, möchte ich sie nicht empfehlen. Warten Sie mit der Korrektur von roten Augen auf das Kapitel »Kontrollpunkte«, dort lernen Sie eine wirklich effiziente Methode kennen.

Vignettierungskorrektur

Pfad: Entwickeln | Kamera- und Objektivkorrekturen

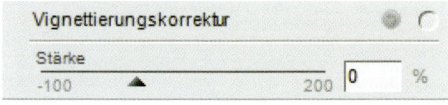

Wenn Sie mit Weitwinkelobjektiven bei offener Blende fotografieren, können die Ecken (je nach Objektiv) um ca. eine Blendenstufe dunkler werden als das Zentrum des Bildes.

Ziehen Sie diesen Regler nach rechts, um die Randabschattung zu korrigieren.

ohne Korrektur   *mit Korrektur*

Friedhofskirche zum Heiligen Karl Borromäus (Luegerkirche), Wien.

Die Kirche wurde in den Jahren 1908 bis 1911 im Jugendstil erbaut und von 1995 bis 2000 renoviert.
www.luegerkirche.at

Dieser Menüpunkt steht seit CNX Version 1.3 auch bei JPEG-Aufnahmen aus der Kamera zur Verfügung, nicht jedoch für allgemeine JPEG-Bilder, bei denen die Objektivdaten fehlen.

➜ **Hinweis:** Sie können mit diesem Regler derzeit nur die Stärke, nicht jedoch den Durchmesser der Korrektur verändern. Es ist daher möglich, dass sich nicht jede beliebige Vignettierung damit restlos korrigieren lässt. Dieser Regler bietet daher für Nikon noch Verbesserungspotential. Bei den meisten Aufnahmen ist die Vignettierung jedoch kaum störend, sodass auf eine Korrektur häufig verzichtet wird. Bei diesem Beispiel wurde zur Demonstration ein Extremfall dargestellt.

Verzeichnung

Menüpfad: Anpassen | Korrektur | Verzeichnungskorrektur

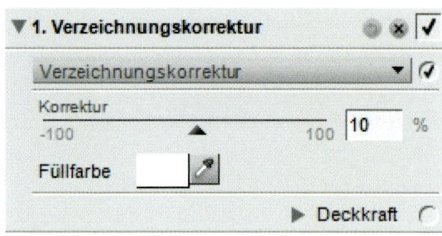

Dieser Filter dient zur Korrektur der kissen- oder tonnenförmigen Verzeichnung durch Weitwinkel- oder Zoomobjektive.

Der Effekt ist hauptsächlich an senkrechten oder waagerechten Kanten sichtbar, die nahe am Bildrand verlaufen.

Das linke Beispiel zeigt die Aufnahme eines Wandbildes mit dem 16-85 mm Nikkor, das bei 16mm eine deutliche tonnenförmige Verzeichnung aufweist. Eine Korrektur von +30 % konnte diese Verzeichnung problemlos korrigieren.

unkorrigiert *korrigiert*

Verzerrung	Korrektur
tonnenförmig durch WW-Objektiv	Regler nach rechts (positiver Bereich)
kissenförmig durch Tele-Zoom	Regler nach links (negativer Bereich)

Wenn Sie eine kissenförmige Verzeichnung korrigieren, dann ist es unter Umständen notwendig, den Bildausschnitt im Anschluss daran neu anzupassen. Die entsprechende Funktion wird im nächsten Kapitel besprochen.

➜ **Tipp:** Noch bessere Korrekturmöglichkeiten bietet der Filter PTLens von Tom Niemann, der als Standalone-Applikation und Plug-In für Photoshop erhältlich ist. http://epaperpress.com/ptlens/ (Preis: 15 $)

➜ **Hinweis:** Wer auch stürzende Linien korrigieren möchte, wird bei den CNX-Funktionen derzeit leider nicht fündig, und muss für die weitere Nachbearbeitung z.B. auf PS ausweichen. Da andere RAW-Konverter diese Funktion sehr wohl bieten, bleibt zu hoffen, dass Nikon dies in einer der nächsten Versionen bald nachrüstet.

2 Digitale Bildbearbeitung

Fisheye-Objektiv

Pfad: Entwickeln | Kamera- und Objektivkorrekturen

Mit dieser Funktion lassen sich beim Nikon-Fisheye-Objektiv die konstruktionsbedingten Fisheye-Verzerrungen entzerren. In der Standardeinstellung wird das entzerrte Bild rechteckig beschnitten. Diese Funktion können Sie mit der Auswahlbox »Bereiche ohne Bilddaten einbeziehen« deaktivieren und eine Füllfarbe für den entstehenden Rand auswählen.

Dieser Menüpunkt steht auch bei JPEG-Aufnahmen zur Verfügung, wird jedoch nur dann eingeblendet, wenn eine Fisheye-Aufnahme erkannt wird. Derzeit werden die Nikkor-Objektive AF DX 10,5 mm / 2,8 G und AF 16 mm / 2,8 D unterstützt.

➜ **Hinweis:** Da hiermit der oft beabsichtigte Fisheye-Effekt wieder rückgängig gemacht wird, wäre in vielen Fällen eine Panoramaaufnahme die bessere Lösung, um eine verzerrungsfreie extreme Weitwinkelaufnahme zu erhalten.

2.5   Der optimale Ausschnitt

Meist ist es von Vorteil, wenn wir vor der weiteren Bearbeitung bereits den gewünschten Ausschnitt wählen und das Bild dafür beschneiden. Vor so einem Beschnitt sollte jedoch die Ausrichtung kontrolliert werden, da jede auch nur geringe Drehung des Bildes den Ausschnitt weiter verringert.

Sie können diese beiden Schritte auch erst am Ende der Bearbeitung direkt vor der Schärfung durchführen. Sollte sich jedoch durch den Beschnitt die Tonwertverteilung wesentlich ändern (z.B. wenn der helle Himmel beschnitten wird), dann ist eine neuerliche Tonwertkorrektur nicht auszuschließen.

Ausrichten

Menüpfad: Bearbeiten | Drehen | Ausrichten   Symbolleiste

Obwohl wir heute in vielen DSLR-Kameras bereits Gitterlinien einblenden können, passiert es doch immer wieder, dass der Horizont nicht vollkommen waagerecht ist. Mit dem Ausrichten-Werkzeug lässt sich das problemlos korrigieren, allerdings geht dabei abhängig vom Winkel der Ausrichtung ein Teil vom Rand als Beschnitt verloren.

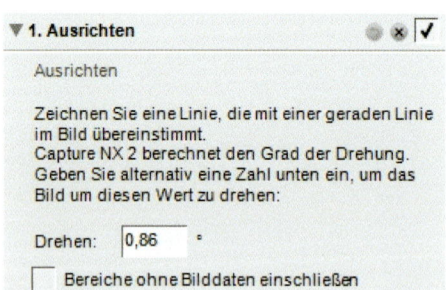

Der Requester selbst gibt Ihnen bereits eine exakte Anleitung, was zu tun ist.

Am einfachsten ist die Variante, bei der Sie eine senkrechte oder waagerechte Linie (z.B. parallel zum Horizont) ziehen und das Bild automatisch danach ausrichten lassen.

Auch die Beschneidung des gedrehten Bildes wird automatisch durchgeführt, falls Sie die Auswahlbox »**Bereich ohne Bilddaten einschließen**« nicht aktiviert haben.

Die Ausrichtung erfolgte hier an der senkrechten Kante des Klettergerüstes.

➜ **Hinweis:** Bei NEF-Files lässt sich dieses Ausrichten und automatische Beschneiden auch nach dem Speichern nochmals ändern oder rückgängig machen, bei JPEG natürlich nicht.

Beschnittwerkzeug

Pfad: Symbolleiste (Tastenkürzel: Taste $\boxed{C}$)

Der optimale Ausschnitt eines Bildes sollte immer erst nach dem Ausrichten und einer Verzeichnungskorrektur gewählt werden, da sich bei beiden Schritten der Ausschnitt jeweils verringert. Wir haben diese beiden Korrekturen daher in den vorangegangenen Kapiteln bereits durchgeführt.

Wählen Sie unterhalb der Symbolleiste aus folgenden Optionen aus:

Freies Zuschneiden:
Das Verhältnis von Höhe zu Breite kann beliebig mit der Maus aufgezogen werden.

Festes Seitenverhältnis:
Das Verhältnis von Höhe zu Breite wird fest eingestellt. Hier sind (leider auch in der deutschsprachigen Version) nur die englischen Papierformate direkt auswählbar.
    Beliebige Formate können Sie unter »Benutzerdefiniert« eingeben.

Freistellungsraster einblenden:
Teilt mit einem dünnen Raster das Bild optisch in neun gleich große Teile. (Dieses Raster kann auch mit der $\boxed{\text{Alt}}$-Taste temporär eingeblendet werden.)

Nachdem Sie ein Rechteck aufgezogen haben, können Sie dieses an den Punkten noch anfassen und verändern. Ein Doppelklick innerhalb des Rechtecks führt den Schritt aus, ein Klick außerhalb des Rechtecks bricht das Beschneiden ab.
    Die genauen Pixelmaße sieht man leider erst nach dem Zuschnitt unter Größe/Auflösung. Sie können jedoch unter »Ansicht | Raster einblenden« ein Gitter einblenden, falls Sie auf eine Größe in cm zuschneiden wollen. Meist wird auf die exakte Größe für die Ausarbeitung jedoch erst am Ende der Bearbeitung skaliert.

Beispiele für häufig verwendete Seitenverhältnisse:

Querformat	Hochformat	Verhältnis	Beispiel
5 × 4 (10 × 8)	4 × 5 (8 × 10)	1 : 1,25	englisches Papierformat 8" × 10" **Papierformat 20 × 25** Monitor (z.B. 1280 × 1024)
4 × 3	3 × 4	1 : 1,33	Kompaktkamera Monitor (z.B. 1600 × 1200)
7 × 5	5 × 7	**1 : 1,4**	**Papierformat 13 × 18** **Papierformat 9 × 13**
3 × 2 (6 × 4)	2 × 3 (4 × 6)	**1 : 1,5**	englisches Papierformat 4" × 6" **Kleinbildformat 24 × 36** **Papierformat 10 × 15 / 20 × 30**
16 × 10	10 × 16	1 : 1,6	Monitor mit Wide Screen (z.B. 1680 × 1050)
16 × 9	9 × 16	1 : 1,78	HDTV-Format (1920 × 1080)

Grün sind die verfügbaren vordefinierten Formate hinterlegt.

Auto-Retusche-Pinsel

Pfad: Symbolleiste (Tastenkürzel: Taste R)

Nach dem Zuschneiden des Bildes ist der ideale Zeitpunkt, um eventuell noch weitere Flecken zu entfernen, die nach der Staubentfernung sichtbar geblieben sind.

In der Optionsleiste können Sie die Pinselgröße einstellen.

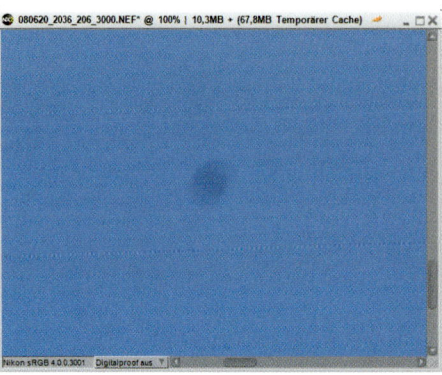

Ich empfehle Ihnen, bei kreisförmigen Flecken die Pinselgröße etwas kleiner einzustellen als den Fleck und mit einer kreisförmigen Bewegung den Fleck etwas über seinen Rand hinaus zu überdecken. Alternativ können Sie die Pinselgröße auch etwas größer wählen, um den Fleck mit einem einfachen Klick zu überdecken. Aufgrund der Trägheit dieses Werkzeuges habe ich mit der ersten Methode bessere Erfahrungen gemacht.

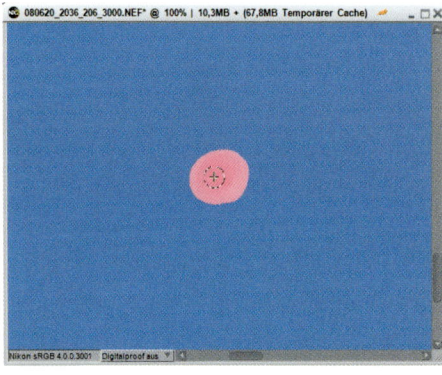

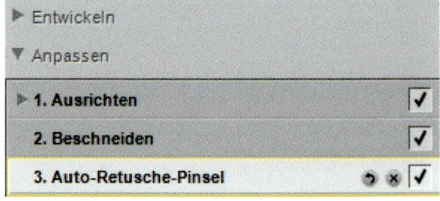

Sie können den Pinsel wie jeden anderen Bearbeitungsschritt vorübergehend deaktivieren, indem Sie den Haken entfernen, oder löschen mit dem X-Symbol.

Der Pfeil, mit dem Sie einen Schritt auf seinen letzten Wert zurücksetzen können, funktioniert in diesem Fall unter Umständen etwas ungewohnt, falls Sie mehrere Flecken in einem Schritt entfernt haben.

Es ist bei diesem Werkzeug leider nicht möglich, jede einzelne Korrektur Schritt für Schritt rückgängig zu machen.

Wie Sie links erkennen können, leistet der Retusche-Pinsel in einfarbigen Flächen hervorragende Dienste. Zur Entfernung von Hochspannungsmasten aus Landschaftsaufnahmen ist er jedoch nicht zu empfehlen.

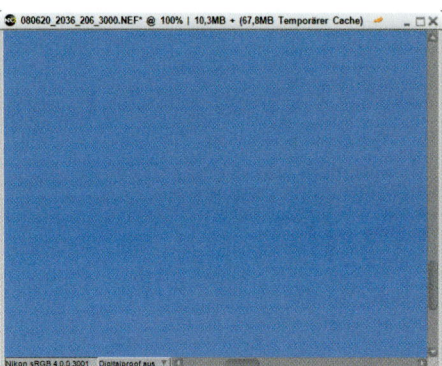

2.6 Kontrast und Helligkeit für brillante Bilder

In Kapitel 1 haben Sie gesehen, was wir durch einfache Kontraständerung aus unseren Bildern herausholen können. Ich zeige Ihnen hier nun die Möglichkeiten von Capture NX, mit denen wir auf einfache Art und Weise zu brillanten Bildern kommen.

In den meisten Fällen gehe ich dabei nach einem bestimmten Schema vor, das ich Ihnen gerne vorstellen möchte.

1. Mit der Tonwertkorrektur kontrolliere ich den Kontrast und nehme entsprechende Anpassungen vor. Auch die Helligkeit wird in diesem Schritt mit betrachtet.
2. Wenn ich dunkle Schatten aufhellen möchte, dann verwende ich den D-Lighting-Regler. Er hilft vor allem bei Aufnahmen mit zu starken Kontrasten da er Schatten deutlich aufhellen und Lichter etwas abdunkeln kann.
3. Wenn ich helle Lichter mit dem D-Lighting-Regler nicht in den Griff bekomme, dann hilft es meist, unter »Entwickeln | Schnellanpassung« eine Belichtungskorrektur und die Regler für Lichter und Schatten anzuwenden.

Ich beginne daher mit der Tonwertkorrektur. Capture NX bietet dafür zwei Werkzeuge, die in ihrer Bedienung sehr ähnlich und auch in der Funktionsweise vergleichbar sind.

Trotzdem gibt es im Ergebnis einen sichtbaren Unterschied, den Sie beachten sollten.

Wir wollen das folgende Bild als Basis für unsere Helligkeits- und Kontrastanpassung verwenden.

Donau bei Hainburg, Österreich (Nationalpark Donauauen)

Tonwerte und Gradationskurven

Menüpfad: Anpassen | Helligkeit | Tonwerte und Grad.-kurven
(Tastenkürzel: ⌷Strg⌷-⌷L⌷)

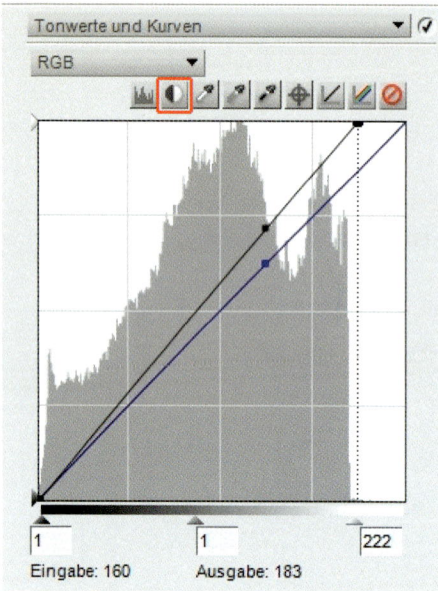

Dieser Regler ist der erste von zwei Möglichkeiten, die Tonwertverteilung anzupassen und damit die **Kontraste** im Bild zu verändern. Er fasst die beiden wichtigen Regler »Tonwertkorrektur« und »Gradationskurven« in einem Fenster zusammen.

Das Auswahlfeld RGB können wir in dieser Einstellung belassen, solange wir nicht gezielt die Farbe verändern wollen.

Im Kapitel »Farbton verändern« zeige ich weitere Möglichkeiten dieses vielseitigen Werkzeuges.

Wir beginnen die Kontrastanhebung mit der Funktion **Auto-Kontrast** und klicken rechts oben mit gehaltener ⌷Strg⌷-Taste auf den rot markierten Button.

Die beiden Regler »**Schatten...abdunkeln**« und »**Lichter...aufhellen**« springen automatisch an die Grenzen des Tonwert-Histogramms. Dieser Bearbeitungsschritt stellt für die meisten Aufnahmen eine sichtbare Verbesserung dar, sie gewinnen dadurch an Brillanz.

Original

Auto-Kontrast (⌷Strg⌷-Taste gedrückt)

➜ **Tipp:** Wenn Sie wollen, können Sie die beiden Regler auch noch ein wenig darüber hinausziehen, Sie verlieren dadurch jedoch Tonwerte, wodurch hellste Stellen ausfressen können. Wenn Ihnen die Kontrastanhebung zu stark war, können Sie die Regler auch wieder etwas zurückziehen.

➜ **Hinweis:** In der Defaulteinstellung werden 0,5 % der hellen und dunklen Tonwerte bei der Auto-Kontrast Funktion abgeschnitten. Wir haben diesen Wert im Kapitel »Voreinstellungen« jedoch reduziert, um nur bei Bedarf über diese Grenzen hinauszugehen.

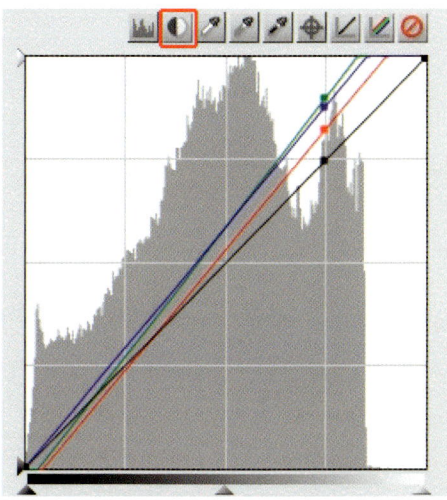

Wenn Sie die ⸢Strg⸣-Taste *nicht* drücken, beeinflussen Sie gleichzeitig mit dem Kontrast auch die Farbverteilung in den einzelnen Kanälen. Dies kann je nach Aufnahme zu einer beabsichtigten Farbkorrektur oder auch zu unerwünschten Farbverschiebungen führen. Im Normalfall ist diese Art der Korrektur nicht erforderlich. Wenn Sie jedoch einen offensichtlichen Farbstich korrigieren wollen, liegt diese Auto-Funktion manchmal gar nicht so daneben.

Original

Auto-Kontrast
mit (oft unerwünschter) Farbkorrektur

Der einzige Nachteil von Auto-Kontrast ist, dass Sie diese Funktion nicht in einer Stapelverarbeitung verwenden können. Dafür gibt es einen eigenen Menüpunkt, die »Autom. Tonwertkorrektur«, die in einem folgenden Kapitel vorgestellt wird.

Ich empfehle Ihnen, bei Kontraständerungen mit der Funktion »Doppel-Schwellenwert« (⇧ + T) im Histogramm die hellsten und dunkelsten Bildbereiche anzeigen zu lassen.

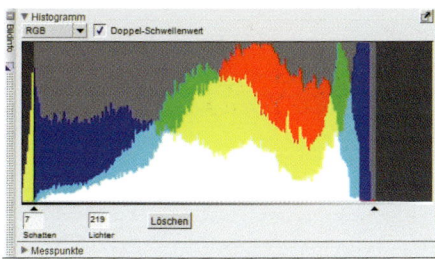

Sie können auch die Regler im Histogramm verwenden, um den Helligkeitsbereich der gesuchten Schatten und Lichter festzulegen. Damit können Sie rasch erkennen, in welchem Bereich und Ausmaß Tonwerte durch zu starke Kontrasterhöhung verloren gehen.

Nach einer Kontraständerung können wir bei Bedarf an dieser Stelle sofort die **Helligkeit** korrigieren. Es gibt dazu zwei Möglichkeiten, indem Sie a) den Regler **Mitteltöne** des aktuellen Kanals anpassen (linkes Bild) oder b) die **Gradationskurve** in der Mitte anfassen und nach oben oder unten ziehen (rechtes Bild).

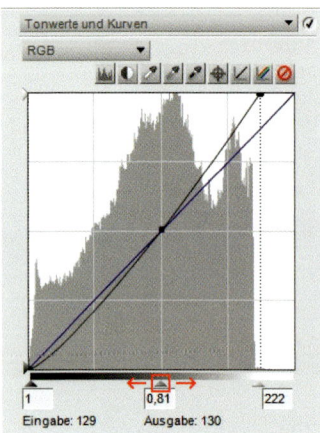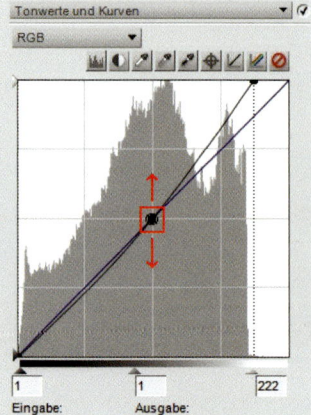

Die kleinen Punkte stellen jeweils den aktuellen Messpunkt des Bildes dar.

Wir haben diese Form der Helligkeitsanpassung in Kapitel 1 bereits kennengelernt. Obwohl der Kurvenverlauf dieser beiden Varianten nicht identisch ist, werden Sie bei geringen Änderungen im Bild keinen Unterschied erkennen. Verwenden Sie daher einfach jene Variante, mit der Sie besser zu recht kommen.

Besonders geübte Gradationskurven-Profis können auch durch zwei oder mehr Stützpunkte eine geschwungene **S-Kurve** anlegen. Damit können Sie z.B. den Kontrast in den Mitteltönen verstärken, in den Schatten und Lichtern jedoch abschwächen, wodurch trotz Kontrastanhebung keine Tonwerte verloren gehen.

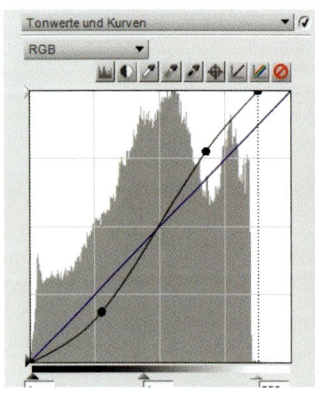

S-Kurve   *Kontrastkorrektur mit S-Kurve*

In vielen Fällen werden die hier gezeigten Anpassungen ausreichen, um Helligkeit und Kontrast in gewünschter Weise anzupassen. Bevor ich Ihnen Alternativen zu diesem Regler vorstelle, möchte ich kurz die Funktion der restlichen Buttons beschreiben. Ich verwende dazu einen Screenshot von CNX 1, da Sie die Beschriftung so besser lesen können.

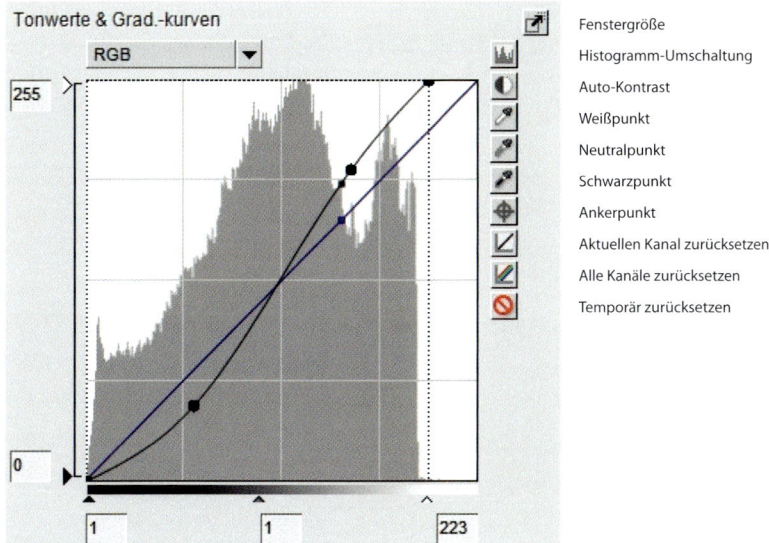

Wir verwenden diesen Regler derzeit nur in der RGB-Einstellung, da wir noch keine Farbänderungen durchführen wollen. Entsprechend benötigen wir an dieser Stelle nicht alle Funktionen, die uns der Regler anbietet.

Das hinterlegte Histogramm zeigt die Tonwertverteilung vor der Änderung. Das farbige Histogramm (rechts unten im Bildinfo-Fenster) zeigt die Verteilung nach der Änderung. Wenn Sie wollen, können Sie mit dem Button »**Histogramm-Umschaltung**« das im Werkzeug hinterlegte Histogramm auch auf die Nachher-Darstellung umschalten.

Weißpunkt- und **Schwarzpunkt**-Pipette sind Alternativen zum bereits verwendeten **Auto-Kontrast** bzw. zur händischen Anpassung mit den Schiebereglern. Da Sie dabei jedoch exakt die hellsten und dunkelsten Stellen im Bild identifizieren müssen, ist die optimale Einstellung damit nicht so leicht zu finden. Wenn Sie eine bestimmte Stelle im Bild auf Weiß oder Schwarz setzen wollen, dann können Sie diese Pipetten dafür verwenden.

Die **Neutralpunkt**-Pipette verändert die einzelnen Farbkanäle so, dass der angeklickte Bildpunkt grau wird. Da Sie den Weißabgleich bereits vorgenommen haben, gibt es an dieser Stelle keine Notwendigkeit mehr für diese Korrektur.

Ankerpunkte werden verwendet, um die Kurve zu verändern. Sie können Ankerpunkte direkt mit der Maus in der Kurve selbst setzen, oder mit der Schaltfläche »Ankerpunkt« eine Stelle im Bild auswählen. Zum Entfernen von gesetzten Ankerpunkten ziehen Sie diese aus dem Histogrammfenster heraus.

Sie können die Änderungen rückgängig machen, indem Sie den **aktuellen Kanal zurücksetzen**, das ist in unserem Fall der RGB-Kanal. Falls Sie irrtümlich an dieser Stelle auch die Farbkanäle verändert haben, so verwenden Sie zum rückgängig machen die Schaltfläche »**Alle Kanäle zurücksetzen**«. Die Funktion »**Temporär zurücksetzen**« zeigt den sehr wichtigen Vorher-Nachher Vergleich und wird entsprechend häufig verwendet.

Automatische Tonwertkorrektur

Menüpfad: Anpassen | Helligkeit | Autom. Tonwertkorrektur

Wir haben beim vorigen Regler eine elegante Möglichkeit zur automatischen Tonwert-korrektur kennengelernt, die leider nur in der Einzelbild Bearbeitung, nicht jedoch in der Stapelverarbeitung zur Verfügung steht. Diese Funktion hier hat nun den Vorteil, dass man sie auch in einem Stapelverarbeitungsprozess auf einen ganzen Ordner voller Bilder anwenden kann. Sie stellt daher eine sehr rasche und einfache Möglichkeit dar, den Kon-trast zu verbessern, ohne aufwändige Tonwertkorrekturen durchzuführen.

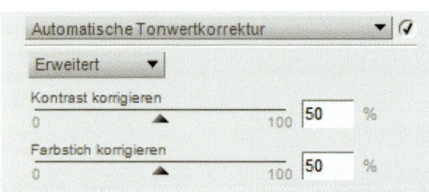

Der Modus »Automatisch« setzt die Regler für Kontrast und Farbstich fix auf 50 %.

Erst der Modus »Erweitert« erlaubt die getrennte Einstellung für **Kontrast** und **Farbstich**, wie auf dem Bild links darge-stellt.

Wenn Sie den Kontrast auf 50 % Korrektur setzen, dann wird der verfügbare Tonwert-bereich optimal genutzt. Eine weitere Erhöhung entspricht ungefähr dem Effekt der S-Kurve. Wenn das Bild keinen erkennbaren Farbstich aufweist, sollten Sie den Farbstich-Regler auf 0 setzen. Für eine vorsichtige Farbstich-Korrektur hat sich der Bereich zwischen 0 und 50 % bewährt, über 50 % kann es bereits zu Farbverfälschungen kommen. Das beste Ergebnis erzielen Sie meist mit einer Kontrast-Korrektur von 50 % und Farbstich (je nach Bedarf) zwischen 0 und 50 %.

→ **Hinweis für PS-Benutzer:** Der Regler entspricht ungefähr den beiden Photoshop-Funktionen Auto-Kontrast und Auto-Farbe, erlaubt jedoch nicht die Wahl unterschiedli-cher Berechnungsalgorithmen wie ab PS V 7: [Schwarzweiß-Kontrast verbessern | Kon-trast kanalweise verbessern | Dunkle und helle Farben suchen]

Vergleich zur Auto-Kontrast-Funktion des vorigen Tonwertereglers:

Kontrast	Farbstich	Beschreibung
50 %	0 %	ähnlich Auto-Kontrast-Button mit gedrückter Strg-Taste
50 %	50 %	ähnlich Auto-Kontrast-Button ohne gedrückte Strg--Taste

Kontrast: 50 % | Farbstich: 0 %   *Kontrast: 50 % | Farbstich: 50 %*

D-Lighting

Pfad: Anpassen | Helligkeit | D-Lighting

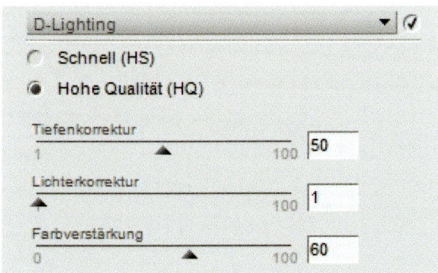

Wir haben bisher nur den Kontrast erhöht. Wenn jedoch der Motivkontrast bei der Aufnahme zu groß war, wie es bei dunklen Gebäuden im Gegenlicht fast immer der Fall ist, dann finden wir in diesem Regler eine sehr effiziente Methode, um zu dunkle Schatten aufzuhellen, ohne die Mitteltöne zu beeinflussen.

Wenn Sie von »Schnell« (HS) auf »Hohe Qualität« (HQ) umschalten, wird die Berechnung zwar etwas langsamer, die Auswahlmöglichkeiten mit getrennten Reglern für Tiefen und Lichter jedoch wesentlich mächtiger.

In der Einstellung »Hohe Qualität« lassen sich über drei getrennte Regler mit der **Tiefenkorrektur** die Schatten aufhellen, mit der **Lichterkorrektur** nahezu ausgefressene Lichter leicht abdunkeln und mit der **Farbverstärkung** ein Verlust an Sättigung vermeiden.

Experimentieren Sie einfach, bis Ihnen das Ergebnis zusagt, und behalten Sie zur Kontrolle auch immer das Histogramm im Blickfeld.

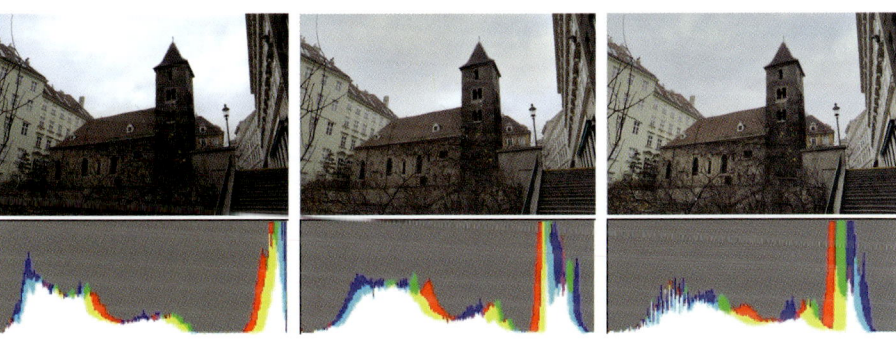

Original · *Tiefen: 25 | Lichter: 100* · *Belichtungskorr: –1,0*
Tiefen: 70 | Lichter: 1

Im mittleren Bild wurde der Regler für die Lichterkorrektur bis auf Anschlag geregelt. Im rechten Bild wurde zuerst unter »Entwickeln« eine Belichtungskorrektur von -1,0 eingestellt und in D-Lighting nur die Tiefenkorrektur angepasst. Generell funktioniert bei D-Lighting der Tiefenregler wesentlich besser als die Lichterkorrektur.

Bei den meisten Aufnahmen mit zu hohem Kontrast bewirkt D-Lighting wahre Wunder. Er kann jedoch nicht auf alle Tonwerte des RAW-Bildes zugreifen und ist daher den Möglichkeiten im Menü »Entwickeln« manchmal unterlegen.

→ **Tipp:** Falls die Lichter in der Aufnahme zu hell sind, dann verwenden Sie besser die Regler für Belichtungskorrektur, Lichter und Schatten im Menü »Entwickeln | Schnellanpassung«.

→ **Hinweis für PS-Benutzer:** Der Regler entspricht dem PS-Menüpunkt »Tiefen / Lichter« ab PS CS1.

Kontrast & Helligkeit

Menüpfad: Anpassen | Helligkeit | Kontrast & Helligkeit
(Tastaturkürzel: $\boxed{\texttt{Strg}}$ + $\boxed{\texttt{Alt}}$ + $\boxed{\texttt{⇧}}$ + $\boxed{\texttt{C}}$)

Sie haben jetzt verschiedene Möglichkeiten kennengelernt, um Kontrast und Helligkeit Ihren Wünschen entsprechend anzupassen. Zur Vollständigkeit zeige ich auch noch diesen Regler hier, dessen Name einen Anfänger dazu verleiten könnte, ihn als den wichtigsten Regler für Kontrast und Helligkeit anzusehen. Ich wiederhole nochmals meine Warnung aus Kapitel 1, diesen Regler möglichst nicht zu verwenden, da sein Algorithmus bei CNX (wie auch den meisten anderen Bildbearbeitungsprogrammen) nicht optimal arbeitet.

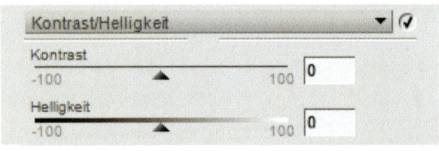

Dieser Regler bietet eine sehr simple Möglichkeit, um Kontrast und Helligkeit zu verändern.

Nachdem Sie gelernt haben, mit der Gradationskurve zu arbeiten, werden Sie diese Funktion hier vermutlich nicht mehr verwenden wollen.

Die Kontrastregelung kann nicht getrennt für Lichter und Schatten vorgenommen werden, und der Helligkeitsregler hat den gravierenden Nachteil, dass er nicht vorrangig auf Mitteltöne wirkt, sondern Lichter und Schatten in gleicher Weise beeinflusst. Die Gefahr dabei ist, dass Lichter ausfressen oder Schatten zulaufen. Wenn Sie Ihren Bildern etwas Gutes tun wollen, dann lassen Sie diesen Regler daher links liegen.

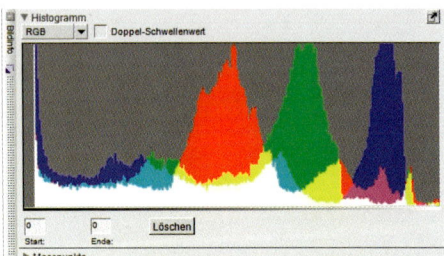

→ **Tipp:** Sollten Sie den Regler in Ausnahmefällen doch verwenden, dann achten Sie hier ganz besonders auf die Veränderungen im Histogramm. Sie haben im Kapitel 1 gelernt, wie Sie im Histogramm unsaubere Tonwertverläufe erkennen können. Ich habe das Beispiel hier nochmals abgebildet, wo Sie im Bereich der Schatten einen abrupten Abbruch der Tonwertkurve erkennen können.

2 Digitale Bildbearbeitung

LCH-Editor

Menüpfad: Anpassen | Farbe | LCH-Editor (Tastenkürzel: ⎡Strg⎤ + ⎡⇧⎤ + ⎡L⎤)

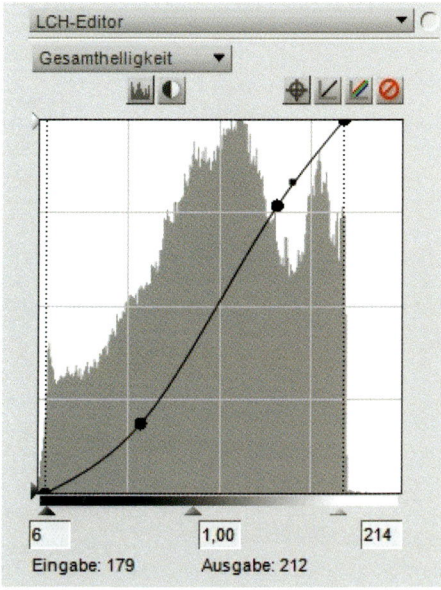

Abschließen möchte ich dieses Kapitel mit einem Regler, der eigentlich der Farbveränderung dient.

In der Einstellung »**Gesamthelligkeit**« können Sie jedoch genauso arbeiten wie im Regler »Tonwerte und Grad.-kurven«, nur die ⎡Strg⎤-Taste müssen Sie bei **AutoKontrast** hier nicht drücken. In der Einstellung »Gesamthelligkeit« werden hier keine Farben beeinflusst. Im Gegenteil, die Farben wirken nach einer Kontraständerung mit diesem Regler sogar dezenter, da der Tonwertregler mit einem anderen Farbmodell arbeitet, und daher die Farben anders behandelt.

Ich habe bei diesem Beispiel die gleiche S-Kurve verwendet, wie beim Regler »Tonwerte und Grad-Kurven«. In beiden Fällen ist der Kontrast gleichermaßen verstärkt worden. Der Unterschied zeigt sich in der Sättigung der Farben. Während der Regler »Tonwerte« mit dem RGB-Farbmodell arbeitet, und dadurch bei Änderungen auch die Farben beeinflusst, arbeitet der LCH-Editor im LabFarbmodell und wirkt damit nur auf den Helligkeitskanal.

S-Kurve angewendet mit LCH-Editor

Sie müssen jetzt nicht lernen, was der Unterschied zwischen RGB und Lab ist. Wichtig ist nur zu wissen, dass die beiden Regler ein unterschiedliches Ergebnis liefern, obwohl sie sehr ähnlich aussehen. Der LCH-Editor liefert neutrale Farben, der Kontrast kann ohne Beeinflussung der Sättigung geändert werden, der Regler »Tonwerte« kann selbst bei reinen Kontraständerungen auch die Sättigung der Farben beeinflussen. Die Wirkung der Farben wird dadurch zwar verändert, das bedeutet aber nicht, dass diese Änderung unerwünscht sein muss. Im Gegenteil, da wir häufig Wert auf gesättigte Farben legen, kann es sogar durchaus von Vorteil sein.

Ich möchte Ihnen den Unterschied anhand folgender Aufnahme zeigen.

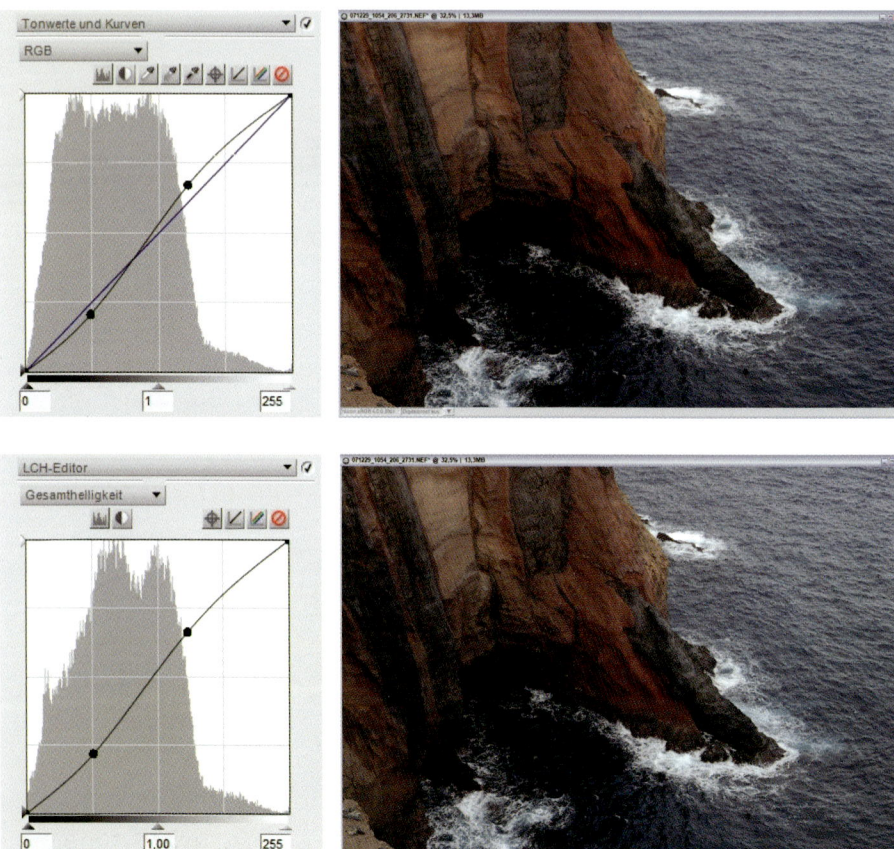

In beiden Fällen ist die gleiche S-Kurve angewendet worden, im oberen Bild ist die Sättigung jedoch deutlich gestiegen. Verwenden Sie daher vorrangig den Regler »Tonwerte«, wenn eine höhere Sättigung nicht von Nachteil ist. Falls Sie jedoch eine unverfälschte Farbwiedergabe wünschen, dann ist der LCH-Editor das Werkzeug der Wahl.

Die weiteren Funktionen des LCH-Editors zur gezielten Veränderung der Farben werden im nächsten Kapitel beschrieben.

Wir haben damit die Möglichkeiten für Helligkeits- und Kontrastanpassungen kennen gelernt und wenden uns dem nächsten Bearbeitungsschritt zu.

2.7 Farben betonen

Nachdem wir Helligkeit und Kontrast betrachtet haben, wenden wir uns den Farben zu. Wir wollen an dieser Stelle noch keine Farben selbst verändern, der Farbton bleibt dem nächsten Kapitel vorbehalten. Hier geht es darum, einzelne oder alle Farben (z.B. durch Anpassung der Sättigung) hervorzuheben oder auch zu reduzieren.

Genauso wie bei der Kontraständerung gibt es auch hier wieder mehrere Möglichkeiten, um zum Ziel zu kommen. Ich werde daher bei den folgenden Reglern auf die jeweiligen Stärken und Anwendungsgebiete hinweisen.

Farbverstärkung

Menüpfad: Anpassen | Farbe | Farbverstärkung

Die einfachste Möglichkeit, Farben zu verstärken und damit höher gesättigte Farben zu erhalten, bietet dieser Regler.

Um die **Gesamtsättigung** aller Farben zu erhöhen, ist dieser Regler ideal, da er zusätzlich die Option »**Hauttöne schützen**« anbietet.

Wenn Sie bei einer Aufnahme mit Personen die Farben verstärken, ist es oft von Vorteil, die Hauttöne von der Verstärkung auszunehmen. Wenn das Gesicht auf der Aufnahme bereits eine kräftige Farbe aufweist, dann können Sie damit eine schweinchenrosa Gesichtsfarbe effizient verhindern.

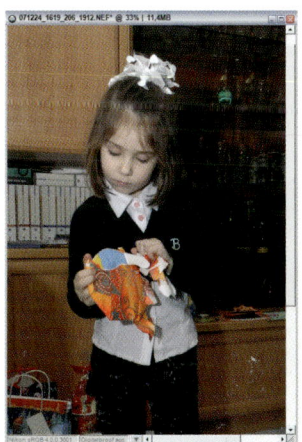
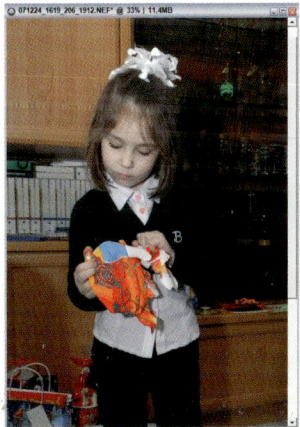
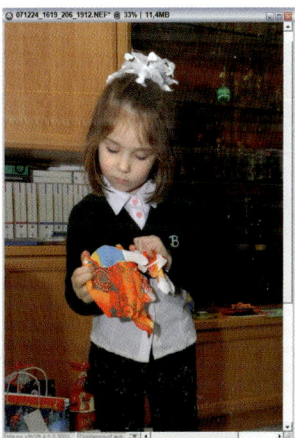

Original   *Hauttöne schützen aktiviert*   *Hauttöne schützen nicht aktiviert*

Gemeinsam mit den Hauttönen werden auch ähnliche Farben (wie in diesem Fall der orangefarbige Hintergrund) vor der Änderung teilweise mit geschützt.

Sättigung & Wärme

Menüpfad: Anpassen | Farbe | Sättigung & Wärme (Tastaturkürzel: ⌨Strg + ⌨U)

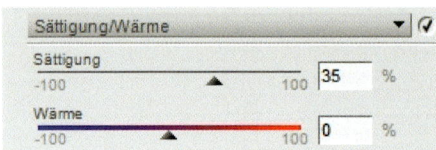

Wenn Sie die Sättigung sämtlicher Farben nicht nur erhöhen wollen (wie im vorigen Beispiel) sondern auch verringern, dann ist dieser Regler ideal.

Zusätzlich können Sie mit dem Wärme-Regler auch den Farbton ähnlich wie beim Weißabgleich verändern.

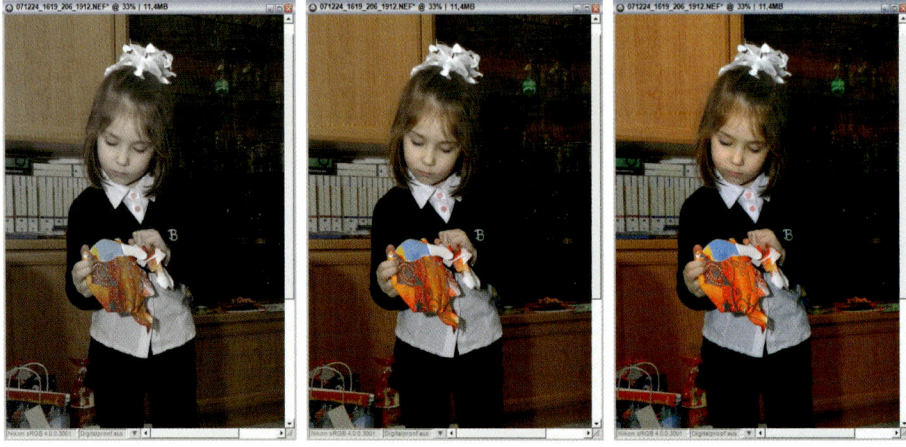

Sättigung −35 %   *Original*   *Sättigung 35 %*

Der Regler »Wärme« wird gerne verwendet, um z.B. bei Aufnahmen mit Sonnenuntergang die Stimmung zu verstärken.

Original   *Wärme 35 %*

➔ **Tipp:** Dieser Wärme-Regler ist auch optimal, um bei einem **JPEG-Bild** den **Weißabgleich** zu korrigieren, da die Funktion »Weißabgleich« nur bei RAW-Bildern verfügbar ist.

LCH-Editor

Menüpfad: Anpassen | Farbe | LCH-Editor (Tastenkürzel: `Strg` + `⇧` + `L`)

Der wohl mächtigste Regler in CNX ist der LCH-Editor. Die bisher verwendeten Regler wirken immer nur auf alle Farben. Wir werden zwar noch eine Möglichkeit kennenlernen, um bestimmte Bildbereiche auszuwählen, trotzdem kann die Wirkung dieser Regler nicht auf einzelne Farben eingeschränkt werden. Beim LCH-Editor hingegen haben Sie die Möglichkeit, ganz gezielt nur bestimmte Farbtöne (z.B. nur Blau) zu verändern.

Der LCH-Editor bietet vier verschiedene Einstellungen, mit denen folgende Veränderungen möglich sind:

1. Gesamthelligkeit:
   Diese Funktion haben wir im Kapitel »Kontrast und Helligkeit« bereits verwendet.
2. Farbhelligkeit:
   Damit können wir eine ausgewählte Farbe in ihrer Helligkeit verändern. Wir können damit z.B. alle Blautöne dunkler machen, ohne den Himmel extra auswählen zu müssen.
3. Chromazität:
   Mit dieser Funktion können wir die Sättigung einer ausgewählten Farbe verändern. Wir können damit z.B. die Sättigung aller Blautöne erhöhen.
4. Farbton:
   Damit lässt sich jede beliebige Farbe selbst verändern. Diese Funktion werden wir daher im nächsten Kapitel kennenlernen.

In diesem Kapitel über Farbbetonung möchte ich die beiden Funktionen »Farbhelligkeit« und »Chromazität« vorstellen, da diese beiden Einstellungen den Farbton selbst nicht verändern und daher zur Betonung oder Abschwächung einer Farbwirkung ideal geeignet sind.

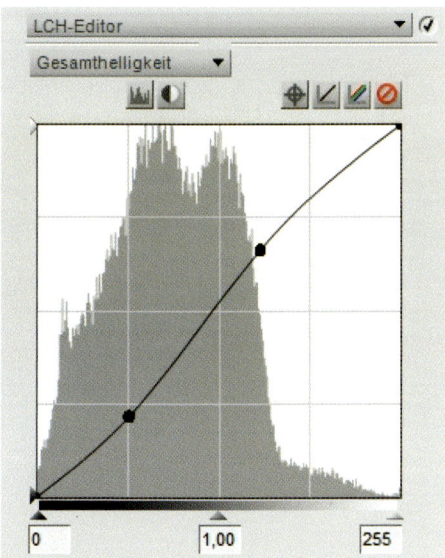

1. **Gesamthelligkeit** (Brightness) regelt den **Tonwertumfang** ähnlich dem Tonwertregler in der Einstellung »RGB«.
   Diese Funktion haben wir im vorigen Kapitel bereits kennen gelernt.
   Die Einstellung hier hat keine Auswirkung auf Farben und ist daher nicht Thema dieses Kapitels.

2. **Farbhelligkeit** (Luminanz) regelt **selektiv die Helligkeit** einer ausgewählten Farbe. Setzen Sie einen Ankerpunkt (1) ⊕ auf die gewünschte Farbe und ziehen Sie diesen nach oben oder unten (2) um die jeweilige Farbe heller oder dunkler zu machen.

Solange der Regler (3) auf 0 steht, ist das ausgewählte Farbspektrum sehr schmal. Es wird daher nur exakt die gewählte Farbe verändert. Ziehen Sie den Regler in Richtung 100, um auch angrenzende Farben in die Änderung einzubeziehen.

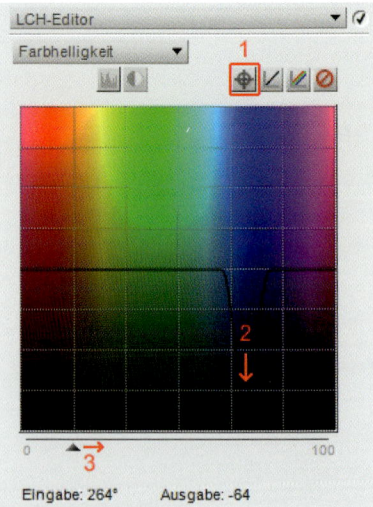

Mit diesem Regler können wir sehr einfach und gezielt bestimmte Farben aufhellen oder abdunkeln. Der Messpunkt erlaubt uns dabei, den Farbton eines bestimmten Bildpunktes zu ermitteln. Die ausgemessene Farbe wird in der Kurve mit einem kleinen Punkt markiert.

Original
(Blütenkolben einer Fackellilie)

Farbhelligkeit von Blau verringert

Ich habe mit dem Ankerpunkt (1) den Himmel angemessen, und damit den zu verändernden Farbton ermittelt. Diesen Ankerpunkt habe ich um ca. 3 Raster nach unten gezogen (2) und mit dem Regler (3) die Breite des Trichters vergrößert, bis der gesamte Himmel gleichmäßig abgedunkelt war.

→ **Tipp:** Sollte der Farbton auch an einer Stelle im Motiv vorkommen, wo er nicht verändert werden soll, dann können wir einzelne Bereiche von der Veränderung ausnehmen. Diese Funktion werden wir im Kapitel »Bildbereiche durch Auswahl bearbeiten« kennenlernen.

3. **Chromazität** / Sättigung: (Chrominanz / Saturation)

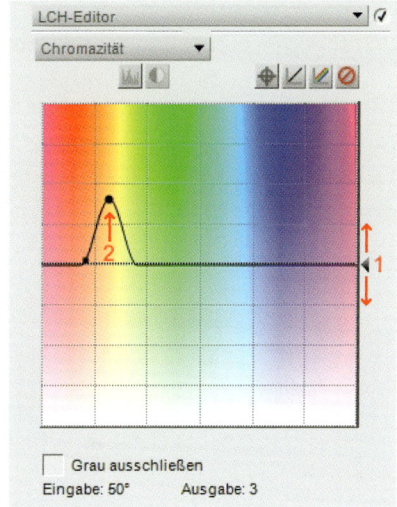

Hier können Sie die **Gesamtsättigung** aller Farben einstellen, indem Sie die Grundlinie mit dem schwarzen Dreieck (1) nach oben oder unten ziehen.

Zusätzlich lässt sich wie vorher ein Ankerpunkt setzen (2), um die Sättigung von Farben **selektiv** zu beeinflussen.

Wenn Sie die Sättigung stark erhöhen, empfiehlt es sich, die Option »**Grau ausschließen**« zu aktivieren. Damit verhindern Sie einen unerwünschten Farbanstieg in verrauschten Bereichen.

Wir haben bereits verschiedene Möglichkeiten kennengelernt, wie wir die Sättigung der Farben erhöhen können. Nicht immer ist es jedoch erwünscht, die Sättigung aller Farben zu verändern. Mit diesem Regler können wir sehr exakt bestimmen, welche Farben verändert werden sollen. Die Bandbreite der zu verändernden Farben kann auch hier wieder zwischen 0 und 100 gewählt werden.

Originalbild

Sättigung von Gelb-Tönen erhöht

Mit diesem Regler können wir sehr einfach und gezielt die Sättigung bestimmter Farben erhöhen oder verringern. Auch hier erlaubt uns der Messpunkt wieder, den Farbton eines bestimmten Bildpunktes zu ermitteln. Die ausgemessene Farbe wird in der Kurve mit einem kleinen Punkt markiert. Im Screenshot oben ist zusätzlich der Braun-Ton der Tür gemessen worden, um die Kurve nicht auch auf diesen Farbton wirken zu lassen.

Die vierte und letzte Einstellung »Farbton« des LCH-Editors hebe ich uns für das nächste Kapitel auf, wenn es darum geht, die Farbe selbst zu verändern.

Kontrast: Farbumfang

Menüpfad: Filter | Kontrast: Farbumfang

Wenn Sie einen bestimmten Farbton verstärken und gleichzeitig die Komplementärfarbe reduzieren wollen, dann ist dieser Regler dafür ideal. Er verstärkt wie der LCH-Editor die Farbhelligkeit der ausgewählten Farbe, verringert jedoch gleichzeitig die Farbhelligkeit des im Farbkreis gegenüberliegenden Farbtons.

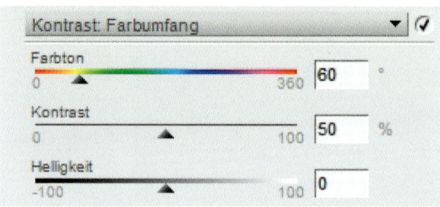

Verstärken Sie den **Farbton**, indem Sie den Farbtonregler auf eine der Farben

Rot – **Gelb** – **Grün** – **Cyan** – **Blau** – **Magenta** – **Rot**

einstellen und mit dem Kontrastregler die Stärke des Effekts steuern.

Im Anschluss können Sie (falls notwendig) die Gesamt-**Helligkeit** korrigieren.

Falls die abgedunkelte Komplementärfarbe sehr dominant ist, wird das Bild durch die Änderung zu dunkel. Verwenden Sie in diesem Fall den Regler »**Helligkeit**«, um die Bildhelligkeit zu korrigieren. Beachten Sie bei dieser Korrektur unbedingt das Histogramm, um keine Tonwerte zu verlieren.

Original   *0° Rot*   *360° Rot*

→ **Hinweis:** Da der Effekt bei 0° und 360° völlig unterschiedlich ist, obwohl er laut Beschreibung eigentlich gleich sein müsste, dürfte dieser Filter nicht wie beschrieben funktionieren.

→ **Tipp:** Wenn Sie den LCH-Editor gut beherrschen, dann können Sie auf diesen Regler hier verzichten, da der LCH-Editor eine wesentlich präzisere Einstellung erlaubt.

Wir haben in CNX mehrere Möglichkeiten kennengelernt, um Farben zu betonen oder auch in den Hintergrund treten zu lassen. Ich möchte daher am Ende dieses Kapitels nochmals zusammenfassen, welche Möglichkeiten es gibt und wann wir einen bestimmten Regler optimal einsetzen können.

	Farbverstärkung	Sättigung & Wärme	LCH-Editor Farbhelligkeit	LCH-Editor Chromazität	Kontrast: Farbumfang
Sättigung aller Farben erhöhen	**	*		*	
Sättigung aller Farben erhöhen, gleichzeitig Hauttöne schützen	**			*	
Sättigung aller Farben erhöhen, gleichzeitig beliebige Farbe schützen				**	
Sättigung aller Farben verändern (erhöhen oder auch verringern)		**		*	
Sättigung ausgewählter Farben verändern				**	
Farbtemperatur verändern		**			
Farbhelligkeit ausgewählter Farbe erhöhen, gleichzeitig Komplementärfarbe abdunkeln			*		**
Farbhelligkeit ausgewählter Farben beliebig verändern			**		

→ **Hinweis:** Ich habe mit zwei Sternen gekennzeichnet, wenn ein bestimmter Regler für eine Aufgabe besonders geeignet erscheint.

Brandnertal, Vorarlberg (Österrreich)

2.8 Farbton verändern zur Farbkorrektur

Im vorigen Kapitel haben wir Sättigung oder Helligkeit einer Farbe verändert, jetzt wollen wir den **Farbton** selbst verändern. Der Grenzfall wäre, wenn wir aus Rot z.B. Blau oder Grün machen wollten. In den meisten Fällen ist jedoch nur eine leichte Verschiebung des Farbtons gewünscht.

Aufgrund der Aufnahmesituation kann das Bild (z.B. bei Unterwasser-Aufnahmen) einen deutlichen **Farbstich** aufweisen, den der Weißabgleich nicht eliminieren kann. Dieser Farbstich wirkt sich üblicherweise auf alle Farben des Bildes aus.

Ein weiteres Beispiel sind **Farbfehler**, die nur auf bestimmte Farben Auswirkung haben. Das kann z.B. damit zusammenhängen, dass der Kamerasensor anders »sieht« als das menschliche Auge. Der Fachmann spricht von unterschiedlicher spektraler Empfindlichkeit. Am häufigsten bemerken wir diesen Fehler bei der Aufnahme einer violetten Blüte, die am Bild deutlich blauer wirkt.

Wir haben bereits Möglichkeiten zur Farbton-Korrektur kennen gelernt, ich möchte diese hier kurz Wiederholen und in Erinnerung rufen.

Automatische Tonwertkorrektur

Menüpfad: Anpassen | Helligkeit | Autom. Tonwertkorrektur

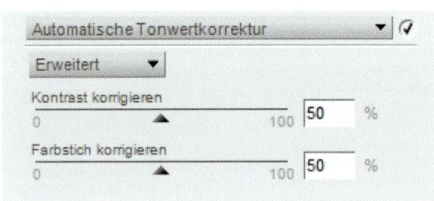

Dieser Regler bietet im erweiterten Modus nicht nur die Möglichkeit, den Kontrast zu erhöhen, wir können mit ihm auch sehr rasch einen Farbstich korrigieren. Da Programme derzeit noch nicht in der Lage sind, Farbstiche korrekt zu beurteilen, ist auch eine automatische Korrektur nicht möglich. Sie müssen daher selbst beurteilen, bei welcher Einstellung ein Farbstich optimal entfernt ist. Ich habe die Erfahrung gemacht, dass das Optimum meist im Bereich zwischen 0 und 50 gefunden werden kann.

Original *Kontrast, Farbstich = 50 %*

Links sehen Sie die Originalaufnahme, im rechten Bild sind die Werte für Kontrast und Farbstich auf 50 % gesetzt. Obwohl die Farben nicht mehr der Realität entsprechen, hat das Bild in diesem Fall einen interessanten Charakter bekommen. Sie müssen das Ergebnis dieser Korrektur jedoch je nach Motiv individuell bewerten, da ein Erfolg wie in diesem Fall nicht immer zu erwarten ist.

Tonwerte und Gradationskurven

Menüpfad: Anpassen | Helligkeit | Tonwerte und Grad.-kurven
(Tastenkürzel: `Strg`-`L`)

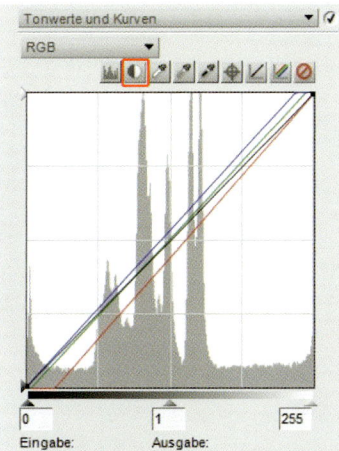

Wir haben diesen Regler bereits in der Einstellung »RGB« kennen gelernt, nun wollen wir den Regler in den Einstellungen »Rot«, »Grün« und »Blau« einsetzen.

Sie erinnern sich, dass wir bei der Funktion »Auto-Kontrast« darauf geachtet haben, die `Strg`-Taste zu drücken, damit keine Farbtonänderung stattfindet. Diesmal drücken wir diese Taste absichtlich nicht.

Ich hoffe, Sie verzeihen mir, wenn ich wieder das gleiche Motiv verwende. Sie können auf diese Weise besonders gut die verschiedenen Regler miteinander vergleichen.

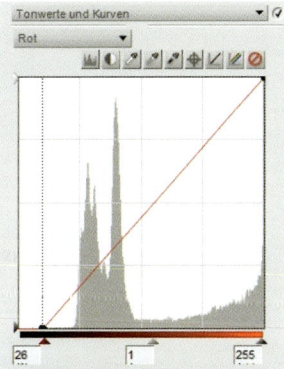
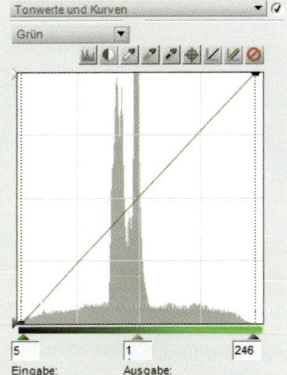
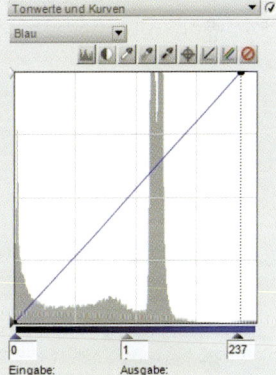

Auto-Kontrast

Ich habe die Auto-Kontrast Schaltfläche gedrückt und dabei absichtlich die `Strg`-Taste nicht gehalten, um den Kontrast in allen drei Farbkanälen unabhängig zu setzen. Die dabei erfolgte Änderung des Farbtons können Sie im Bild deutlich erkennen, wenn Sie es mit dem Original auf der vorigen Seite vergleichen.

In den einzelnen Farbkanälen lässt sich die Anpassung gut nachvollziehen und bei Bedarf auch korrigieren. Die Rot-Töne waren in den Schatten nicht vorhanden, durch die Kontrastanpassung sind die Rot-Töne insgesamt abgedunkelt worden, wodurch der Himmel weniger violett wirkt. Wenn Sie den Effekt weiter verstärken wollen, empfehle ich dazu, den Regler der Mitteltöne nach links oder rechts zu verschieben.

Eine Farbkorrektur auf diese Art ist gewöhnungsbedürftig, aber sehr mächtig. Ein Verlust an Tonwerten ist dabei gut vermeidbar.

Farbabgleich

Menüpfad: Anpassen | Farbe| Farbabgleich (Tastenkürzel: ⌈Strg⌉-⌈B⌉)

Wir haben im vorigen Beispiel gesehen, wie wir die Farbbalance des Bildes verändern können, indem wir jeden Farbkanal individuell bearbeiten. Der Vorteil des Tonwertreglers ist dabei, dass wir sofort erkennen können, wenn Tonwerte verloren gehen. Dieser Regler hier bietet zwar keine so mächtige Steuerung der Tonwertverteilung, hat dafür jedoch den Vorteil der etwas einfacheren Bedienung.

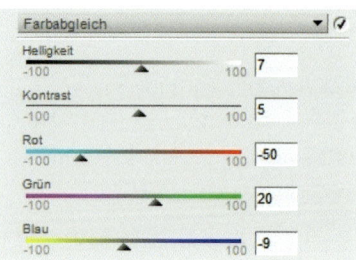

Dieser Regler verändert das globale Farbgleichgewicht und dient somit vorrangig zur Behebung von Farbstichen.

Regeln Sie den **Farbton** in Richtung

Zyan – **Rot**

Magenta – **Grün**

Gelb – **Blau**

und korrigieren Sie, wenn notwendig, im Anschluss daran die Helligkeit.

Der Helligkeitsregler hier zeigt nicht die üblichen Nachteile einer Kappung an Tonwerten, da er nur auf die Mitteltöne wirkt. Sie können diesen Regler daher optimal zur Korrektur der Bildhelligkeit einsetzen.

Der Kontrastregler sollte nur mit Bedacht und mit Blick auf das Histogramm verwendet werden. Im Bereich positiver Werte von 0 bis 25 konnte ich gute Erfahrungen machen.

➜ **Tipp:** Sollten Sie stärkere Kontraständerungen vorhaben, so verwenden Sie dafür am besten eine S-Kurve beim Regler »Tonwertkorrektur«.

Original   *Rot reduziert / Grün verstärkt*

➜ **Hinweis für PS-Benutzer:** Der CNX-Regler »Farbabgleich« entspricht dem PS-Regler »Farbbalance«, erlaubt jedoch nicht die getrennte Anpassung der Tiefen, Mitteltöne und Lichter.

Bildeffekte – Bild optimieren

Menüpfad: Filter | Bildeffekte – Methode: Bild optimieren

Dieser Regler erfüllt den gleichen Zweck wie der »Farbabgleich« auf der vorigen Seite.

Regeln Sie den **Farbton** in Richtung

Zyan – **Rot**

Magenta – **Grün**

Gelb – **Blau**

und zusätzlich die **Helligkeit** des Gesamtbildes.

➜ **Achtung:** Da der Helligkeitsregler hier nicht ausschließlich auf die Mitteltöne wirkt, sollten Sie das Histogramm besonders kritisch beobachten, bzw. auf eine zu große Helligkeitsregelung an dieser Stelle gänzlich verzichten.

Mit der Option »**Schattenzeichnung verbessern**« wird die Detailzeichnung in den Schatten verbessert. Ähnliches leistet auch der D-Lighting-Regler.

Der Button »**Automatik**« analysiert die Kontraste im Bild und setzt Helligkeit und Schattenzeichnung auf empfohlene Einstellungen. Aufgrund des nicht optimalen Helligkeitsreglers würde ich auch in diesem Fall das Histogramm kritisch beobachten.

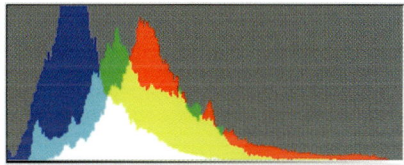

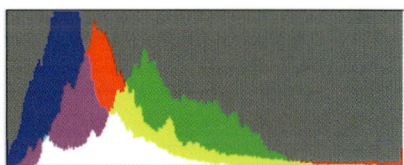

Rot reduziert /Grün verstärkt   *Histogramm vorher / nachher*

Die Unterschiede zum Regler »Farbabgleich« sind, dass hier statt des Kontrastreglers eine Funktion »Schattenzeichnung verbessern« existiert, die jedoch vom D-Lighting-Regler bei weitem übertroffen wird. Weiters funktioniert der Helligkeitsregler anders als beim »Farbabgleich« und bedarf hier einer besonders gefühlvollen Einstellung. In diesem Beispiel blieb die Tonwertkappung in durchaus vertretbarem Rahmen.

➜ **Tipp:** Prüfen Sie verlorene Lichter mit »Ansicht | Verlorene Lichter anzeigen« (⇧+ H) oder der Funktion »Doppel-Schwellenwert« (⇧+ T) im Histogramm.

LCH-Editor

Menüpfad: Anpassen | Farbe | LCH-Editor (Tastenkürzel: `Strg` + `⇧` + `L`)

Wir haben diesen vielseitigen Regler bereits in den Einstellungen »Gesamthelligkeit«, »Farbhelligkeit« und »Chromazität« kennengelernt. Hier betrachten wir die Möglichkeit, den Farbton einer ausgewählten Farbe zu verändern.

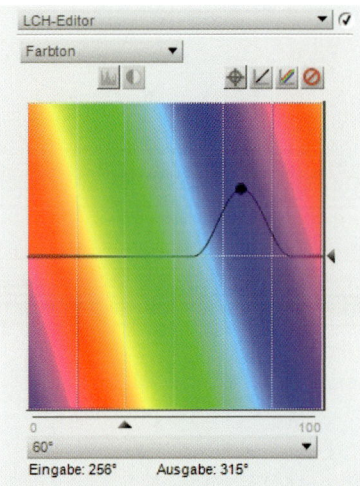

Farbton: (englisch: Hue)

Hiermit bewirken Sie eine gezielte Farbveränderung entweder aller Farben oder einer ausgewählten Farbe, die Sie mit einem Ankerpunkt anmessen können.

Die Breite der Kurve und damit die Bandbreite der zu verändernden Farben bestimmen Sie wie üblich mit dem Regler unten im Bereich von 0 bis 100. Ein zu geringer Wert kann zu recht seltsamen Farbverfremdungen führen.

Sollte der Regelbereich für Ihre Anforderung nicht ausreichen, schalten Sie von 60° auf 120° oder 180° um.

Original

Farbton der Blau-Töne verändert

Mit diesem Regler können wir sehr einfach gezielt den Farbton bestimmter Farben verschieben. Auch hier erlaubt uns der Messpunkt wieder, den Farbton eines bestimmten Bildpunktes zu ermitteln. Die ausgemessene Farbe wird in der Kurve mit einem kleinen Punkt markiert.

Bei Pflanzen ist sehr häufig der Effekt zu beobachten, dass die Kamera Farben etwas anders sieht als der Mensch. Ursache dafür ist, dass Kamerasensoren ein etwas anderes IR-Empfinden haben als das menschliche Auge. Mit diesem Regler können wir jedoch die Farben wieder dem angleichen, was wir in unserer Erinnerung gespeichert haben.

Wie Sie erkennen können, ist der LCH-Editor ein mächtiges Werkzeug, das weit über das hinausgeht, was andere RAW-Konverter zu bieten haben. Wenn Sie sich einmal an ihn gewöhnt haben, werden Sie CNX für die Bildbearbeitung nicht mehr missen wollen.

Zusammenfassung

Wir haben verschiedene Möglichkeiten kennengelernt, um Kontrast, Helligkeit, Sättigung oder den Farbton zu verändern. Die einfachsten Regler wirken dabei **global** auf alle Bildbereiche gleich stark, andere (wie z.B. Tonwerte & Grad.-kurven oder der LCH-Editor) erlauben **selektiv** die Änderung bestimmter Helligkeits- oder bestimmter Farbbereiche. Im nächsten Kapitel zeige ich Ihnen, wie Sie jeden dieser Regler auf bestimmte Bildbereiche einschränken können.

Ich möchte Ihnen hier in einer Übersicht die gezeigten Regler gegenüberstellen, und die Stärken einzelner Funktionen hervorheben.

Regler	Kontrast & Helligkeit	Sättigung & Farbhelligkeit	Farbton	Seite
Tonwerte und Grad.-kurven	* * *		* * *	66, 83
Automatische Tonwertkorrektur	* *		* *	70, 82
D-Lighting	* * *			71
Kontrast & Helligkeit	*			72
LCH-Editor	* * *	* * *	* * *	73, 77, 86
Farbverstärkung		* *		75
Sättigung & Wärme		* *	* *	76
Kontrast: Farbumfang		* *		80
Farbabgleich	*		* *	84
Bildeffekte – Bild optimieren	*		* *	85

Legende: * Funktion möglich
     * * Funktion empfohlen
     * * * Funktion optimal

Da die mächtigsten Werkzeuge für mehrere Aufgaben eingesetzt werden können, ist es durchaus möglich, mit einigen wenigen Werkzeugen auszukommen.

Tonwerte	zur optimalen Einstellung von Kontrast und Helligkeit
Autom. Tonwertkorrektur	zur raschen Kontrastanpassung oder für Farbstiche
D-Lighting	zur Aufhellung der Schatten
LCH-Editor	für globale oder selektive Farbanpassungen
Farbverstärkung	zur raschen Erhöhung der Sättigung

2.9 Bildbereiche durch Auswahl bearbeiten

Wir haben bis jetzt zahlreiche Bearbeitungsschritte kennen gelernt, diese jedoch immer auf das gesamte Bild (daher global) angewendet. In diesem Kapitel zeige ich, wie Sie den Wirkungsbereich eines Schrittes auf Teile des Bildes (partiell) einschränken können.

Während wir bisher die Helligkeit verändert haben, weil uns das *gesamte Bild* zu hell oder zu dunkel war, können wir jetzt mit der Auswahl einen Bildbereich markieren, und nur *diesen Bereich* in Helligkeit oder der Farbe verändern. Diese Möglichkeit der partiellen Bildbearbeitung bietet außer Capture NX kaum ein anderer RAW-Konverter. Capture NX bietet sogar zwei grundsätzlich unterschiedliche Möglichkeiten, einen Bildbereich zu bearbeiten.

1. Bearbeitungsschritt mit »Partieller Auswahl«:
    Alle Regler, die wir zur Einstellung von Kontrast, Helligkeit, Sättigung und Farbton kennengelernt haben, können wir auf ausgewählte Bildbereiche einschränken. Ausgenommen sind die Einstellungen im Menü »Entwickeln« wie z.B. Weißabgleich oder Belichtungskorrektur, die immer auf das gesamte Bild wirken.

2. Kontrollpunkte *(U-Points)*:
    Eine weitere Möglichkeit, einen Bereich auszuwählen und zu bearbeiten, stellen die Kontrollpunkte dar. Mit dieser U-Point-Technologie ist es meist wesentlich einfacher, einen bestimmten Bereich auszuwählen, ohne störende Übergänge zu erzeugen. Wir werden diese Funktion im nächsten Kapitel kennenlernen.

Für die partielle Auswahl stehen uns die folgenden Werkzeuge zur Verfügung:

1. ![icon] Füllen/Entfernen *(Fill Tool)*
2. ![icon] Auswahl durch Verlauf *(Gradient Fill Tool)*
3. ![icon] Auswahlpinsel *(Selection Brush)*
4. ![icon] Lasso & Auswahl *(Lasso Tool)*
5. ![icon] Auswahl-Kontrollpunkt

Die ersten drei Werkzeuge werden direkt zur Auswahl eingesetzt, das Lasso wählt selbst noch keinen Bereich aus, sondern schränkt nur die anderen drei Auswahlwerkzeuge in ihrem Bereich ein. Sie können daher entweder einen Bereich mit dem Pinsel anmalen, und ihn damit auswählen, oder Sie umfahren einen Bereich mit dem Lasso und füllen den markierten Bereich anschließend mit dem Füll-Tool. Der Auswahl-Kontrollpunkt ist seit CNX2 neu und erlaubt eine partielle Auswahl mit U-Point-Technologie. Da er die mächtigste Auswahlmöglichkeit bietet, hebe ich mir seine Beschreibung für den Schluss auf.

Um einen Bearbeitungsschritt auf einen partiellen Bereich einzuschränken, gibt es zwei Möglichkeiten. Sie können

a) entweder einen bereits vorhandenen Bearbeitungsschritt nachträglich auf einen Bereich einschränken, wenn der Schritt in der Bearbeitungsliste ausgewählt ist.

b) Oder Sie deaktivieren alle Bearbeitungsschritte (indem Sie unterhalb des letzten Schrittes in den grauen Bereich klicken) und beginnen direkt mit der Auswahl. In diesem Fall wird automatisch ein neuer Bearbeitungsschritt angelegt und diesem die Platzhalter-Funktion »Anpassung auswählen« zugeordnet.

Jeder Bearbeitungsschritt, den Sie über eines der Auswahlwerkzeuge partiell auf Bildbereiche eingeschränkt haben, ist an diesem Auswahl-Streifen zu erkennen.

Aufgeklappt bietet das Fenster folgende Einstellungen:

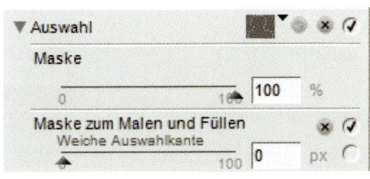

In der obersten Zeile »Auswahl« können Sie die gesamte Auswahl mit dem Haken vorübergehend deaktivieren oder mit dem × dauerhaft löschen.

In der untersten Zeile »zum Malen und Füllen« deaktiviert der Haken nur die Füllwerkzeuge (inkl. Pinsel), nicht jedoch eventuell vorhandene Auswahl-Kontrollpunkte. Auch die hier eingestellte Auswahlkante wirkt nur auf Füllwerkzeuge. Mit diesem × entfernen Sie Masken von Füllwerkzeugen.

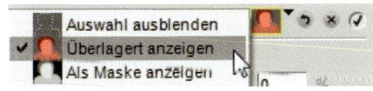

Mit dieser Einstellung wählen Sie, wie eine Auswahl angezeigt werden soll.

Auswahl ausblenden: Sie sehen nicht die Auswahl selber, sondern bereits das angewendete Ergebnis der Bearbeitung.

Überlagert anzeigen: Ausgewählte Bildbereiche erscheinen grün durchscheinend, (⇧ + O) nicht ausgewählte Bereiche zeigen das Bild. Sie können unter »Bearbeiten | Voreinstellungen | Anzeige« die Auswahlüberlagerung in Farbe und Deckkraft verändern.

Als Maske anzeigen: Ausgewählte Bildbereiche erscheinen weiß, nicht ausgewählte (⇧ + M) Bereiche werden schwarz angezeigt. Das Bild selbst ist in dieser Einstellung nicht mehr sichtbar.

→ **Hinweis:** Sollte die Auswahl nicht angezeigt werden, dann ist unter Umständen der gesamte Bearbeitungsschritt deaktiviert.

Ich habe Ihnen noch den Regler »Maske« vorenthalten. Damit können Sie eine Grundauswahl einstellen. Wenn Sie beispielsweise bestimmte Bereiche zu 100 % ausgewählt haben, den Bearbeitungsschritt jedoch auch auf den Rest des Bildes, dort aber nur zu 20 % wirken lassen wollen, dann stellen Sie bei »Maske« einfach 20 % ein. Der Bearbeitungsschritt wirkt dann auch auf nicht ausgewählte Bildbereiche mit dem unter »Maske« eingestellten Prozentwert. Ein Anwendungsfall wäre z.B. das kräftige Schärfen ausgewählter Bereiche und ein deutlich schwächeres Schärfen des restlichen Bildes.

Es gibt auch die Möglichkeit, einen Bereich mit reduzierter **Deckkraft** auszuwählen. Der Bearbeitungsschritt wirkt dann nicht zu 100 %, sondern nur mit einer entsprechend der Deckkraft reduzierten Wirkung. Klappen Sie dazu im unteren Bereich des Bearbeitungsschrittes den Regler »Deckkraft« auf und ziehen Sie den Regler nach links. Sobald Sie einen Wert kleiner als 100 % einstellen, zeigt der Haken die Aktivierung dieses Reglers an.

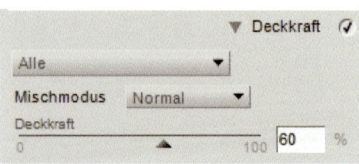

Zusätzlich zur Deckkraft kann auch ein **Mischmodus** ausgewählt werden, mit dem sich recht interessante Effekte (z.B. bei der Tonung) erzielen lassen. Ich werde diese Möglichkeiten anhand eines Beispiels erläutern.

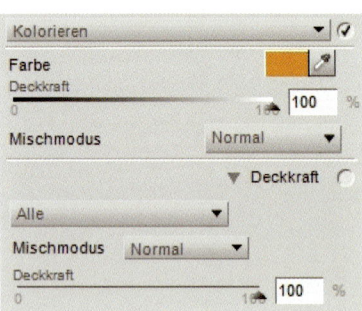

Etwas verwirrend ist in diesem Zusammenhang, dass manche Schritte (wie z.B. Kolorieren) eine eigene Einstellung für Mischmodus und Deckkraft besitzen. Wenn Sie keine speziellen Überlagerungseffekte erzielen wollen, dann empfehle ich Ihnen, nur von einer der beiden Einstellmöglichkeiten Gebrauch zu machen.

Im Folgenden werden nun diese Möglichkeiten zur Auswahl im Detail besprochen.

→ **Hinweis:** Wenn Sie PS und dessen Auswahlmöglichkeiten gewohnt sind, so werden Sie von den einfachen Werkzeugen im Folgenden eventuell enttäuscht sein. Weder ist das Lasso magnetisch, noch gibt es sonst irgendwelche Hilfen, um eine exakte Auswahl zu erzeugen. Greifen Sie in diesem Fall lieber gleich auf die U-Point-Technologie der Kontrollpunkte zurück, die für eine nahtlose Auswahl ideal geeignet sind. Da ich mir das Beste gerne für den Schluss aufhebe, möchte ich daher mit den einfachen Werkzeugen beginnen.

Auswahl durch Verlauf *(Gradient Fill Tool)*

Tastenkürzel: G

Dieses Werkzeug wird für einen graduellen Verlauf eingesetzt, wenn z.B. der Himmel im oberen Bereich abgedunkelt und die Landschaft im unteren Bereich in ihrer Helligkeit unverändert erhalten bleiben soll. Ein Übergangsbereich wird dabei den graduellen Helligkeitsverlauf bilden.

Wählen Sie für Ihr Bild zuerst die Gesamtansicht Strg + 0.

Wir wollen im Anschluss einen Bereich verlaufend auswählen, der den hellen Himmel zu 100 % überdeckt und den Hügel im Dunst verlaufend abnehmend erfasst. Der vordere Bereich mit den Weinstöcken soll nicht ausgewählt sein.

Wählen Sie nun den Verlaufsfilter und setzen Sie den ersten 100 %-Punkt (Maustaste gedrückt halten) an der oberen Grenze (1) des gewählten Übergangsbereiches und den zweiten 0 %-Punkt (Maustaste loslassen) an der unteren Grenze (2) des Übergangsbereiches. Der ausgewählte Bereich wird nun grün dargestellt. Der Himmel ist vollständig ausgewählt, der Übergangsbereich zeigt den Verlauf.

Ändern Sie den Filter nun von »Anpassung auswählen« auf »Kontrast/Helligkeit« (oder, noch besser, auf »Tonwerte und Grad.-kurven«) und senken Sie die Helligkeit im gewünschten Ausmaß. Durch den großen Übergangsbereich vermeiden wir, dass eine störende Kante im Bild entsteht, an der die Helligkeit spontan und deutlich sichtbar abnimmt.

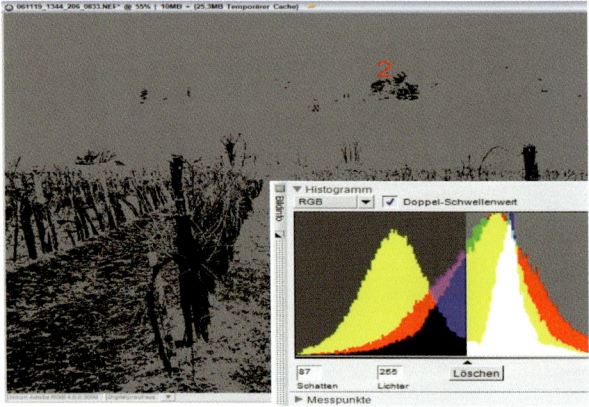

Ich habe bei den Tonwerten den hellsten Wert (1) etwas reduziert, damit der weiße Himmel entsprechend dunkler wird. Mit der Funktion Doppel-Schwellenwert habe ich die dunkelsten Stellen im Verlaufsbereich gesucht (2) und einen Ankerpunkt in der Tonwertkurve (3) gesetzt. Ab diesem Punkt habe ich eine S-Kurve zur Kontrasterhöhung geformt.

Der Dunst auf dem Originalbild konnte damit deutlich reduziert werden.

Falls Sie statt eines linearen Verlaufs einen nichtlinearen Verlauf wünschen, können Sie in der Optionsleiste den Mittelwert von 50 % verändern. Auch die Endwerte von 100 % und 0 % können beim Verlaufsumfang eingestellt werden.

Füllen/Entfernen *(Fill Tool)*

Mit diesem Werkzeug können Sie das gesamte Bild (oder den durch das Lasso begrenzten Bereich) mit einer Auswahlmaske zwischen 0 und 100 % füllen.

Die Default-Einstellung beträgt 100 %, sodass ein Klick auf $\overline{+}$ den Bereich mit 100 % füllt und ein Klick auf $\overline{-}$ – den gesamten Bereich auf 0 % Füllung setzt.

In der Optionsleiste können Sie eine andere Deckkraft als 100 % einstellen.

Sie werden sich vielleicht fragen, welchen Sinn es macht, das gesamte Bild auszuwählen. Wir verwenden dieses Tool auf zwei verschiedene Arten. Entweder, Sie beginnen mit einem zu 100 % ausgewählten Bereich, um davon Bereiche von der Auswahl wieder zu löschen, oder Sie grenzen zuerst mit dem Lasso einen Bereich ein, um diesen dann zu füllen. Ich möchte Ihnen beide Arten anhand des folgenden Bildes vorstellen.

Bei diesem Bild wollen wir durch eine Kontrastanhebung den Dunst verringern. Die Bäume im Vordergrund sollen jedoch nicht verändert werden.

Mit »Füllen« habe ich das gesamte Bild zu 100 % ausgewählt. Als Bearbeitungsschritt habe ich »Kolorieren« gewählt. Diesen Kolorieren-Schritt werde ich nach erfolgreicher Auswahl gegen den benötigten Schritt austauschen. Diese Arbeitsweise habe ich von CNX1 übernommen. Sie können alternativ auch mit der grün überlagerten Maske arbeiten, die in der Version 2.0 teilweise jedoch noch etwas träge reagiert.

Zunächst habe ich die Deckkraft des »Kolorieren«-Schrittes auf 50 % reduziert. Wir erhalten damit das gleiche transparente Verhalten wie bei der grünen Auswahlmaske. Wenn ich mit der Auswahl fertig bin, werde ich die Deckkraft wieder auf 100 % setzen.

Hinweis: Bitte verwechseln Sie die Deckkraft der Auswahlmaske nicht mit der Deckkraft, die Sie beim Bearbeitungsschritt einstellen können. Eine Auswahlmaske kann aus mehreren Pinselstrichen bestehen, wobei sich die Deckkraft überlagert und nachträglich nicht mehr geändert werden kann. Im Gegensatz dazu wirkt die Deckkraft des Bearbeitungsschrittes immer als Multiplikator auf die gesamte Auswahl und kann jederzeit geändert werden.

Im folgenden Kapitel werde ich mit dem Auswahl-Pinsel die Bäume im Vordergrund von der Auswahl wieder ausnehmen, sodass nur die Stadt mit dem Hafen ausgewählt bleibt.

Auswahlpinsel (Selection Brush)

Tastenkürzel: B

Auch dieser Pinsel kann wieder als Plus-Pinsel oder als Minus-Pinsel eingesetzt werden (die **Alt-Taste** schaltet temporär um). Mit dem Plus-Pinsel können Sie bestimmte Bildbereiche auswählen. Mit dem Minus-Pinsel können Sie zuvor ausgewählte Bereiche wieder von der Auswahl ausnehmen.

In der Optionsleiste finden Sie folgende Auswahlmöglichkeiten:

Größe:	*(Size)*	1 – 600 Pixel	Default = 50
Pinselhärte:	*(Hardness)*	0 – 100 %	Default = 0
Deckkraft:	*(Opacity)*	1 – 100 %	Default = 100

Die Drucksteuerung wird verwendet, wenn Sie ein Grafiktablett einsetzen. Wählen Sie in diesem Fall am besten »Deckkraft und Größe«.

Die Pinselhärte können Sie erhöhen, wenn Sie eine besonders scharfkantige Auswahl benötigen. Achten Sie jedoch darauf, dass der Rand der Bearbeitung nicht störend sichtbar wird.

Die Deckkraft können Sie verringern, wenn bestimmte Bereiche eine in der Stärke reduzierte Bearbeitung benötigen.

Die Deckkraft kann auch mit den Zifferntasten eingestellt werden: 05 = 5 %, 1 = 10 %, 2 = 20 %, ..., 0 = 100 %.

Pinselgröße, Härte und Deckkraft lassen sich auch zwischendurch anpassen. Damit erhält jeder einzelne Pinselstrich seine individuelle Einstellung.

Zusätzlich zur Pinselhärte können Sie im Bearbeitungsschritt eine »**Weiche Auswahlkante**« zwischen 0 und 100 % (Default = 0) für die gesamte Auswahl wählen. Die Auswahlkante aller Pinselstriche wird damit zusätzlich vergrößert.

Gleiches gilt auch für den Deckkraftregler, der global mit der Deckkraft jedes einzelnen Pinselstriches multipliziert wird.

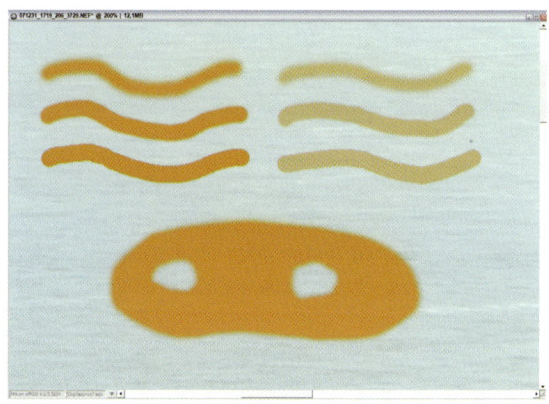

Die drei Linien links oben sind mit 100 % Deckkraft gezeichnet, die Linien rechts oben mit 50 % Deckkraft. Nach dem Zeichnen der Linien können Sie nur mehr die globale Deckkraft verringern, nicht jedoch die individuelle Deckkraft jeder einzelnen Linie.

Die Pinselhärte beträgt von oben nach unten: 0 % | 50 % | 100 %. Die Maske ist mit 0 % Härte und 100 % Deckkraft gezeichnet.

Im folgenden Beispiel verwenden wir das Bild aus dem vorigen Kapitel, um einzelne Bereiche mit dem Minus-Pinsel von der Auswahl wieder auszunehmen.

Bei dieser 100% Ansicht ist zu erkennen, dass die Bäume mit dem Minus-Pinsel von der Auswahl größtenteils wieder ausgenommen worden sind.

Wenn Sie die Auswahl als Maske anzeigen (⇧ + ⎡M⎤), wird der laut Auswahlmaske nicht ausgewählte Bereich für den aktuellen Bearbeitungsschritt schwarz eingefärbt, der ausgewählte Bereich ist weiß.

Mit ⇧ + ⎡O⎤ zeigen Sie die Maske überlagert an, wobei ausgewählte Bereiche grün sind.

→ **Hinweis für PS-Benutzer:** Auch in PS gibt es die Möglichkeit, eine Auswahlmaske anzuzeigen. Dort ist jedoch im ausgewählten Bereich das Bild sichtbar und der maskierte Bereich rot durchscheinend. Es bleibt nur zu hoffen, dass Nikon in CNX 3 diese Darstellungsart ebenfalls bieten wird.

Nach erfolgter Auswahl wird der gewünschte Bearbeitungsschritt ausgewählt. In diesem Fall habe ich mich für »Tonwerte« entschieden.

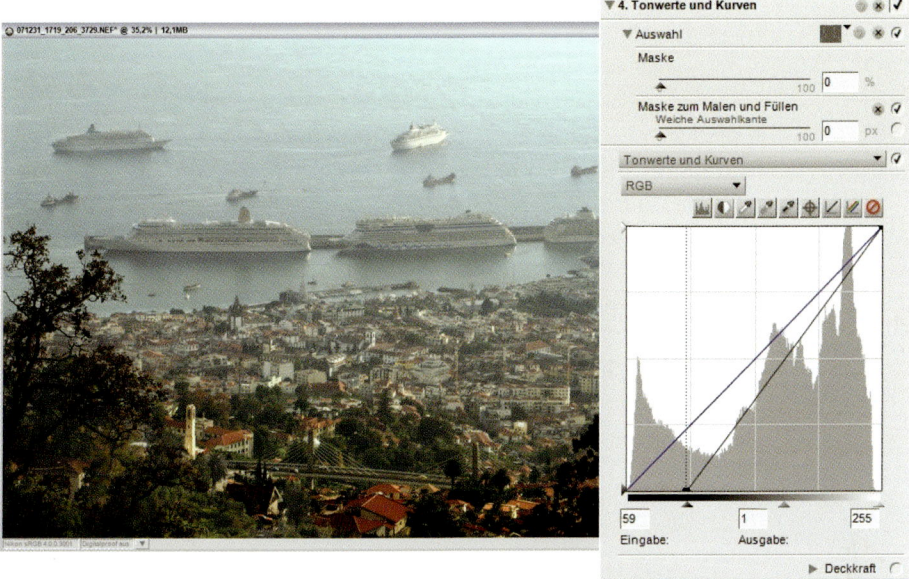

Das Histogramm bezieht sich immer auf das gesamte Bild, nicht nur auf den ausgewählten Bereich. Wenn Sie prüfen wollen, ob Tonwerte durch die Bearbeitung verloren gehen, dann verwenden Sie wieder den Trick mit dem Doppel-Schwellenwert, den wir beim Verlaufsfilter angewendet haben.

Original (Ausschnitt)   *Ergebnis*

Im ausgewählten Bereich wurden die Schatten abgedunkelt und damit der Kontrast erhöht. Der Baum im Vordergrund war von der Auswahl größtenteils ausgenommen und blieb daher (bis auf kleinere Äste) nahezu unverändert.

Bei einer komplizierten Auswahlmaske wie in diesem Beispiel muss mit dem Pinsel sehr korrekt gearbeitet werden, um ein zufriedenstellendes Ergebnis zu erhalten.

Lasso & Auswahl *(Lasso & Marquee Tool)*

Tastenkürzel: ⎡L⎤ bzw. ⎡M⎤

Wie bereits erwähnt, schränkt das Lasso die anderen drei Füllwerkzeuge (im Menü rechts davon) in ihrem Wirkungsbereich ein. Das Lasso ist daher neben dem Pinsel die zweite Möglichkeit, einen bestimmten Bereich auszuwählen. Während der Pinsel den Bereich sofort auswählt, markiert das Lasso nur die Umgrenzung eines Bereiches. Die Auswahl selbst erfolgt erst im Anschluss daran mit dem Füll- oder Verlaufswerkzeug.

Wenn Sie einen bestimmten Bereich gleichmäßig füllen (oder auch verlaufsfüllen) wollen, so verwenden Sie also zuerst das Lasso, um diesen Bereich einzugrenzen. Mit dem Minus-Lasso kann auch ein Bereich markiert werden, der ausgegrenzt werden soll.

➜ **Tipp:** Verwenden Sie das Lasso, wenn der auszuwählende Bereich wenige Verästelungen und viele gerade Kanten besitzt. Der Pinsel ist besser geeignet, um fein verästelte Strukturen auszuwählen.

Mit der rechten Maustaste können Sie zwischen vier Lasso-Arten wählen:

1. Freihand-Lasso (Tastenkürzel: ⎡L⎤)
2. Polygon-Lasso
3. Auswahl-Rechteck / Quadrat (Tastenkürzel: ⎡M⎤)
4. Auswahl-Ellipse / Kreis

Beim Polygon wird die Auswahl mit **Doppelklick** abgeschlossen. Zur Umschaltung auf Quadrat bzw. Kreis wird die **Umschalt-Taste** verwendet.

Die **Alt-Taste** schaltet temporär zwischen Plus- und Minus-Lasso um.

Bei Rechteck und Ellipse bewirkt die **Alt-Taste**, dass der erste Klick nachträglich nicht als Eckpunkt, sondern als Mittelpunkt betrachtet wird (wichtig vor allem beim Kreis). Sie dürfen dafür die Alt-Taste jedoch erst *nach* dem ersten Klick betätigen.

Um die Lasso-Auswahl zu entfernen, doppelklicken Sie bei aktivem Lasso-Tool auf eine beliebige Stelle im Bild.

In der Optionsleiste können Sie die Auswahlkante einstellen.

> 0 px ... harte Auswahlkante
> 100 px ... weiche Auswahlkante

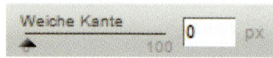

➜ **Achtung:** Auswahlkante und Pinselhärte haben einen entgegengesetzten Regelbereich.

Pinselhärte: 0 % ... weiche Auswahlkante
                     100 % ... harte Auswahlkante

Obwohl das Lasso für die Auswahl feiner Verästelungen weniger geeignet ist als der Pinsel, möchte ich trotzdem das vorige Bild auch hier als Beispiel verwenden. Wir haben beim Lasso die Möglichkeit, die Verlaufsauswahl einzusetzen, von der ich hier Gebrauch machen werde.

Zuerst wurden die Bäume links und rechts unten jeweils mit dem Minus-Lasso ausgewählt. Genauso gut hätte auch der gesamte restliche Bereich mit dem Plus-Lasso ausgewählt werden können. Achten Sie bei der Auswahl mit dem Lasso immer auf einen geschlossenen Verlauf der Linie. Mit der Verlaufsauswahl wurde der Hintergrund im unteren Bereich verlaufend ausgewählt.

Nach erfolgter Auswahl habe ich wie im vorigen Beispiel den Bearbeitungsschritt »Tonwerte & Grad.-kurven« gewählt und die Schatten auf 60 abgedunkelt. Da das Lasso mit einer harten Auswahlkante gezeichnet wurde, ist die Grenze deutlich zu erkennen.

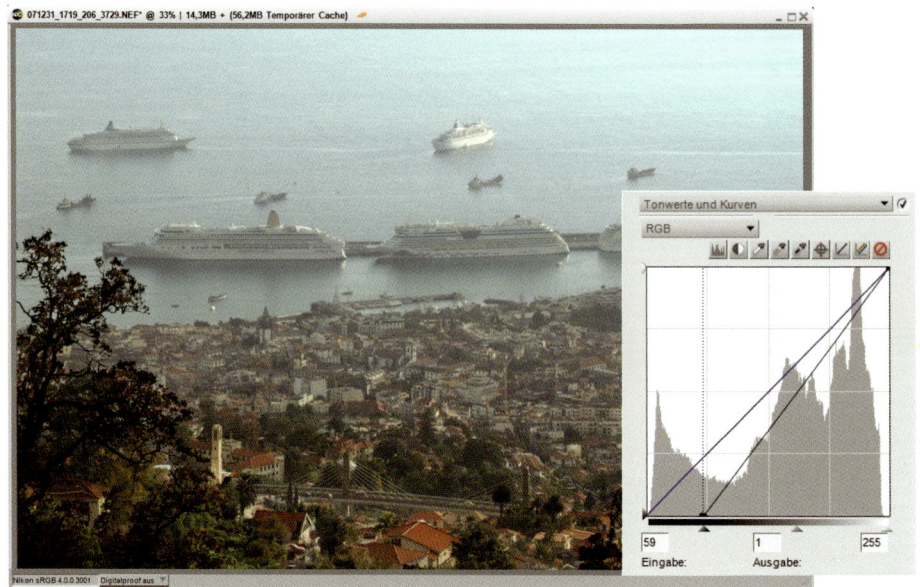

Sie können die Kante der Auswahl auch nachträglich weicher gestalten, hier hat ein Wert von 28 eine ausreichend weiche Auswahlkante ergeben. Trotzdem ist im linken Bereich um die Blätter der Übergang noch erkennbar. Die Verlaufsauswahl hat hier wiederum optimal dafür gesorgt, dass die Gebäude im Vordergrund nicht zu dunkel geworden sind.

2 Digitale Bildbearbeitung

Deckkraftmischer und Auswahlkante

Der Deckkraftmischer steht bei jedem Bearbeitungsschritt zur Verfügung. Mit ihm lassen sich Auswahlkanäle, Mischmodus und Deckkraft einstellen. Sie können damit die Wirkung eines Bearbeitungsschrittes nicht nur reduzieren, sondern auch grundsätzlich verändern. Die Art der Veränderung ist jedoch in manchen Fällen nicht so einfach vorhersagbar.

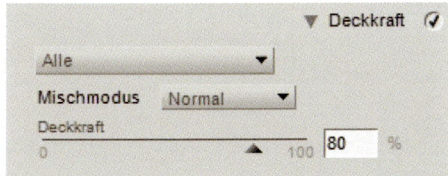

Wenn Sie die Wirkung des gesamten Bearbeitungsschrittes reduzieren wollen, können Sie die Deckkraft auf einen Wert kleiner als 100 % einstellen.

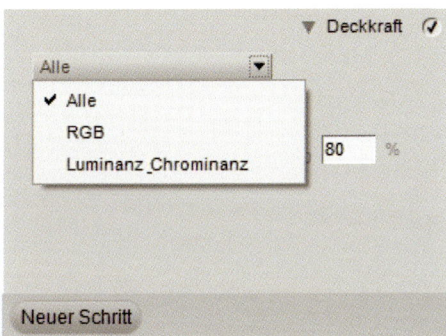
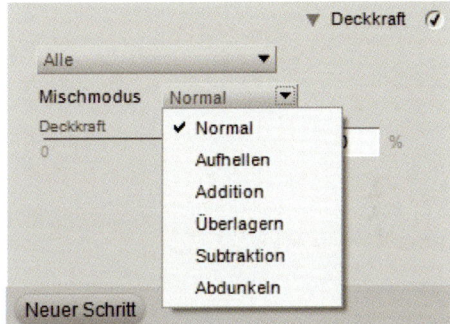

Optionen für Auswahlkanäle:

1. **Alle**: Der Deckkraftregler wirkt auf alle Kanäle (also auf das gesamte Bild).
2. **RGB**: getrennte Regelung für Rot-, Grün-, Blau-Kanal
3. **Luminanz & Chrominanz**: getrennte Regelung für Helligkeits- und Farbkanal

Der gewünschte Mischmodus wird aus folgender Liste ausgewählt:

Mischmodus	Beschreibung	Beispiel
Normal	Standard-Mischmethode	
Aufhellen	Pixel, die dunkler sind als die Füllfarbe, werden aufgehellt.	Maske wird nur in dunklen Bildbereichen sichtbar, Bild wird dadurch heller.
Addition	Pixel werden heller.	Wirkung ähnlich einer Doppelbelichtung
Überlagern	Helle Bereiche werden heller, dunkle Bereiche werden dunkler.	Steigerung des Kontrastes
Subtraktion	Pixel werden dunkler.	Wirkung entspricht einem Farbfilter.
Abdunkeln	Pixel, die heller sind als die Füllfarbe, werden abgedunkelt.	Maske wird nur in hellen Bildbereichen sichtbar, Bild wird dadurch dunkler.

PS kennt zwar fast viermal mehr Mischmodi (z.B. Weiches Licht, Hartes Licht, Differenz, Ausschluss, Farbton, Sättigung, Luminanz), aber das hier dürfte fürs Erste auch reichen.

➜ **Tipp:** Da sich die Wirkung je nach Filter nur schwer vorhersagen lässt, ist es meist ratsam, die verschiedenen Einstellungen einfach auszuprobieren. Ich zeige Ihnen im Kapitel »Kolorieren« einen interessanten Anwendungsfall.

Wir haben beim letzten Beispiel gut erkennen können, wie sehr eine zu harte Auswahlkante stören kann. Es gibt je nach Auswahlwerkzeug verschiedene Möglichkeiten, einen sanften Übergang zum nicht ausgewählten Bereich herzustellen.

 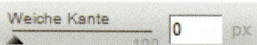

Auswahloption beim Pinsel   *Auswahloption beim Lasso*

Sie können sowohl beim Pinsel als auch beim Lasso in der Optionsleiste die Härte einstellen.

Während der Pinsel üblicherweise eine Härte von 0 hat und diese bei Bedarf bis auf 100 % erhöht werden kann, hat das Lasso eine harte Kante und Sie können die Härte in Pixeleinheiten verringern, indem Sie eine weichere Auswahlkante wählen.

Diese Einstellung gilt je Pinselstrich bzw. je Lasso und kann nachträglich nicht mehr geändert werden.

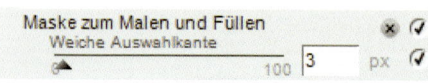

Es gibt jedoch auch direkt beim Bearbeitungsschritt die Funktion »Weiche Auswahlkante«, mit der die bisher gezeigten Masken je Schritt gleichzeitig und nachträglich verändert werden können.

Ich möchte Ihnen diese Funktion anhand von Pinselstichen unterschiedlicher Härte demonstrieren.

Auswahlkante = 0 px   *Auswahlkante = 3 px*

Im linken Bild sind drei verschieden harte Pinselstriche (0 % / 50 % / 100 %) und zwei Kreise mit verschiedener Auswahlkante (0 px / 5 px) zu sehen. Nachträglich können wir nur die Gesamthärte aller Auswahlkanten global verändern, wie das rechte Bild zeigt.

2 Digitale Bildbearbeitung

Oft wollen Sie für eine getroffene Auswahl gleich mehrere Parameter verändern (z.B. Helligkeit und Farbe oder Kontrast und Schärfe). Wenn Sie die gleiche Auswahlmaske daher für mehrere Bearbeitungsschritte verwenden wollen, dann gibt es dafür folgende Möglichkeiten:

1. Kopieren von Bearbeitungsschritten

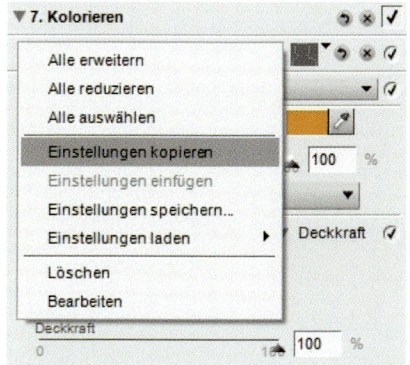

Klick mit rechter Maustaste auf Bearbeitungsschritt:

»Einstellungen kopieren«

kopiert den Schritt mit Maske in die Zwischenablage.

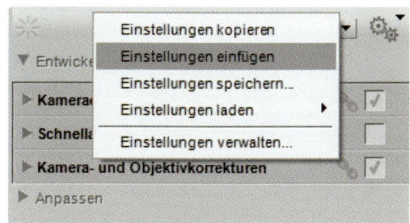

Klick mit linker Maustaste auf Icon »Stapelverarbeitung«:

»Einstellungen einfügen«

fügt eine Kopie des Schrittes neu ein.
Im Anschluss daran ändern Sie den neuen Bearbeitungsschritt wie gewünscht.

2. Verknüpfen von Bearbeitungsschritten

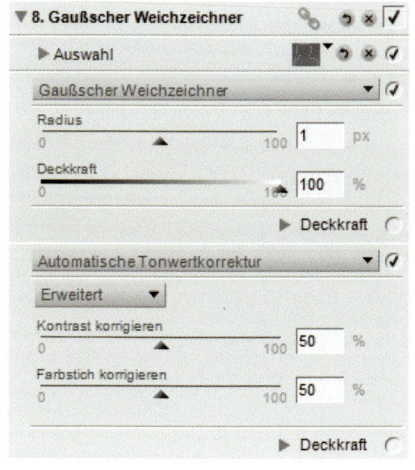

Sie können in einem Bearbeitungsschritt (mit einer Auswahlmaske) mehrere Werkzeuge verknüpfen (z.B. Weichzeichner und Tonwertkorrektur).

Markieren Sie zuerst den bereits vorhandenen Bearbeitungsschritt. Wählen Sie dann ein weiteres Werkzeug aus dem Menü aus, während Sie die **Umschalttaste** gedrückt halten.

Sie haben nun einen Bearbeitungsschritt mit zwei Werkzeugen und einer gemeinsamen Auswahlmaske verknüpft (erkennbar am Symbol der Kette).

Die Werkzeuge können bei Bedarf mit der rechten Maustaste über das Kontextmenü auch einzeln wieder gelöscht werden.

Die Möglichkeit, mehrere Regler in einem Schritt zu verknüpfen und mit einer gemeinsamen Maske den Wirkungsbereich auszuwählen, stellt eine sehr mächtige Funktion von Capture NX dar. Sie finden ein Anwendungsbeispiel an einem Porträtbild in Kapitel 2.16

2.10 Kontrollpunkte (U-Points)

Während die Auswahlmöglichkeiten des vorigen Kapitels lange nicht an die von PS heranreichen dürften, hat die Firma Nik mit den Kontrollpunkten eine geniale Möglichkeit geschaffen, spielend einfach einen bestimmten Bereich auszuwählen.

→ **Hinweis:** Unter dem Namen Viveza ist diese innovative U Point™-Technologie auch als Plug-In für Photoshop und Aperture erhältlich.

Es stehen uns insgesamt sechs Kontrollpunkte zur Verfügung.

Schwarz-, Weißkontrollpunkt: Bestimmen Sie den Kontrast des Bildes entweder mit der Tonwertkorrektur, oder mit dem Schwarz- und Weißkontrollpunkt, der ähnlich wie die Pipetten bei der Tonwertkorrektur angewendet werden kann.

Neutralkontrollpunkt: Hat ein Bild (z.B. durch einen fehlerhaften Weißabgleich) einen Farbstich, so ist der Neutralkontrollpunkt eine sehr effiziente Methode, diesen Farbstich auch bei JPEG-Bildern auszugleichen.

Farbkontrollpunkt: Dieser Kontrollpunkt erlaubt die Veränderung von Kontrast, Helligkeit, Sättigung und Farbe ausgewählter Bildbereiche. Er stellte bis CNX2 den wichtigsten aller Kontrollpunkte dar.

Rote-Augen-Kontrollpunkt: In Capture NX stellt dieser Kontrollpunkt die rascheste Methode dar, um effizient dem Problem von roten Augen zu begegnen.

Diese Kontrollpunkte vereinen in sich die Funktion der Auswahl und die Funktion der Bearbeitung. Sie wählen mit dem Kontrollpunkt den Bereich aus, den Sie dann mit diesem Kontrollpunkt in Helligkeit und Farbe bearbeiten können.

Auswahl-Kontrollpunkt: Dieser mit CNX2 neu eingeführte (oben gelb hinterlegte) Kontrollpunkt erlaubt es, einen beliebigen Bearbeitungsschritt mit den Auswahlmöglichkeiten eines Kontrollpunktes auf Bildbereiche einzuschränken. Damit ist es seit CNX2 erstmals möglich, auch die Auswahl für z.B. Tonwertkorrektur, LCH-Editor, D-Lighting oder andere Filter mit einem Kontrollpunkt vornehmen.

Auch die Nik-Filtersammlung, die als Plug-In für Capture NX erhältlich ist, kann mit dem Auswahl-Kontrollpunkt kombiniert werden. Damit hat sich das Einsatzgebiet dieser hervorragenden Filter deutlich erweitert.

2 Digitale Bildbearbeitung

Auswahl-Kontrollpunkt `Strg` + `Umschalt` + `C`

Dies ist der einzige Kontrollpunkt, der keine eigenen Bearbeitungsfunktionen mitbringt. Er legt daher auch keinen neuen Bearbeitungsschritt an, sondern wird wie ein Auswahlwerkzeug (siehe voriges Kapitel) eingesetzt. Gerade deshalb stellt er vermutlich den seit CNX2 wichtigsten Kontrollpunkt dar. Wenn es Ihnen mit dem Lasso unmöglich ist und mit dem Pinsel schwer fällt, einen Bereich nahtlos auszuwählen, dann könnte vermutlich dieser Kontrollpunkt die Lösung sein. Ich werde daher noch einmal die Auswahl aus dem vorigen Kapitel verwenden.

Da ein Kontrollpunkt alleine nur einen Bereich begrenzter Größe auswählt, habe ich hier zwei Auswahl-Kontrollpunkte gesetzt und mit dem obersten Schieberegler eine Größe von 70 eingestellt. Der untere Schieberegler bleibt auf Deckkraft 100.

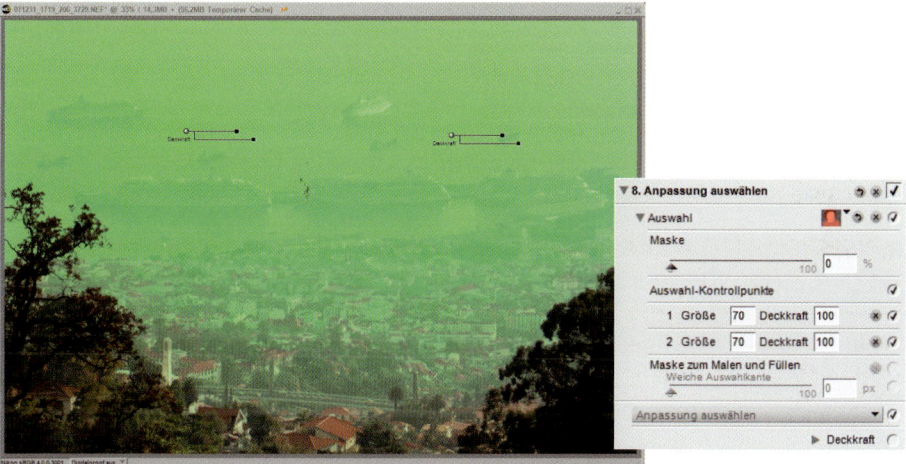

Sie können von der Overlay-Anzeige (⇧ + `O`) auf die Masken-Anzeige (⇧ + `M`) umschalten, die bei Kontrollpunkten etwas anschaulicher ist.

Kontrollpunkte haben eine nicht steuerbare weiche Auswahlkante. Der entsprechende Regler unter »Maske zum Malen und Füllen« bleibt hier daher ungenutzt.

Ich habe nun unter »Anpassung auswählen« wieder »Tonwerte und Kurven« gewählt und die Schatten auf den Wert 60 abgedunkelt.

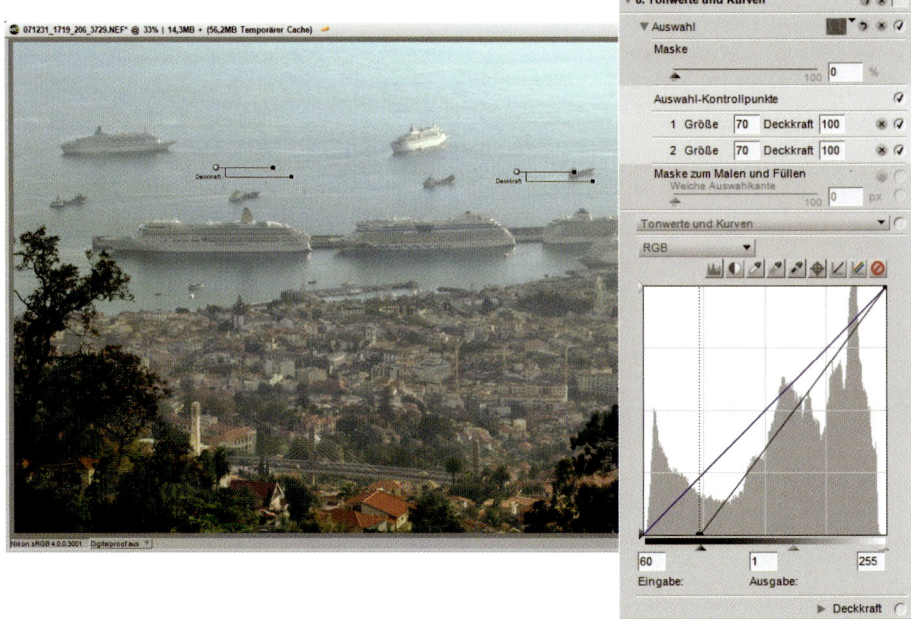

Wenn Sie das Ergebnis mit den Auswahlmasken aus dem vorigen Kapitel vergleichen, werden Sie feststellen, dass besonders im kritischen Bereich der Blätter die Auswahl nun absolut nahtlos gelungen ist, obwohl der Aufwand nur einen Bruchteil der Zeit gekostet hat.

Original   *Ergebnis*

Wenn Sie sich einmal mit dieser Auswahlmöglichkeit vertraut gemacht haben, werden Sie Pinsel und Lasso in CNX kaum mehr verwenden wollen.

2 Digitale Bildbearbeitung

Farbkontrollpunkt `Strg` + `Umschalt` + `A`

Egal ob Sie Helligkeit, Kontrast oder die Farben bezüglich Sättigung oder Farbton in einem bestimmten Bereich des Bildes verändern wollen, der Farbkontrollpunkt ist dafür in vielen Fällen optimal, da er Auswahl und Regler in einem Werkzeug vereint. Alternativ könnten Sie den Auswahl-Kontrollpunkt mit dem LCH-Editor oder einem anderen Werkzeug kombinieren.

Auch dieser Kontrollpunkt wird im Bild direkt auf das gewählte Objekt platziert und mit dem obersten Regler wird die Größe des Wirkungsbereiches gewählt.

Die Auswahlkante ist bei einem Kontrollpunkt zwar nicht regelbar, sie ist jedoch extrem weich, wodurch ein sehr sanft verlaufender Übergang sichergestellt ist.

Der Farbkontrollpunkt bietet folgende Modi:

HKS: **H**elligkeit, **K**ontrast, **S**ättigung keine Farbänderung

RGB: **R**ot, **G**rün, **B**lau

FSH: **F**arbton, **S**ättigung, **H**elligkeit ähnlich dem LCH-Editor

Alle: alle oberen Regler gleichzeitig + **Wärme**

→ **Hinweis:** Der Regler für Wärme ist nur im Mode »Alle« verfügbar.

Ich habe in der folgenden Tabelle nochmals alle möglichen Regler zusammengestellt.

Mode	Deutsch	Englisch	Bemerkung
immer sichtbar	Größe		Größe des Wirkungsbereiches
HKS	K – Kontrast	C – Contrast	
HKS & FSH	H – Helligkeit	B – Brightness	
HKS & FSH	S – Sättigung	S – Saturation	
FSH	F – Farbton	H – Hue	Verschiebung des Farbtons
RGB	R – Rot	R – Red	
RGB	G – Grün	G – Green	
RGB	B – Blau	B – Blue	
nur bei »Alle«	W – Wärme	W – Warmth	lokaler Weißabgleich

→ **Tipp:** Der Regler »**Wärme**« ist ideal, wenn ein Bild gemischte Farbtemperatur besitzt (z.B. Innenraum mit Lichteinfall durch Fenster). Sie können damit einen lokalen Weißabgleich simulieren und die Wärme im Bereich des Fensters erhöhen.

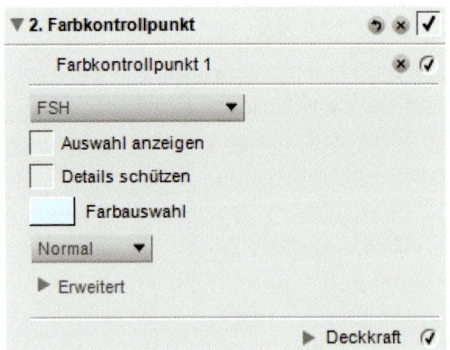

Weiters finden wir bei diesem Regler folgende Einstellungsmöglichkeiten.

▸ **Auswahl anzeigen:**
zeigt den Wirkungsbereich als Hell-Dunkel-Bild (ist auch als Kontextmenü verfügbar)

▸ **Details schützen:**
schützt einen Bereich, statt ihn zu verändern (siehe Abschnitt »Mehrere Kontrollpunkte«)

Im Bearbeitungsschritt kann unterhalb der Farbauswahl auch noch eine **Berechnungsmethode [Einfach | Normal | Erweitert]** gewählt werden.

Wenn Sie stark verrauschte Bilder bearbeiten oder dunkle Schatten aufhellen, können Sie hier von »Normal« auf die rechenintensivere Methode »Erweitert« umschalten.

Die schnellste Methode »Einfach« liefert bei Fotos kein brauchbares Ergebnis.

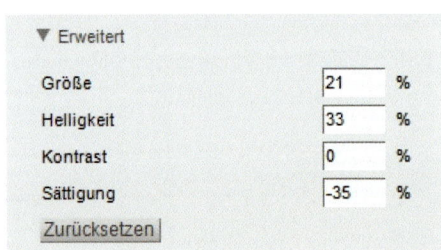

In der erweiterten Ansicht sind je nach Modus jene Werte sichtbar, die Sie mit den Reglern einstellen können.

Der Wert bestimmt dabei, wie groß der Einflussbereich des Kontrollpunktes ist.

Die rechte Maustaste bietet für den Kontrollpunkt folgendes **Kontextmenü**:

Auswahl anzeigen:	zeigt den Wirkungsbereich als Hell-Dunkel-Bild
Duplizieren:	kopiert einen Kontrollpunkt innerhalb des gleichen Bearbeitungsschrittes (siehe Abschnitt »Mehrere Kontrollpunkte«)
Löschen:	löscht einen Kontrollpunkt
Zurücksetzen:	setzt alle Regler auf 0 zurück

→ **Hinweis:** Leider bieten die Kontrollpunkte nur eine begrenzte Möglichkeit, die **Größe des Auswahlbereiches** in Abhängigkeit von Pixelhelligkeit, Farbe und Entfernung zum Ankerpunkt einzustellen. Es kommt daher (vor allem bei Helligkeitsänderungen im Himmel) leicht zu einem Vignettierungseffekt, falls der Bereich sichtbar kreisförmig ausgewählt ist. Diesem Effekt kann man mit zwei oder drei verteilt platzierten Kontrollpunkten entgegenwirken.

Mehrere Kontrollpunkte

Sie können in einem Bearbeitungsschritt mehrere Kontrollpunkte setzen.

Der Wirkungsbereich dieser Kontrollpunkte wird dabei entweder gegenseitig abgegrenzt, falls jeder dieser Kontrollpunkte unterschiedliche Korrekturwerte besitzen (z.B. Himmel abdunkeln und Wald aufhellen), oder Sie bewirken eine Überlagerung der Wirkungsbereiche, falls die Kontrollpunkte gleiche Korrekturwerte eingestellt haben.

Es ist jedoch auch möglich, einen weiteren Kontrollpunkt nur dafür zu setzen, um diesen Bereich vor Veränderung durch einen Nachbarkontrollpunkt zu schützen.

In diesem Fall setzen Sie für diesen Punkt die Option »**Details schützen**«. Sollte der Auswahlbereich trotzdem nicht fein genug einzugrenzen sein, können Sie den Kontrollpunkt auch mit einer herkömmlichen **Auswahlmaske** kombinieren.

→ **Tipp:** Verwenden Sie dazu eine sehr weiche Auswahlkante.

Kontrollpunkte in verschiedenen Bearbeitungsschritten beeinflussen sich gegenseitig nicht in ihrem Wirkungsbereich. Das Ergebnis mehrerer Kontrollpunkte fällt daher unterschiedlich aus, je nachdem, welche Kontrollpunkte in einem Schritt zusammengefasst sind.

Bei folgendem Bild möchte ich den weiß überstrahlten Bereich des Himmels blau färben sowie das Gebäudes etwas aufhellen.

Gloriette von Schönbrunn in Wien

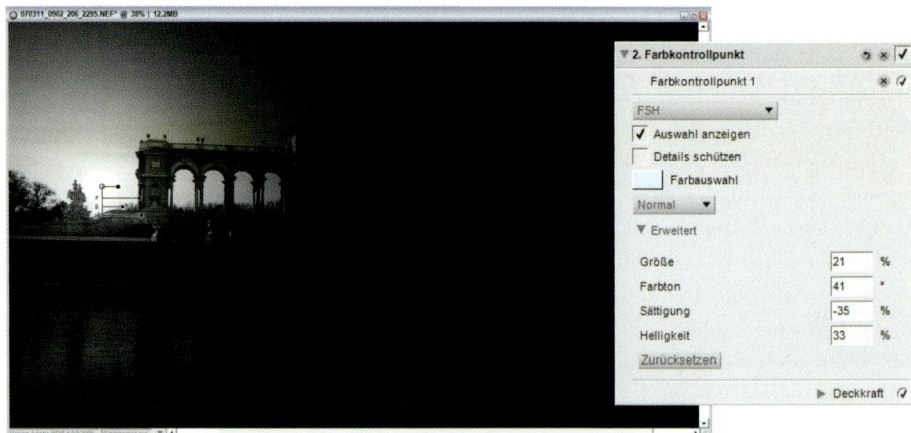

Im 1. Schritt wird ein Kontrollpunkt verwendet, um den weiß überstrahlten Bereich des Himmels blau einzufärben. Ich habe den Kontrollpunkt genau im Zentrum des weißen Bereiches gesetzt und die Größe so eingestellt, dass der weiße Bereich des Himmels deutlich hell ausgewählt ist. Mit »Auswahl anzeigen« können wir die Größe des Auswahlbereiches gut erkennen und daher leicht einstellen. Mit der Farbauswahl habe ich einen hellen Blau-Ton aus dem Bereich des Himmels links oben ausgewählt.

Der weiße Bereich des Himmels ist nun nahtlos blau gefärbt. Es ist kein Übergang zum original blauen Himmel erkennbar. Eine ähnliche Bearbeitung wäre mit einer herkömmlichen Auswahlmaske weder so einfach noch so präzise möglich gewesen. Der hier noch sichtbare Ankerpunkt verschwindet, sobald Sie den Bearbeitungsschritt beenden.

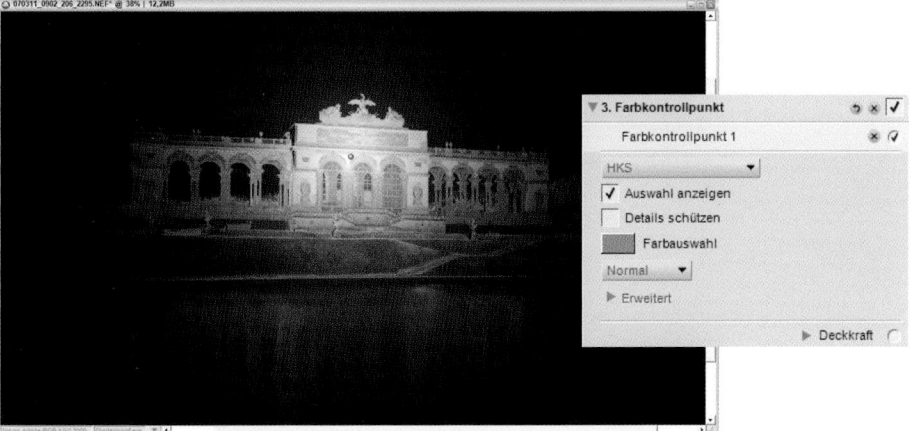

Im nächsten Schritt möchte ich die dunkle Fassade etwas aufhellen. Ich habe dazu einen neuen Farbkontrollpunkt in der Mitte des Gebäudes gesetzt.

Wenn ich »**Auswahl anzeigen**« aktiviere, kann ich die gewünschte Größe optimal einstellen. Um die restlichen Einstellungen für Helligkeit, Kontrast und Sättigung zu wählen, deaktiviere ich die Funktion »Auswahl anzeigen« einfach wieder.

Den Unterschied zum Originalbild zeigt mir die Funktion »**Ausblenden**« durch Entfernen des Hakens rechts oben.

Da ein Kontrollpunkt nicht das gesamte Gebäude erfassen kann, dupliziere ich diesen Kontrollpunkt mit der rechten Maustaste zweimal innerhalb des gleichen Bearbeitungsschrittes, um auch die beiden Seitenflügel des Gebäudes auszuwählen.

Bei Bedarf können wir die Größe der beiden neuen Kontrollpunkte verändern, sollten jedoch die Regler für Helligkeit, Kontrast und Sättigung bei allen drei Kontrollpunkten gleich belassen.

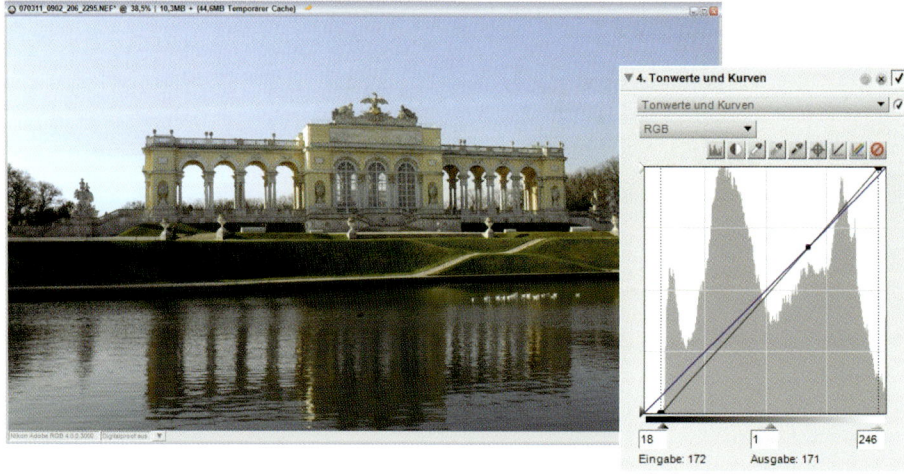

Das Gebäude leuchtet nun deutlich heller als auf der Originalaufnahme. Dank der naht-
losen Auswahlmöglichkeit der Kontrollpunkte ist wieder kein Übergang des veränderten
Bereichs erkennbar.

In einem weiteren Schritt können wir noch eine zusätzliche Tonwertkorrektur ergänzen.

Ich habe die Erfahrung gemacht, dass die Tonwertkorrektur optimal *nach* der Bearbeitung mit Kontrollpunkten angewendet wird, da ein Kontrollpunkt gerne zur Korrektur
hellster Bildstellen (wie in diesem Fall der weiße Himmel) eingesetzt wird.

Um den Einfluss der Kontrollpunkte besser vergleichen zu können, habe ich die Tonwertkorrektur auch auf das Originalbild angewendet, und möchte dies nun mit dem Ergebnis vergleichen.

Originalbild + Tonwertkorrektur (ohne Kontrollpunkte)

Ergebnis der vorigen Bearbeitung (Kontrollpunkte + Tonwertkorrektur)

Die Farbkorrektur des Himmels und die Aufhellung des Gebäudes sind nahtlos gelungen wie in diesem Vergleich deutlich zu erkennen ist.

Sie können mit den Kontrollpunkten innerhalb kürzester Zeit einzelne Motivbereiche individuell verändern, wo Sie mit Lasso und weicher Auswahlkante bereits an der benötigten Auswahl scheitern oder zumindest viel Zeit vergeuden.

Schwarz-, Weiß-, Neutralkontrollpunkt

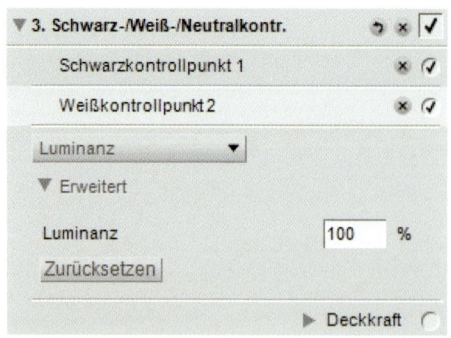

Wir haben bei der Tonwertkorrektur bereits die Pipetten für Schwarzpunkt und Weißpunkt kennen gelernt.

Als Alternative dazu kann man den Schwarzpunkt (dunkelster Punkt des Bildes) und den Weißpunkt (hellster Punkt) auch mit entsprechenden Kontrollpunkten festlegen.

→ **Tipp:** Verwenden Sie dabei zur Kontrolle wieder die Funktion »Doppel-Schwellenwert« im Histogramm-Fenster.

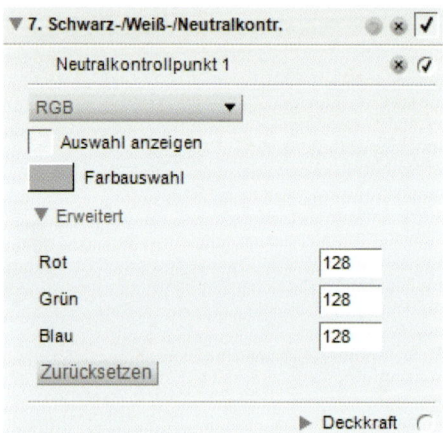

Sollten Sie im Bild einen Bereich haben, der ein graues Objekt mit Farbstich wiedergibt, so können Sie in diesem Bereich einen Neutralkontrollpunkt setzen.

Insgesamt können Sie (im Prinzip je Bearbeitungsschritt) maximal einen Schwarz- und einen Weißkontrollpunkt, jedoch mehrere Neutralkontrollpunkte setzen.

Wenn Sie mehrere Neutralkontrollpunkte setzen, wird die Wirkung über das gesamte Bild gemittelt.

Wenn der Schwarzpunkt nicht absolut schwarz oder der Weißpunkt nicht absolut weiß werden soll, können Sie auch noch die Luminanz je Punkt einstellen (für den Schwarzpunkt von 0 – 15 % und für den Weißpunkt von 85 – 100 %).

Optional lässt sich auch der Farbanteil über einen RGB-Regler festlegen.

Beim Neutralkontrollpunkt verhält es sich umgekehrt. Hier ist ein RGB-Regler der Standard und ein optionaler Luminanzregler einblendbar.

Die weiteren Einstellungen (wie z.B. »Auswahl anzeigen«) sind Ihnen aus dem vorigen Kapitel bereits bekannt.

2 Digitale Bildbearbeitung

Ich möchte im folgenden Beispiel die Kontrastregelung mit Schwarz- und Weißpunkt der bereits beschriebenen Methode mit dem Tonwertregler gegenüberstellen.

Schloss Schönbrunn in Wien

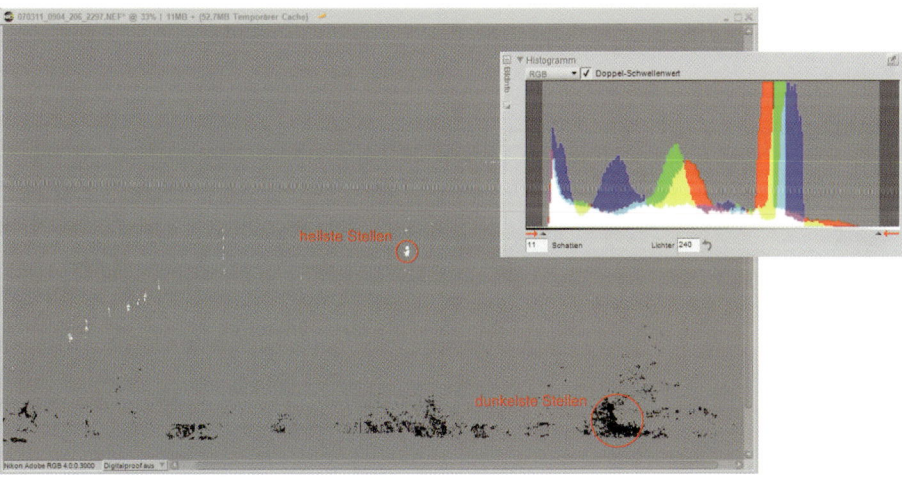

Um die hellsten und dunkelsten Stellen zu finden verwende ich die Funktion »Doppel-Schwellenwert« und die Schieberegler im Histogramm.

Der Schwarzkontrollpunkt wird im dunkelsten Bereich und der Weißkontrollpunkt im hellsten Bereich gesetzt. Achten Sie darauf, dass es sich tatsächlich um weiße und schwarze Bereiche handelt, da die Kontrollpunkte sonst den Farbton falsch korrigieren würden. Bei Bedarf können Sie die Luminanz einstellen, um die Tonwerte nicht bis an die Grenze zu erweitern.

Das Ergebnis zeigt eine deutliche Zunahme der Kontraste, bedingt durch die Tonwertspreizung, und eine Farbstichkorrektur, sichtbar vor allem im Himmel. Falls die Farbkorrektur zu stark ausfällt, könnte im Prinzip auch je Kontrollpunkt der RGB-Anteil getrennt eingestellt werden, die optimale Einstellung kann oft nur durch Probieren ermittelt werden.

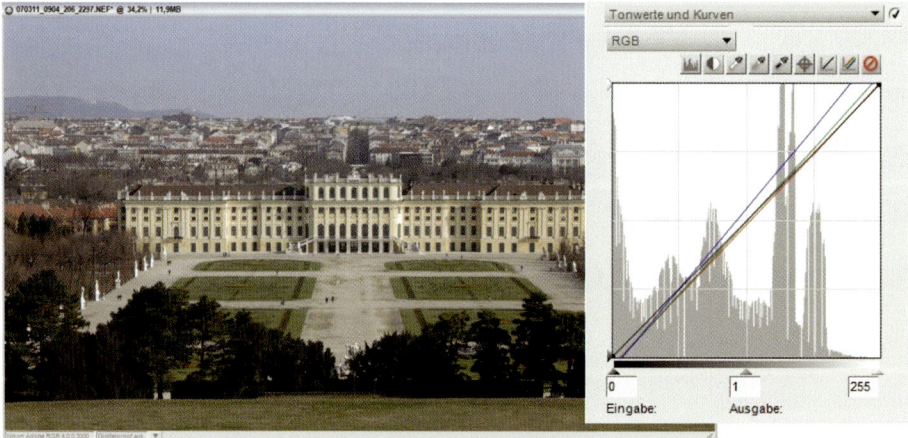

Mit der Auto-Kontrast-Funktion oder den Pipetten des Tonwertreglers erhalten wir wie erwartet annähernd das gleiche Ergebnis.

Hier sehen wir jedoch sehr gut den veränderten Farbbereich und können auch wesentlich besser korrigierend eingreifen, indem wir die drei Farbkanäle einzeln betrachten.

Mit den Schwarz- und Weißkontrollpunkten können der Kontrast und ein Farbstich ähnlich wie mit den Pipetten des Tonwertreglers verbessert werden. Es fällt mir schwer, eine Empfehlung für eine der beiden Möglichkeiten auszusprechen. Das Ergebnis ist in beiden Fällen zufriedenstellend. Bei den Kontrollpunkten hängt es wie bei den Pipetten des Tonwertreglers sehr stark von deren exakter Platzierung ab. Die Funktion »Auto-Kontrast« des Tonwertreglers ist die rascheste Methode zur Korrektur von Kontrast bzw. Farbstichen und lässt sich nachträglich noch sehr fein justieren.

Ich möchte zum Vergleich hier noch einmal die beiden Ergebnisse gegenüberstellen.

Ergebnis Schwarz- und Weißkontrollpunkt

Ergebnis der Auto-Tonwertkorrektur des Tonwertereglers

Im folgenden Beispiel verwende ich einen Neutralkontrollpunkt, um bei einer Innen-aufnahme den durch Lichteinfall bedingten Farbstich zu eliminieren. Der Neutralkontroll-punkt verändert den Weißabgleich des gesamten Bildes. Ich vergleiche anschließend das Ergebnis mit dem Weißabgleich aus dem Menü »Entwickeln« und mit einer lokalen An-passung der Wärme mittels Farbkontrollpunkt.

Diese junge Köchin wurde bei künstlicher Beleuchtung ohne Blitz aufgenommen, der Lichteinfall im Hintergrund zeigt daher ei-nen starken Blau-Stich.

Da die weißen Fliesen eine farbneutrale Referenz im Bild darstellen, können wir in diesem Bereich einen Neutralkontroll-punkt setzen, um den Farbstich zu entfer-nen.

Durch Verändern der Platzierung kön-nen wir versuchen, das Ergebnis optisch noch zu optimieren.

Der **Neutralkontrollpunkt** hat das Bild deutlich wärmer gemacht und den Blau-Stich in den Fliesen damit entfernt.

Wenn wir eine farbneutrale Stelle im Bild haben, so ist das die rascheste Mög-lichkeit eines Weißabgleichs, der auch bei JPEG-Bildern angewendet werden kann.

Da der Neutralkontrollpunkt wie auch der Weißabgleich grundsätzlich auf das ge-samte Bild wirkt, ist der Vordergrund ebenso wärmer geworden.

Wir könnten zwar den Kontrollpunkt mit einer Auswahl (z.B. mit dem Pinsel) kombinieren, es gibt aber noch eine bes-sere Möglichkeit, um einen lokalen Farb-stich zu entfernen.

Alternativ zum Neutralkontrollpunkt können wir den Weißabgleich bei RAW-Aufnahmen auch über »Entwickeln« einstellen.

Ich habe hier den **Weißabgleich** über »Graupunkt setzen« eingestellt und dabei die gleiche Stelle verwendet wie beim vorigen Beispiel. Im Screenshot ist die Stelle mit einem Messpunkt markiert.

Im Prinzip ist das Ergebnis mit dem Neutralkontrollpunkt vergleichbar, jedoch können wir diese Methode nur bei RAW-Aufnahmen anwenden und haben auch keine Möglichkeit, eine Auswahl (z.B. über Lasso oder Pinsel) zu treffen.

Für JPEG-Aufnahmen bleibt daher der Neutralkontrollpunkt die einfachste Möglichkeit des Weißabgleichs.

Wenn Sie einen Farbstich nur lokal in einem Bereich des Bildes entfernen wollen, dann gelingt das am besten mit dem Farbkontrollpunkt.

Ich habe hier zwei **Farbkontrollpunkte** im Bereich der Fliesen gesetzt und bei den Einstellungen die Wärme erhöht und die Sättigung verringert. Damit konnte ich den blauen Farbstich im Bildhintergrund entfernen ohne den Vordergrund zu verändern.

Dies stellt die beste Möglichkeit dar, um unterschiedliche Farbtemperaturen im Bild auszugleichen, da die Farbkontrollpunkte im Gegensatz zum Neutralkontrollpunkt auf einzelne Bereiche des Bildes wirken.

Mit dem Neutralkontrollpunkt kann die Farbtemperatur des gesamten Bildes ähnlich wie mit dem Weißabgleich oder dem Regler »Wärme« eingestellt werden. Um die Farbtemperatur nur lokal zu verändern ist der Farbkontrollpunkt ideal geeignet.

Rote-Augen-Kontrollpunkt

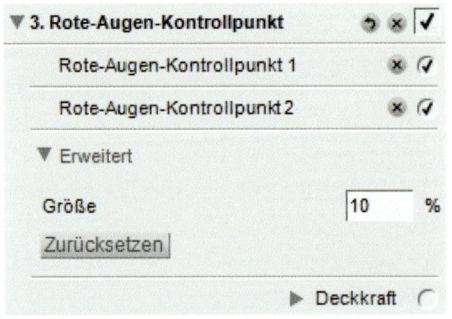

Eine Korrektur des Rote-Augen-Effekts ist Ihnen bereits von »Entwickeln | Kamera- und Objektivkorrekturen« her bekannt.

Den gleichen Effekt können wir auch mit einem Kontrollpunkt (wesentlich besser) korrigieren.

Der Kontrollpunkt wird einfach ins Zentrum der roten Pupille platziert und mit dem Regler die Pupillengröße eingestellt.

Es können in einem Bearbeitungsschritt beliebig viele Rote-Augen-Kontrollpunkte gesetzt werden.

Um rote Augen zu vermeiden, können Sie statt des eingebauten Blitzgerätes ein externes Blitzgerät verwenden und damit den Abstand zwischen Blitz und Objektiv vergrößern. Wenn Sie indirekt oder von der Seite blitzen, sind rote Augen ebenfalls leicht zu vermeiden. Die folgende Aufnahme wurde mit einer einfachen Kompaktkamera gemacht.

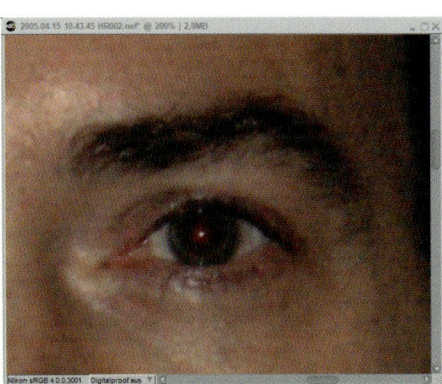

Original

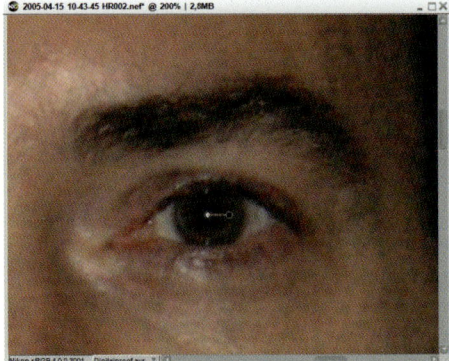

Rote-Augen-Kontrollpunkt

Vergrößern Sie das Bild so weit, dass die rote Pupille deutlich erkennbar ist. Mit diesem Kontrollpunkt müssen Sie jedes Auge einzeln korrigieren.

Setzen Sie einen Rote-Augen-Kontrollpunkt in das Zentrum der Pupille. Verändern Sie bei Bedarf die Größe des Kontrollpunktes, damit der gesamte rote Bereich korrigiert wird. Der Kontrollpunkt verringert die Sättigung des ausgewählten Bereiches, wodurch Rot zu Schwarz wird.

Alternativ können Sie auch die Funktion »Korrektur Roter Augen« im Menü »Entwickeln« verwenden. Der Kontrollpunkt arbeitet jedoch meist wesentlich zuverlässiger.

2.11 Digitale Filter

Für verschiedene Effekte stehen uns in CNX folgende Filter zur Verfügung:

Filter	Effekt	Beschreibung
Bildeffekte	
Bild optimieren	Regler für Farbton und Helligkeit
Schwarzweiß	Schwarzweiß-Konvertierung mit Farbkontrastregelung
Sepia	Schwarzweiß-Konvertierung (ohne Farbkontrastregelung) mit Sepia-Tönung
Getönt	Schwarzweiß-Konvertierung (ohne Farbkontrastregelung) mit beliebiger Tönung
Korn / Rauschen	Simulation alter Aufnahmen
Kontrast: Farbumfang	Verstärkung eines Farbtons
Schwarzweiß-Konvertierung	Schwarzweiß-Konvertierung mit Farbfiltersimulation
Kolorieren	Einfärben (z.B. Sepia-Tönung)

Mit dieser Handvoll Filter lassen sich bereits einige interessante Effekte erzielen.

Die Filter »Bild optimieren« und »Kontrast: Farbumfang« haben Sie bereits kennen gelernt, ich zeige Ihnen hier daher die Filter zur Schwarz/Weiß-Konvertierung und Tönung, welche in der Tabelle farbig hinterlegt sind.

CNX bietet verschiedene Möglichkeiten, ein Bild nach SW zu konvertieren. Bei der einfachsten Variante werden alle Farbkanäle gleich bewertet und dem Bild einfach die Farbsättigung entzogen. Das Ergebnis ist zwar farblos, aber meist auch wenig spektakulär. Wesentlich interessanter ist es, bestimmte Farbtöne je nach Motiv zu betonen.

Während der Filter »Bildeffekte | Schwarzweiß« auf Basis der drei Farbkanäle die Grundfarben (Rot, Grün, Blau) betont, bietet der Filter »Schwarzweiß-Konvertierung« einen intuitiven Ansatz, da hier die zu betonende Farbe (z.B. Orange) direkt ausgewählt werden kann, wie wir es von der analogen SW-Fotografie mit Farbfiltern gewohnt waren.

Ein SW-Bild wirkt, wie der Name bereits ausdrückt, einfach schwarz/weiß. Zu Analogzeiten konnten wir SW-Bilder kaum auf Farbpapier ausarbeiten, da hier meist ein Grünstich das Ergebnis war. Heutige Digitalbelichter kommen auch mit SW-Bildern zurecht.

Da wir nun unsere SW-Bilder ohnehin in einem Farbprozess zu Papier bringen, spricht nichts dagegen, sie auch mit einem interessanten Farbton zu versehen. Am bekanntesten ist der Sepia Ton, wie er auch bei alten Aufnahmen oft zu finden ist. Sehr beliebt sind auch Braun- oder Blau-Töne, weniger beliebt der Grünton, da er an schlechte Ausarbeitungen erinnert.

Wer den Effekt alter Aufnahmen perfekt abrunden möchte, der versieht sein Bild mit einem groben Korn oder Rauschen. Auch dafür bietet uns CNX den passenden Filter.

➜ **Hinweis:** Der Filter »Bildeffekte« ist etwas verwirrend implementiert, da es sich um einen Filter mit vier völlig unterschiedlichen Effekten handelt. Er hat zusätzlich den Nachteil, dass er im Header des Bearbeitungsschrittes nicht den vollen Titel des gewählten Effekts (z.B. »Bildeffekte | Sepia«) anzeigt.

Bildeffekte – Schwarz-Weiß

Menüpfad: Filter | Bildeffekte – Methode: Schwarz-Weiß

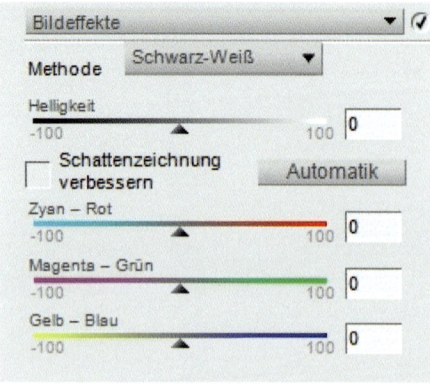

Damit wandeln Sie ein Farbbild nach Schwarzweiß um und regeln gleichzeitig die Farbkontraste. Wenn Sie z.B. den Regler nach Rot ziehen, entspricht das einer SW-Aufnahme mit Rot-Filter.

Da die Farbregler nicht die Helligkeit beeinflussen, lässt sich hier sehr gut der reine Farbeffekt beurteilen.

Der Helligkeitsregler wirkt rein auf die Mitteltöne und ist daher optimal geeignet, um die Helligkeit entsprechend anzupassen.

→ **Tipp:** Wenn die Option »Schattenzeichnung verbessern« nicht das gewünschte Ergebnis zeigt, dann verwenden Sie besser D-Lighting oder eine S-Kurve bei der Tonwertkorrektur.

Original

Schwarz-Weiß

Es gehört etwas Erfahrung dazu, um mit den drei Farbreglern die gewünschte Farbe zu betonen. Wesentlich einfacher gelingt das bei dem folgenden Regler.

Schwarzweiß-Konvertierung

Menüpfad: Filter | Schwarz-Weiß-Konvertierung (Tastaturkürzel: `Strg` + `⇧` + `B`)

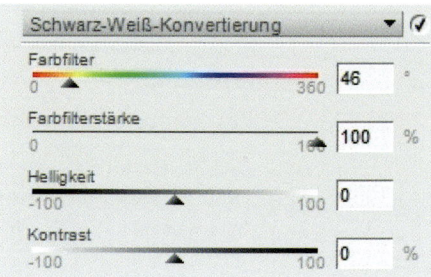

Dies ist der Königsfilter der SW-Umwandlung (PS-Anwender warten seit Jahren darauf).

In der SW-Fotografie wurde und wird sehr viel mit Farbfiltern gearbeitet.

Die beliebtesten Filter sind dabei Gelb-, Orange- oder Rot-Filter, um den üblicherweise sehr hellen Himmel abzudunkeln.

Auch in der SW-Porträtfotografie sind Farbfilter sehr beliebt. Den gleichen Effekt können Sie am PC mit CNX erreichen.

Verstärken Sie den **Farbton** vor der SW-Umwandlung, indem Sie den Farbfilterregler auf eine der Farben

Rot – **Orange** – **Gelb** – **Grün** – **Cyan** – **Blau** – **Magenta** – **Rot**

einstellen und mit dem **Farbfilterstärke**-Regler die Stärke des Effekts steuern.

Ein leicht erhöhter **Kontrast** betont den SW-Effekt recht gut. Oft muss aufgrund der Filterwirkung die **Helligkeit** ebenfalls etwas erhöht werden.

➜ **Tipp:** Beginnen Sie mit der Farbfilterstärke 100 %, wählen Sie zuerst einen geeigneten Farbfilter aus und reduzieren Sie anschließend die Filterstärke auf das gewünschte Ausmaß.

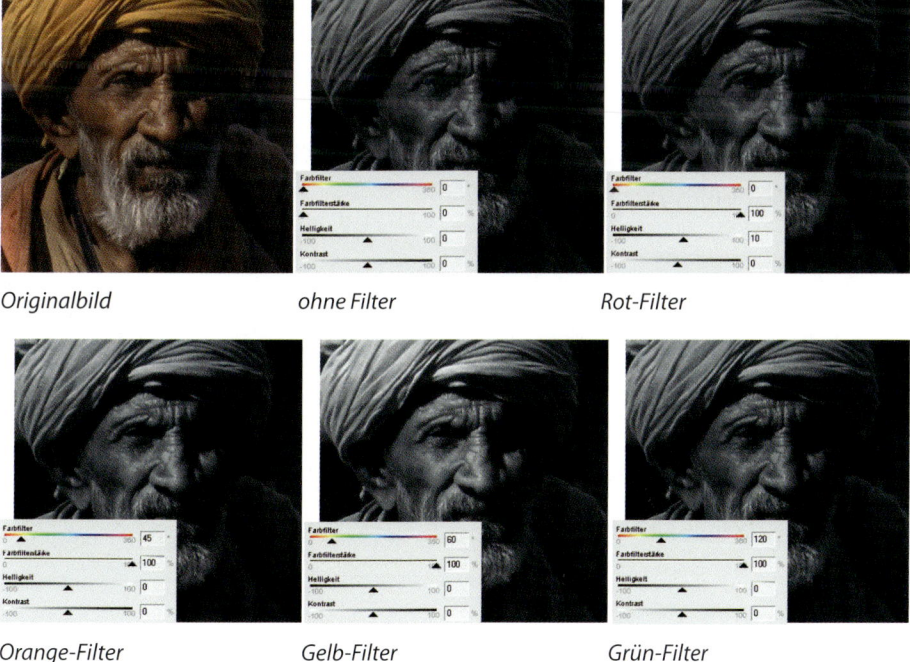

Originalbild	ohne Filter	Rot-Filter
Orange-Filter	Gelb-Filter	Grün-Filter

Orange- und Gelb-Filter sind nicht umsonst bei SW-Porträts sehr beliebt.

Bildeffekte – Sepia

Menüpfad: Filter | Bildeffekte – Methode: Sepia

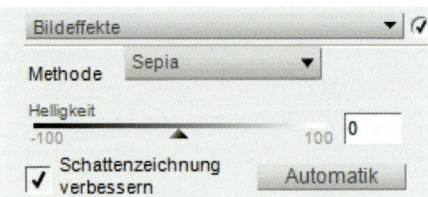

Damit wandeln Sie ein Farbbild in ein SW-Bild mit Sepia-Tönung um, haben hier jedoch keine Möglichkeit, vor der SW-Umwandlung Farbfilter zu simulieren.

➜ **Tipp:** Verwenden Sie stattdessen zuerst einen Schritt zur SW-Konvertierung (mit Farbfilter) und anschließend erst den Sepia-Filter.

Originalbild   *Sepia-Filter*   *Schattenzeichnung verbessern*

Bildeffekte – Getont

Menüpfad: Filter | Bildeffekte – Methode: Getont

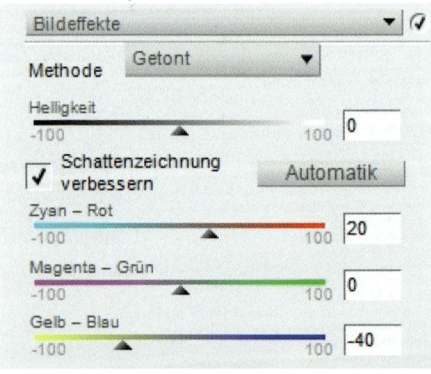

Damit können Sie SW-Bilder mit beliebiger Tönung erzeugen, jedoch wie im vorigen Punkt wieder ohne Farbfiltersimulation.

➜ **Tipp:** Verwenden Sie wie beim Sepia-Filter zuerst den Filter SW-Konvertierung.

Während ein normales SW-Bild eher grau wirkt, können Sie mit der Tönung dem SW-Bild eine individuelle Note geben.

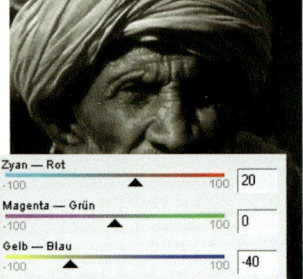
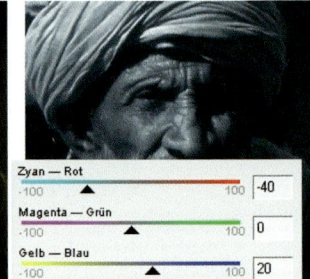

SW-Bild   *Braun-Tönung*   *Cyan-Tönung*

Kolorieren

Menüpfad: Filter | Kolorieren

Wir haben beim Filter »Bildeffekte« bereits mehrere Tönungsmöglichkeiten kennengelernt. Diese waren recht einfach auf SW-Bilder anzuwenden. Der Kolorieren-Filter bietet wesentlich mehr Möglichkeiten, ist jedoch auch etwas aufwändiger in der Einstellung.

Ich möchte Ihnen die Funktion und die Handhabung dieses Filters am Beispiel einer Sepia-Tönung verdeutlichen.

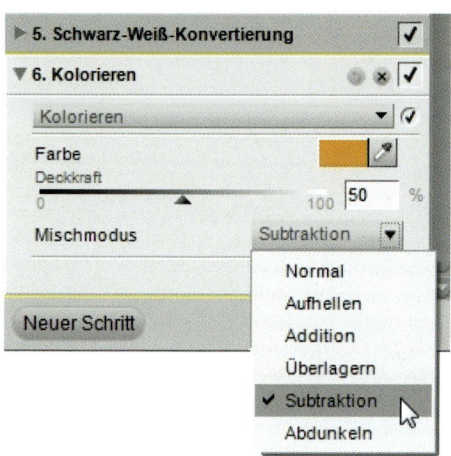

Wandeln Sie das Farbbild dafür zuerst in ein SW-Bild um. Rufen Sie anschließend den Kolorieren-Filter auf, die Standard-Einstellungen lauten:

Farbe: Orange
Deckkraft: 100 %
Mischmodus: Normal

Stellen Sie die Deckkraft auf ca. 50 % und den Mischmodus je nach gewünschtem Effekt auf Überlagern oder **Subtraktion**.

→ **Hinweis:** Für Deckkraft und Mischmodus besitzt der Kolorieren-Filter einen eigenen Regler. Sie können daher auf den Standard-Deckkraftregler im Bearbeitungsschritt verzichten.

Über die Farbauswahl können Sie einen beliebigen Farbton über seine RGB-, FSH- *(englisch: HSB)* oder Lab-Werte auswählen.

Standardfarbe: Orange

R: 220   **F: 36**   L: 65
G: 140   S: 91   a: 23
B: 20   H: 86   b: 67

Wählen Sie ungefähr folgenden Farbwert aus: F = 28
S = 90
H = 100

> Farbraumunabhängig sind nur die Lab-Werte. Die Werte für das FSH- und RGB-Modell werden laut aktuellem Farbraum daraus errechnet.

Regeln Sie die Deckkraft und die Sättigung der Farbauswahl, um den gewünschten Tönungseffekt einzustellen. Der Farbton der Farbauswahl bestimmt direkt den Farbton der gesamten Bildtönung.

Im Anschluss können Sie in einem weiteren Bearbeitungsschritt bei Bedarf auch noch den Kontrast etwas anheben.

→ **Tipp:** Stellen Sie für die Messpunkte im Histogramm das Farbmodell auf FSH.

Für weitere Infos zum Thema Schwarz-Weiß-Fotografie siehe [SW01 bis SW03].

Ich habe Ihnen gezeigt, wie Sie beim Kolorieren-Filter mit dem Farbton »Orange« ebenfalls einen Sepia-Effekt erzeugen können. Obwohl der Kolorieren-Filter den Vorteil der vielfältigen Einstellmöglichkeiten bietet, verwende ich trotzdem recht gerne den wesentlich einfacheren Sepia-Filter. In der folgenden Gegenüberstellung können Sie beide Ergebnisse gut vergleichen.

Dieses Beispiel zeigt ein SW-Bild in der Mitte mit dem Kolorieren-Filter (Farbton »Orange«) und rechts mit dem Sepia-Filter des Reglers »Bildeffekte« bearbeitet.

SW mit Gelb-Filter   koloriert mit Orange-Filter   Sepia-Filter

Der Sepia-Filter verwendet eine helligkeitsabhängige Kolorierung, die mit dem Kolorieren-Filter in dieser Form nicht machbar ist.

Wir haben nun eine ausreichende Menge an Filtern kennen gelernt, um bestimmte Farbeffekte zu erreichen.

Falls Sie noch weiter mit dem Kolorieren-Filter experimentieren wollen, finden Sie hier einige Werte der entsprechenden PS-Fotofilter. Dazu stellen Sie am besten den **Mischmodus** auf **Subtraktion** und die Deckkraft auf ca. 20 %.

Fotofilter	L	a	b	F (H)	S	H (B)
Warmfilter 85	67	32	120			
Warmfilter 81				44	92	92
Kaltfilter 80	45	18	-123	215	100	100
Kaltfilter 82	61	-59	-119	198	100	100
Rot				0	89	92
Orange				30	91	95
Gelb	90	-5	85			
Blau				233	87	92
Sepia				35	71	67
Unterwasser	70	-47	-4			

In der Tabelle sind entweder die LAB- oder FSH-Werte *(englisch: HSB)* aufgenommen, je nachdem, welche eine bessere Übereinstimmung zwischen AdobeRGB und sRGB gewährleisten.

Leider besitzt Capture NX keine Plug-In-Schnittstelle wie PS oder Aperture. Wir können daher nicht auf den unendlichen Markt der teilweise frei erhältlichen Zusatzfilter zugreifen. Es ist von Nik jedoch die hervorragende Nik-Filtersammlung in einer Spezialversion für CNX auf den Markt gekommen. Wer gerne mit Filtern arbeitet, sollte sich diese unbedingt ansehen.

www.niksoftware.com:
▸ für CNX: Nik Color Efex Pro™ 3.0 Select um 100 € / Complete um 160 €
▸ für PS: Nik Color Efex Pro™ 3.0 ab 100 € / Nik Sharpener Pro™ ab 200 € / Dfine® um 120 €

Für die bei SW-Fotos beliebte Dual- oder Split-Tonung sind wir als CNX-Anwender derzeit leider noch gezwungen, auf andere Programme wie z.B. PS auszuweichen.

Obwohl wir beim Kolorieren meist an SW-Fotografie denken, können wir den Filter »Kolorieren« ebenso bei Farbaufnahmen anwenden. Da wir bei diesem Filter auch an zwei Stellen die Möglichkeit haben, Deckkraft und Mischmodus einzustellen, möchte ich von dieser Möglichkeit beim folgenden Beispiel Gebrauch machen.

Sie kennen dieses Bild bereits.

Wir wollen es bei diesem Beispiel jedoch nicht in ein SW-Bild umwandeln, sondern mit einem Orange-Filter kolorieren.

Das Bild bleibt dabei eine Farbaufnahme, vergleichbar dem Effekt, wenn Sie Farbfilter mit Farbfilmen einsetzen.

CNX bietet uns natürlich wesentlich mehr Möglichkeiten, als einfach nur ein Farbfilter fixer Stärke vor die Linse zu schrauben.

Im ersten Schritt wende ich den Kolorieren-Filter an.

Für dieses Beispiel ist der Farbton »Orange« gut geeignet, Sie können aber für andere Effekte auch mit anderen Farben experimentieren.

Den Mischmodus stelle ich auf »Subtraktion«, die Wirkung entspricht daher einem klassischen Farbfilter.

Das Bild hat im ersten Schritt noch nicht an Aussagekraft gewonnen, es wirkt jetzt einfach wie durch ein Orange-Filter fotografiert.

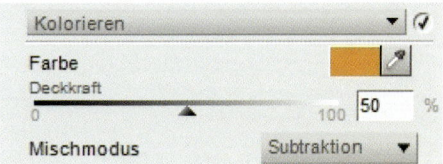

Ich habe vorhin beim Kolorieren-Filter den eingebauten Deckkraft-Regler verwendet. Jetzt verwende ich den zweiten Deckkraft-Regler, über den jeder Bearbeitungsschritt verfügt. Wenn Sie beide Regler geschickt kombinieren, dann können Sie dadurch recht interessante Effekte erzielen.

Hier wurde der Mischmodus des zweiten Deckkraft-Reglers auf »Überlagern« gesetzt. Damit ist eine Kontrasterhöhung erzielbar.

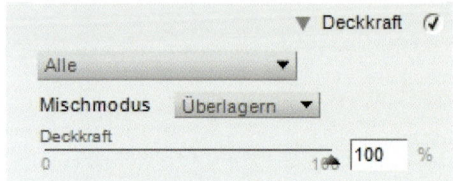

Sollte Ihnen der Effekt etwas zu stark vorkommen, dann können Sie die Deckkraft auch hier etwas reduzieren.

Da ich nur den Farbeffekt etwas abschwächen wollte, den Kontrast jedoch in Ordnung fand, habe ich die Helligkeit im Luminanz-Kanal auf 100 % und die Farbe im Chrominanz-Kanal auf 70 % gesetzt.

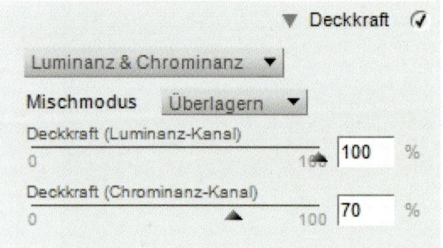

Mit diesem Trick, die beiden Deckkraft-Regler geschickt zu kombinieren, lassen sich recht interessante Effekte erzielen, die wir mit einem simplen Farbfilter nicht erreichen können.

Korn / Rauschen

Menüpfad: Filter | Korn/Rauschen hinzufügen

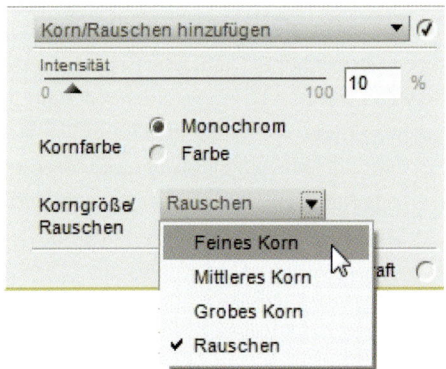

Zur Simulation von alten Aufnahmen benötigen Sie neben der Sepia-Tönung auch noch die Simulation des **Filmkorns** (z.B. von hochempfindlichen Filmen).

Fügen Sie mit diesem Filter Korn in drei verschiedenen **Stärken** [fein | mittel | grob] mit der **Kornfarbe** [Monochrom | Farbe] oder auch zufälliges **Bildrauschen** hinzu.

Wir wollen dem Sepia-Bild aus dem vorigen Kapitel Korn bzw. Rauschen hinzufügen.

Links sehen Sie das Orignalbild mit Sepia-Tönung. Darunter ist das Ergebnis mit einem mittleren monochromen Korn der Intensität 50 %, das Bild zeigt eine recht deutliche, körnige Struktur. Ein Farb-Korn würde bei Sepia keine besondere Wirkung zeigen. Rechts unten ist das Ergebnis von künstlich hinzugefügtem Rauschen zu sehen. Es ist wesentlich dezenter als das Korn, für besondere Effekte manchmal gerade deshalb besser geeignet.

→ **Tipp:** Schalten Sie bei diesem Effekt die Rauschreduktion aus, sie würde hier nur unnötig Rechenzeit kosten.

Mittleres Korn, Intensität: 50 %

Rauschen, Intensität: 100 %

2.12 Für die Ausgabe anpassen

Skalierung und Schärfung

Wir haben die Bearbeitung des Bildes abgeschlossen und wollen dieses noch auf die richtige Ausgabegröße skalieren und geeignet schärfen. Zum Thema »Schärfung« gibt es viele (teilweise widersprechende) Empfehlungen und wenige konkrete Tipps. Das liegt vermutlich daran, dass die Schärfung sehr individuell beurteilt wird. Generell muss jedes Bild aus einer Digitalkamera geschärft werden, wenn es scharf wirken soll. Das liegt nicht an einer mangelhaften Technik, sondern am Prinzip der Digitalisierung.

Ein Tipp, der häufig zu lesen ist, lautet: »Geschärft wird immer erst am Ende der Bearbeitung.« Wenn Sie ein Bild bereits am Anfang schärfen, und dann den Kontrast erhöhen, können Bereiche mit starken Kanten durchaus überschärft wirken. Trotzdem gibt es Ausnahmen von dieser Regel, die ich Ihnen gerne zeigen möchte. Es ist durchaus üblich, mehrmals zu schärfen, ohne deshalb negative Einflüsse befürchten zu müssen.

Im Folgenden beschreibe ich einen Ablauf, bei dem an drei Stellen eine Schärfung stattfindet. Wenn Sie einen dieser Schärfungsschritte auslassen, dann können Sie den jeweils nächsten Schärfungsschritt entsprechend stärker ausführen.

1. Schärfung in der Kamera
   Wenn in Ihrer Kamera die Schärfung nicht komplett ausgeschaltet ist, dann erfolgt bereits bei jeder Aufnahme eine Schärfung entsprechend der Einstellung. Diese Schärfung wird bei JPEG-Aufnahmen sofort angewendet, bei NEF-Aufnahmen erfolgt die Anwendung in Capture NX beim Öffnen des Bildes und könnte hier sogar im Menü »Entwickeln | Kameraeinstellungen« wieder reduziert werden. Es ist für ein optimales Ergebnis nicht notwendig, die Schärfung in der Kamera auszuschalten oder in CNX zu reduzieren, solange Sie die Kameraschärfung nicht gerade auf das Maximum gesetzt haben. Nikon Kameras machen in der Standardeinstellung eine sehr moderate Vorschärfung, die für eine Nachbearbeitung genügend Spielraum lässt.
2. Bildschärfung am Ende der Bearbeitung
   An dieser Stelle erfolgt der wichtigste Schärfungsschritt, der auch auf das Motiv abgestimmt sein sollte. Je nach Vorschärfung der Kamera wird dieser Schritt hier etwas stärker oder weniger stark ausfallen. Geschärft wird das Bild dabei in seiner vollen Auflösung und zur optimalen Beurteilung am Bildschirm in einer 100 %-Darstellung. Die Empfehlungen in diesem Buch gelten für eine mittlere Schärfung in der Kamera.
3. Ausgabeschärfung vor dem Druck
   Ein Bild wird nur sehr selten in seiner vollen Auflösung gedruckt, da eine 10 MP Aufnahme bei 300 DPI bereits ein Poster größer als A4 ergibt. Für kleinere Ausgaben muss das Bild in der Auflösung reduziert werden. Bei diesem Schritt verliert es grundsätzlich wieder etwas an Schärfe. Wenn das Bild für einen Rasterdruck im Druckertreiber aufbereitet wird, geht ebenfalls etwas an Schärfe verloren. Sie können diesen Effekt kompensieren, wenn Sie das Bild für den Druck entsprechend stark schärfen. Die Beurteilung kann dabei natürlich nicht direkt am Monitor erfolgen, da das Bild hier überschärft wirkt. Erst die Beurteilung am Ausdruck lässt erkennen, ob die Schärfung ausreichend war.

➔ **Tipp:** Ich empfehle Ihnen, die Bildschärfung in CNX durchzuführen und das Bild in voller Auflösung als TIFF oder JPEG zu speichern. Die Skalierung und Ausgabeschärfung können Sie bei Bedarf individuell durchführen und getrennt speichern. Sollten Sie alle Aufnahmen in PS weiter bearbeiten, dann kann die Schärfung in CNX auch komplett entfallen.

Bildschärfung *(Capture Sharpening)*

In CNX gibt es zwei Möglichkeiten zum Schärfen:

1. den Filter »Unscharf **m**askieren« (kurz USM-Filter) und
2. den »Hochpass«-Filter (ideal für partielles Schärfen).

➜ **Hinweis:** In PS gibt es mittlerweile bereits weitere Möglichkeiten der Scharfzeichnung, um die unbeliebte Übersteuerung des USM-Filters an Kanten zu vermeiden.

Die beste Möglichkeit der Schärfung (vor allem für Vergrößerungen) stellt derzeit die fraktale Scharfzeichnung dar. (Siehe dazu Genuine Fractals von www.onOneSoftware.com, Preis ca. 160 $.)

Unscharf maskieren *(Unsharp Mask)*

Menüpfad: Anpassen | Scharfzeichnung | Unscharf maskieren

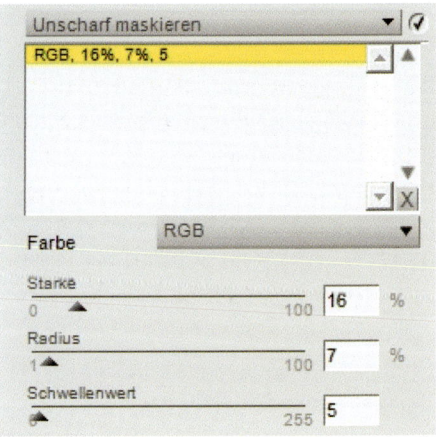

Die **Farbe** ist auf »RGB« voreingestellt, es wird in dieser Einstellung nur der Helligkeitskanal geschärft.

Die **Stärke** steuert die Intensität und liegt meist im Bereich von 10 – 30 %.

Der **Radius** bestimmt die Breite des Schärfungsbereichs um Kanten, er liegt meist im Bereich von 2 – 10 %.

Der **Schwellenwert** bestimmt, bis zu welchem Kontrastsprung keine Schärfung durchgeführt wird. Er verhindert eine Schärfung des Rauschanteils und liegt meist im Bereich von 0 – 8.

➜ **Tipp:** Setzen Sie die Stärke auf 100 und erhöhen Sie den Radius, bis eine deutliche Scharfzeichnung eintritt. Reduzieren Sie anschließend die Stärke, bis keine Überschärfung mehr sichtbar ist. Erhöhen Sie zuletzt den Schwellenwert, falls in dunklen Bereichen verstärktes Rauschen zu beobachten war, bis das erhöhte Rauschen wieder zurückgeht. Beurteilen Sie das Bild immer in der 100 %-Ansicht.

Die folgende Tabelle mag als grober Anhaltspunkt dienen. Sie gilt für den Fall, dass die kamerainterne Schärfung auf Normal eingestellt ist.

Beispiel:	Leichtes Schärfen	Mittleres Schärfen	Starkes Schärfen	nach Rauschred.		Porträt
				1. Stufe	2. Stufe	
Stärke:	12	16	20	20	6 – 10	10 – 25
Radius:	5	7	9	5	10	5 – 10
Schwellenwert:	4	5	6	10	10	15
Stärke × Radius	60	112	180	100	60 – 100	

Für ein Beispiel des USM-Filters wollen wir eine Aufnahme der Ankeruhr am Hohen Markt in Wien verwenden.

Das Bild links ist ungeschärft, auch die automatische Schärfung in der Kamera wurde in CNX rückgängig gemacht. (Entwickeln | Kameraeinstellungen | Bildoptimierung | Scharfzeichung = keine)

Die unteren Bilder sind in der 100 %-Ansicht gezeigt. Links ist das ungeschärfte Bild, das rechte Bild ist mit einer Stärke = 24 / Radius = 11 und Schwellenwert = 7 geschärft.

ungeschärft   *Stärke: 24, Radius: 11, Schwellenwert: 7*

Aus dem Produkt von Stärke × Radius lässt sich die Gesamtstärke des Schärfeeindrucks am besten beurteilen, es sollte für den Fall mit kamerainterner Vorschärfung ca. zwischen 50 und 200 (im Mittel bei 100) liegen. Sollten Sie die Schärfung in der Kamera ausgeschaltet haben (wie in obigem Beispiel), so kann das Produkt von Stärke × Radius sogar verdoppelt werden.

➜ **Hinweis für PS-Benutzer:** Dieses Produkt lässt sich auch recht gut mit dem Produkt in PS vergleichen, während bei Stärke und Radius einzeln jeweils der Faktor 5 bzw. 0,2 die entsprechenden Werte in PS liefert.

➜ **Tipp:** Es kann auch in zwei Stufen geschärft werden, einmal mit kleinem Radius und in einem zweiten (schwächeren) Schärfungsschritt mit großem Radius. Vermeiden Sie jedoch eine zu starke Schärfung wie bei dem Beispiel rechts.

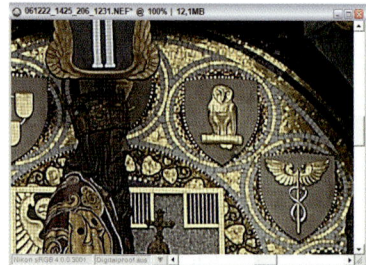

Hochpass *(High Pass)*

Menüpfad: Anpassen | Scharfzeichnung | Hochpass

Eine weitere Möglichkeit der Schärfung bietet der Hochpass-Filter. Er liefert als Ergebnis ein Graustufenbild, bei dem nur die Kanten als Linien sichtbar sind. Im Modus »Überlagern« erhalten wir damit eine Schärfung.

Rufen Sie den Hochpassfilter auf und setzen Sie den Radius auf 1 bis 2 Pixel. Die Konturen sollten deutlich sichtbar werden.

Die im Bild sichtbaren Konturen erleichtern es bei diesem Filter, mit dem Minus-Pinsel Bereiche von der Schärfung auszunehmen.

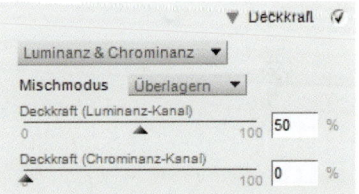

Öffnen Sie den Deckkraft-Dialog und setzen Sie die Auswahl auf »Luminanz & Chrominanz« und den Mischmodus auf Überlagern.

Da wir wie beim USM-Filter auch hier vorrangig nur den Helligkeitskanal schärfen wollen, um kein Farbrauschen zu verstärken, setzen wir den Chrominanz-Kanal auf 0.

Mit dem Luminanz-Kanal können wir die Stärke des Schärfungs-Effekts steuern, wie wir es beim USM-Filter mit dem Stärke-Regler gemacht haben. Meist finden wir im Bereich von 50 bis 100 % ein optimales Ergebnis.

→ **Tipp:** Wenn Sie mit dem Minus-Pinsel einzelne Bereiche vom Schärfen ausnehmen wollen, dann schalten Sie den Mischmodus dafür vorübergehend auf »Normal« und setzen Sie den Chrominanz-Kanal (ebenfalls vorübergehend) wieder auf 100 %. Dadurch werden mit dem Pinsel ausgenommene Bereiche farbig dargestellt.

Lokale Kontrasterhöhung

Menüpfad: Anpassen | Scharfzeichnung | Hochpass

Der Hochpassfilter bietet neben der Scharfzeichnung noch eine weitere Möglichkeit der Bildbearbeitung, die als »Lokale Kontrasterhöhung« bekannt ist. In beiden Fällen bewirkt der Filter eine Erhöhung des Kontrastes. Beim Schärfen in einem sehr schmalen Bereich um bestehende Kanten (ca. 1 bis 2 Pixel), hier hingegen in einem deutlich breiteren Bereich (ca. 30 bis 100 Pixel). Die restlichen Einstellungen sind in beiden Fällen gleich.

Gaußscher Weichzeichner *(Gaussian Blur)*

Menüpfad: Anpassen | Scharfzeichnung/Weichzeichnung | Gaußscher Weichzeichner

Bei den meisten Bilder wünschen wir eine Scharfzeichnung, bei manchen Aufnahmen ist jedoch auch das Gegenteil gefragt. Capture NX bietet uns auch die Möglichkeit der Weichzeichnung. Da wir sowohl Scharf- als auch Weichzeichnung über eine Auswahl nur auf einzelne Bildbereiche anwenden können, ist es sogar möglich, Teile der Aufnahme scharf und andere Teile der Aufnahme weich zu zeichnen.

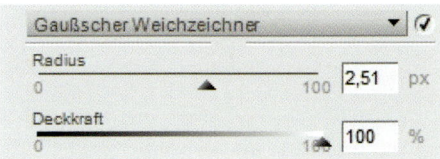

Der Weichzeichner kann nicht nur Rauschen und andere Störungen reduzieren, er wird auch in der Porträtfotografie gerne verwendet.

Experimentieren Sie einfach mit den beiden Reglern für Radius und Deckkraft.

Beispiele für Pastellfilter mit Radius = 2 – 50 Pixel / Deckkraft = 30 – 80 %

| *Radius: 2* | *Radius: 50* | *Radius: 50* | *40 | 40 | Abdunkeln* |
| *Deckkraft: 80* | *Deckkraft: 30* | *Deckkraft: 50* | *60 | 50 | Aufhellen* |

Das Bild 4 wurde in zwei Bearbeitungsschritten mit Parametern aus dem Buch [BV01] bearbeitet.
1. Schritt: Radius: 40 px | Deckkraft: 40 % | Mischmodus: Abdunkeln
2. Schritt: Radius: 60 px | Deckkraft: 50 % | Mischmodus: Aufhellen

Wenn Sie den Weichzeichner mit einer Auswahlmaske verbinden, können Sie auch Teile des Bildes freistellen. In diesem Beispiel wurde die Blüte mit dem Minus-Lasso ausgewählt. Der Filter wirkt daher nur auf die Umgebung und nicht auf die Blüte.

Original   *Auswahl*   *Weichzeichner*

Größe und Auflösung

Menüpfad: Bearbeiten | Größe und Auflösung (Tastenkürzel: $\boxed{\text{Strg}}$ + $\boxed{\text{Alt}}$ + $\boxed{\text{S}}$)

Für NEF-Bilder hat die Auflösung keine Bedeutung. Wenn Sie daher eine NEF-Datei speichern, dann wird das Bild immer mit der vollen Pixelzahl gespeichert.

Für JPEG-Dateien können Sie hier die Auflösung anpassen oder das Bild skalieren.

Dieser Menüpunkt bietet Ihnen zwei Möglichkeiten:

1. **Skalieren**

   Nur in dieser Einstellung wird die Bildgröße (in Pixel) tatsächlich geändert. Wenn Sie zusätzlich die Auflösung entsprechend setzen (z.B. 300 ppi), dann können Sie auch die Ausgabegröße für eine Bildausarbeitung korrekt ablesen.

   Wenn Sie das **Verkettungssymbol** durch Anklicken deaktivieren, kann das Bild damit auch gestaucht oder gedehnt (also verzerrt) werden.

→ **Hinweis:** Wenn Sie diesen Bearbeitungsschritt in einer **Stapelverarbeitung** verwenden, dann wird immer auf das gespeicherte **Verhältnis** (in %) skaliert, nicht auf eine gewünschte Pixelgröße. Dies ist vor allem bei skalierten Bildern zu beachten. Verwenden Sie in diesem Fall besser den Menüpunkt »Bild anpassen«.

2. **Nicht skalieren**

   Hier wird nur die in den EXIF-Daten gespeicherte DPI-Zahl geändert, an den Pixelmaßen des Bildes ändert sich dadurch nichts. Das Bild wird daher nicht verändert.

   Sinnvollerweise speichert Nikon als Default-Wert in der Kamera bereits 300 ppi, damit entspricht dieser Wert der Auflösung einer Standard-Bildausarbeitung. Wenn Sie das Bild in einer anderen Auflösung als 300 ppi drucken, dann können Sie hier den gewünschten Wert eingeben. Dieser Wert wird von vielen Druckertreibern korrekt ausgewertet, nicht jedoch von den meisten Ausarbeitern. Bei der Bestellung von Fotos muss daher die gewünschte Bildgröße unabhängig davon immer angegeben werden.

→ **Hinweis:** Häufig wird die Einheit auch mit DPI verwechselt, dies entspricht jedoch der Auflösung der einzelnen Druckpunkte und ist bei einem Tintenstrahldrucker für die notwendige Rasterung um bis zu Faktor 16 höher (300 ppi × 16 = 4800 dpi).

2 Digitale Bildbearbeitung

Beispiele für häufig verwendete Ausgabeformate:

Format	Maß [cm]	Verhältnis	300 ppi		200 ppi	
			Pixel	MP	Pixel	MP
9 × 13	8,9 × 12,7	1 : 1,4	1074 × 1524	1,64		
10 × 15	10,2 × 15,2	1 : 1,5	1228 × 1818	2,23		
13 × 18	12,7 × 17,8	1 : 1,4	1536 × 2138	3,28		
15 × 20	15,2 × 20,3	1 : 1,33	1830 × 2434	4,45		
20 × 30	20,3 × 29,7	1 : 1,5	2434 × 3638	8,85	1575 × 2362	3,72
25 × 38	25,4 × 38,1	1 : 1,5	3036 × 4536	13,8	1969 × 2992	5,89
30 × 45	30,0 × 45,0	1 : 1,5	3543 × 5315	18,8	2362 × 3542	8,37
50 × 70	50,0 × 70,0	1 : 1,4			3937 × 5512	21,7

→ **Tipp:** Die exakten Pixelmaße können je nach Ausarbeiter leicht variieren, fragen Sie daher bei Ihrem Ausarbeiter nach den exakten Maßen. Viele Ausarbeiter können auch in gewissen Grenzen jedes beliebige Verhältnis schneiden. In diesem Fall genügt es, auf die kürzere Seite pixelgenau zu skalieren. Beispiel: http://www.plusfoto24.de/hinweise.html

Nach jeder Skalierung ist eine Nachschärfung empfehlenswert. Wir haben bereits eine erste Bildschärfung *(Capture Sharpening)* vorgenommen und ergänzen diese hier nun durch eine abschließende Ausgabeschärfung *(Output Sharpening)*. Auch in diesem Fall sind die Parameter wieder reine Geschmacksache und wir beurteilen das Ergebnis am besten pixelgenau in der 100 %-Darstellung.

Beispiele für ausgabespezifisches Schärfen:

Beispiel:	300 ppi	200 ppi	150 ppi	72 ppi
Stärke:	20	20	20	20
Radius:	6	4	3	2
Schwellenwert:	4	4	4	4
Stärke × Radius:	120	80	60	40

Für die Ausgabe am Bildschirm bzw. das Internet wird auf 72 ppi geschärft. Für eine rasterlose Ausgabe (z.B. auf einem Fotobelichter) können Sie etwas weniger schärfen als für die gerasterte Ausgabe auf einem Drucker, da bei der Rasterung wieder etwas an Schärfe verloren geht. Wenn Sie daher für den Ausdruck korrekt schärfen, kann die Beurteilung am Bildschirm bereits leicht übertrieben wirken. Ein Probeausdruck ist in diesem Fall die beste Möglichkeit, die Schärfe (und bei der Gelegenheit auch gleich das korrekte Farbmanagement) zu beurteilen.

→ **Tipp:** Die Skalierung und Ausgabeschärfung kann durchaus auch in einem eigenen Arbeitsschritt mit einem anderen Programm erfolgen. In diesem Fall wäre es ausreichend, mit CNX alle Bilder in voller Auflösung und durchgeführter Bildschärfung als TIFF oder JPEG in höchster Qualität und dem gewünschten Farbraum zu speichern. Kopieren Sie jene Aufnahmen, die Sie ausarbeiten lassen, in einen eigenen Ordner (z.B. »13×18«) und skalieren Sie diese Kopien auf die notwendige Größe.

Mehr zum Thema »Workflow« finden Sie in dem entsprechenden Kapitel in diesem Buch.

Bild anpassen

Menüpfad: Bearbeiten | Bild anpassen

Der vorige Menüpunkt hat den Nachteil, dass er in einer Stapelverarbeitung nicht auf eine Zielgröße in Pixel skalieren kann, sondern nur in einem definierten Verhältnis in Prozent. Mit dem Schritt »Bild anpassen« wird immer auf eine Zielgröße (in cm oder Pixel) skaliert.

Wenn Sie händisch skalieren, setzen Sie entweder die Breite oder Höhe auf das gewünschte Maß.

Wenn Sie diesen Schritt in der Stapelverarbeitung anwenden, dann setzen Sie am besten **Breite und Höhe auf denselben Wert**. Das Bild wird dann unabhängig von Quer- oder Hochformat immer auf die längere Kante skaliert.

→ **Hinweis:** Es ist leider nicht möglich, das Bild auf die kürzere Kante zu skalieren, obwohl genau das für die Ausarbeitung am häufigsten benötigt wird.

Beispiel: Sie haben verschiedene Aufnahmen in unterschiedlicher Auflösung vorliegen (teilweise auch mit unterschiedlichem Beschneidungsverhältnis) und wollen nun alle Aufnahmen im 10er Bildformat ausarbeiten. Sie erhalten dann mit den letzten beiden Bearbeitungsschritten für unterschiedliche Bildausgangsgrößen folgendes Ergebnis:

Ausgangsgröße:		20 × 30	30 × 20	20 × 20	15 × 20	15 × 30
Skalieren	50 %	10 × 15	15 × 10	10 × 10	7,5 × 10	7,5 × 15
Bild anpassen	15 × 15 cm	10 × 15	15 × 10	15 × 15	11,25 × 15	7,5 × 15

Der Schritt »Skalieren« arbeitet immer nur mit einem fixen Verhältnis und liefert daher im vierten Fall ein zu kleines Bild. Der Schritt »Bild anpassen« ergibt in allen Fällen ein Bild, bei dem die längere Kante 15 cm beträgt.

Nachdem Ihr Ausarbeiter aber im 10er-Format alles von 10 × 10 bis 10 × 21 schneiden kann, hätten Sie eigentlich folgendes Ergebnis benötigt:

benötigt	10 × n cm	10 × 15	15 × 10	10 × 10	10 × 13,3	10 × 20

Eine Skalierung auf die kürzere Seite (wie es für Ausarbeitungen benötigt wird) bietet leider keiner der CNX-Bearbeitungsschritte im Stapel-Mode. In diesem Fall kommen Sie um eine individuelle Skalierung je Bild nicht herum.

→ **Tipp:** Das kostenlose **IrfanView** kann auch auf die kürzere Seite skalieren. Sie finden die Funktion im Menüpunkt Datei/Batch-Konvertierung unter Spezialoptionen. Beim ebenfalls kostenlosen **XnView** ist die Funktion unter »Werkzeuge | Mehrfaches konvertieren | Umwandlung | Bild | Größe ändern« zu finden. Die Checkbox »Fit Over« (fälschlich mit »Einpassen« übersetzt) muss dabei aktiviert sein.

2.13 Der perfekte Druck

Farbprofil, Proof, Drucken

Wir haben unsere Bilder nun optimal für eine Ausgabe vorbereitet und wollen in diesem Kapitel das Bild entweder selbst drucken oder für eine Fotoausarbeitung speichern. In beiden Fällen ist es nicht unwesentlich, sich Gedanken über Farbprofile zu machen. Zum Einstieg können Sie das Kapitel »Farbmanagement« in diesem Buch verwenden. Sollten Sie tiefer in dieses Thema einsteigen wollen, so findet sich auch genügend Spezial-Literatur darüber (siehe [FMxx]).

Anpassen | Farbprofil

Falls Sie mit Farbprofilen bisher noch nicht gearbeitet haben, möchte ich Sie bitten, das Kapitel »Farbmanagement« in diesem Buch zu lesen, bevor Sie hier ein Profil zuweisen oder konvertieren. Sie könnten sonst die Farben Ihrer Aufnahmen unerwünscht ändern.

Sie haben vermutlich Kamera und Capture NX entweder auf sRGB oder auf Adobe-RGB eingerichtet. Alle Ihre Bilder sind daher in dem gewählten Farbraum aufgenommen und auch bearbeitet worden. Bei Aufnahmen aus Ihrer Kamera ist sichergestellt, dass diese bereits das eingestellte Profil zugewiesen haben. Eine nochmalige Zuweisung eines Profils wäre daher nicht notwendig oder (im Falle eines unterschiedlichen Profils) sogar falsch. Falls Sie jedoch eine Aufnahme in einem anderen als dem eingestellten Profil ausarbeiten wollen, dann können Sie mit der folgenden Funktion das Profil konvertieren. Da im NEF-Format alle Originaldaten vorhanden sind, ist sogar die Konvertierung des kleinen sRGB in den großen AdobeRGB Farbraum im nachhinein sinnvoll und möglich.

Sie können den Requester »Farbprofil« nun für folgende Aufgaben verwenden:

1. Profil zuweisen

Sie können einem Bild ein beliebiges Farbprofil zuweisen, ohne die RGB-Werte umzurechnen. Sollten Sie dem Bild jedoch ein falsches Profil zuweisen, dann erhalten Sie damit auch falsche RGB-Farben.

Da alle Bilder Ihrer Nikon-Kamera bereits ein Profil (natürlich das richtige) besitzen, ist diese Funktion bei Ihren eigenen Aufnahmen nicht notwendig.

Bilder im sRGB-Farbraum enthalten jedoch (je nach Anwendung) manchmal kein Profil. Beim Öffnen mit CNX wird diesen Bildern ungefragt das Standard-Profil zugewiesen. Dieses können Sie hiermit bei Bedarf ändern.

➜ **Achtung:** erwenden Sie »Profil zuweisen« nur dann, wenn einem Bild ohne Farbprofil beim Öffnen mit CNX das falsche Profil zugewiesen wurde. In allen anderen Fällen verfälschen Sie die Farben eines Bildes, wenn Sie ein abweichendes Profil zuordnen.

➜ **Tipp:** Alle Welt kennt den Farbraum »AdobeRGB«, kein Mensch kennt den Farbraum »Nikon AdobeRGB«. Wenn Sie mit dem von Nikon eingeführten Namen in einer anderen Anwendung Probleme haben sollten, so ist es von Vorteil, mit diesem Menüpunkt (z.B. in einer Stapelverarbeitung) den Farbraum aller »Nikon AdobeRGB«-Bilder auf »Adobe-RGB« zu ändern. Die beiden Farbräume unterscheiden sich hauptsächlich nur im Namen. Nähere Infos darüber finden Sie auf dieser englischsprachigen Website: http://www.earthboundlight.com/phototips/nikon-srgb-nikon-adobe-rgb.html

2. Profil konvertieren

Sie können ein Bild von einem Farbraum in einen anderen Farbraum umrechnen, die Farben bleiben dabei so gut wie möglich erhalten.

Diese Funktion wird häufig verwendet, wenn Sie Bilder in AdobeRGB aufgenommen und bearbeitet haben, aber als sRGB im Internet veröffentlichen wollen.

Der umgekehrte Fall wird (zumindest bei JPEG-Aufnahmen) selten angewendet, da in sRGB einmal verloren gegangene Farben nicht mehr zurückgewonnen werden können.

Als Rendering Intent nehmen Sie am besten »Wahrnehmungsorientiert« (= Perzeptiv) mit aktiver Schwarzpunktkompensation.

von	nach	Bemerkung
AdobeRGB	sRGB	Farben werden auf den kleineren Farbraum umgerechnet.
sRGB	AdobeRGB	Der Farbraum wird erweitert, an den vorhandenen Farben ändert sich bei JPEG-Aufnahmen jedoch nichts. Bei RAW-Aufnahmen kann der Farbraum tatsächlich nachträglich verlustlos erweitert werden. (Siehe dazu auch Beispiel 1.)

Wie die konkrete Anwendung dieser Funktion aussehen kann, möchte ich anhand folgender Fallbeispiele beleuchten:

Beispiel 1: Sie fotografieren mit NEF im Farbraum sRGB. Wenn Sie die Aufnahmen in TIFF oder JPEG speichern, wird der sRGB Farbraum angewendet und als Profil eingebettet. Falls Sie nun einige der Aufnahmen im AdobeRGB Farbraum drucken wollen, können Sie bei diesen NEF-Dateien gezielt das Profil nach AdobeRGB konvertieren und das Bild drucken. Nur bei RAW-Aufnahmen ist es möglich, durch die Umrechnung in einen größeren Farbraum den Farbumfang tatsächlich zu erweitern.

Beispiel 2: Sie fotografieren mit NEF im Farbraum AdobeRGB. Wenn Sie die Aufnahmen in TIFF oder JPEG speichern, wird der AdobeRGB Farbraum angewendet und als Profil eingebettet. Falls Sie nun zusätzlich Ihre Aufnahmen auch im sRGB Farbraum benötigen, können Sie bei allen Aufnahmen das Profil entsprechend konvertieren. Dazu ist die Stapelverarbeitung optimal geeignet. Sie können als Batch-Job das Profil konvertieren und auch das Speicherformat angeben.

→ **Tipp:** Solange Sie diese Konvertierungen nicht wieder in der NEF-Datei speichern, bleiben alle Ihre NEF-Bilder einheitlich im ursprünglich aufgenommenen Farbraum.

Digitalproof *(Soft Proof)*

Tastenkürzel (ein/aus): ⌈Strg⌉ + ⌈Y⌉

Wenn Sie am Bildschirm beurteilen wollen, wie ein Bild nach einem Ausdruck ungefähr aussehen wird, dann können Sie im Bild links unten den Digitalproof aktivieren.

Sie benötigen als Motivprofil ein Profil des Ausgabegerätes. Die Beschreibung zur Anfertigung eines Profils würde den Rahmen dieses Buches sprengen. Sie finden Anleitungen darüber in zahlreicher Literatur [FMxx, DRxx].

Als Rendering Intent hat sich beim Druck die Einstellung »Relativ farbmetrisch« mit Schwarzpunktkompensation häufig bewährt.

Wenn Sie Ihre Bilder in einer Druckerei ausarbeiten lassen, bekommen Sie ein entsprechendes Profil zur Verfügung gestellt (z.B. Euroscale Coated für gestrichenes Papier oder Uncoated für ungestrichenes Papier).

→ **Achtung:** Dieses Profil dürfen Sie Ihren Bildern keinesfalls zuweisen, es sollte nur hier im Proof vorübergehend angewendet werden!

Zusätzlich zum Profil muss für die Umwandlung auch die Methode (der Rendering Intent) gewählt werden. Obwohl »Wahrnehmungsorientiert« am Monitor in den meisten Fällen das beste Ergebnis bei einer Farbraumkonvertierung liefert, wählen wir beim Drucken und Proof häufig eine andere Methode.

Rendering Intent	Beschreibung und Anwendung
Relativ farbmetrisch	Es bleiben alle im Zielfarbraum darstellbaren Farben exakt erhalten. Im Bereich nicht darstellbarer Farben (hohe Sättigung, tiefes Schwarz) kann es zu Detailverlust kommen. Anwendung: Druck von Aufnahmen, bei denen die Sättigung möglichst erhalten werden soll.
Absolut farbmetrisch	Ähnlich wie »Relativ farbmetrisch«, zusätzlich wird das Papierweiß mit simuliert. Anwendung: Proof einer Druckausgabe auf einem Fotodrucker.

Die Vorschau der Druckfarben gelingt immer nur näherungsweise, da ein Monitor Farben anders wiedergibt als im Druck. Wenn Sie das Bild in einer Druckerei ausgeben lassen, dann können Sie den Proof dafür auch auf Ihrem eigenen Drucker ausgeben. Dafür wählen Sie beim Ausdruck den absolut farbmetrischen Rendering Intent.

→ **Tipp:** Die folgende Anleitung von Ulrike Häßler zum Thema »Soft Proof mit PS« ist zwar schon einige Jahre alt, beschreibt den Vorgang jedoch recht anschaulich.
http://www.digit.de/know_how/workflow/know_how_SoftProofen.html

Drucken

Menüpfad: Datei | Drucken (Tastenkürzel: Strg - P)

Nachdem wir unsere Bilder auf die Ausgabegröße skaliert, optimal geschärft und das gewünschte Profil zugeordnet haben, können wir die Fotos jetzt drucken.

Capture NX bietet bereits seit der Version 1.0 ein sehr mächtiges Druckwerkzeug mit umfangreichen Layoutmöglichkeiten, das mit seiner Bildvorschau trotzdem einfach zu bedienen ist und zusätzlich vollständiges Farbmanagement unterstützt.

Wählen Sie im CNX Browser jene Bilder aus, die Sie drucken wollen, und rufen Sie anschließend den Druckdialog (z.B. über Strg - P) auf.

➜ **Hinweis:** Über den Button »Seite einrichten« soll man laut Benutzerhandbuch auch den Drucker auswählen können. Sollte das nicht funktionieren, dann wählen Sie in Ihrem Betriebssystem den gewünschten Drucker als Standard-Drucker.

Register Seitenlayout

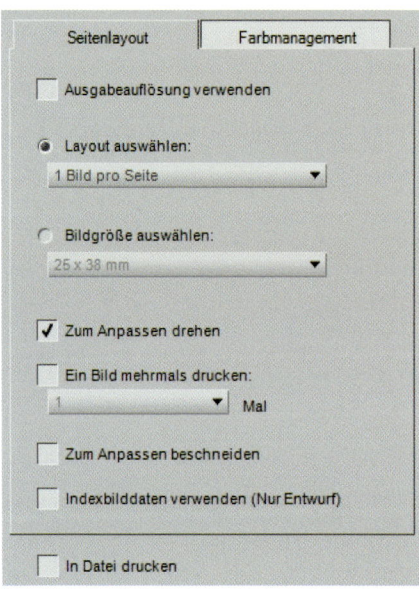

Ausgabeauflösung verwenden:
Wenn Sie beim Skalieren bereits die gewünschte Auflösung in cm (oder mm) exakt eingestellt haben, dann sollten Sie diese Option hier aktivieren.

In allen anderen Fällen wird das Bild (über **Layout** oder **Bildgröße**) für die Ausgabe neu skaliert.

Zum Anpassen drehen:
Diese Option ist in den meisten Fällen sinnvoll. Falls Sie jedoch Metadaten mitdrucken, wählen Sie besser das Querformat im Druckertreiber aus, da sonst die Metadaten an der Seite des Bildes quer ausgedruckt werden.

Zum Anpassen beschneiden sollten Sie nur dann aktivieren, wenn keine relevanten Bildteile durch den Beschnitt verloren gehen.

Indexbilddaten verwenden sollten Sie für Fotodruck keinesfalls aktivieren.

Wenn Sie auf die Option, Bilder direkt in der Ausgabeauflösung zu drucken, verzichten, dann steht Ihnen mit »**Layout auswählen**« eine sehr mächtige Funktion bereit, um mehrere Bilder auf eine Seite zu drucken. Falls Sie die Bilder in einem exakten Fotoformat benötigen, dann stehen unter »Bildgröße auswählen« die gebräuchlichen Formate 10×15 und 13×18 zur Auswahl.

Die Ausgabe von **Metadaten** unterhalb des Bildes ist zwar nicht beliebig konfigurierbar (das verwendete Objektiv fehlt in der Auswahl gänzlich), Sie können aber aus drei vordefinierten Gruppen die jeweiligen Daten als Block auswählen. Zusätzlich lässt sich auch das Aufnahmedatum direkt in die rechte untere Bildecke »einbelichten«.

Die Option »**In Datei drucken**« erzeugt statt jeder Druckseite eine JPEG-Datei mit dem Namen »Kontaktbogen_x.jpg« in einem ausgewählten Ordner.

Auch beim Druckerdialog begegnet uns wieder das Farbmanagement, weshalb ich diesem wichtigen Thema auch ein eigenes Kapitel gewidmet habe. Sie finden speziell im Kapitel 3.3 zusätzliche Hinweise über die Farbraumkonvertierung beim Drucken.

Da man ohne Erfahrung an dieser Stelle leicht etwas falsch einstellen kann, möchte ich hier kurz drei bewährte Methoden beschreiben.

1. **Farbmanagement des Druckertreibers verwenden**

   Dies ist die am häufigsten eingesetzte Methode. Sie hat den Vorteil, dass man kein Druckerprofil erstellen muss, und liefert häufig brauchbare Ergebnisse.

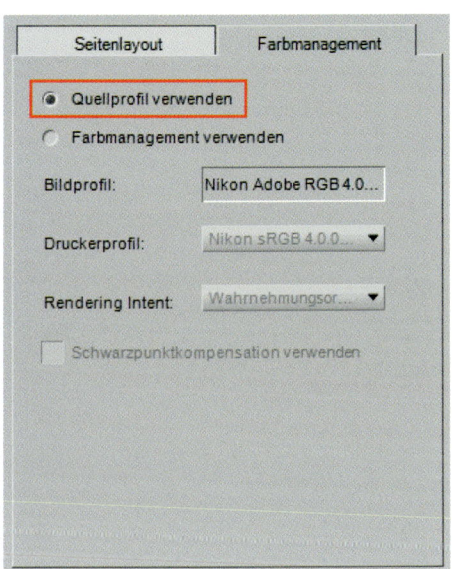

▶ In CNX wählen Sie dazu »**Quellprofil verwenden**«.

▶ In PS lautet der entsprechende Punkt »Druckerfarbraum | Profil: Drucker-Farbmanagent«.

▶ In PS Elements lautet der Punkt »Farbhandhabung: Drucker bestimmt Farben«.

Im Druckermenü wählen Sie (je nach Druckermodell leicht abweichend):

▶ bei **Canon** z.B.: Farbeinstellung: automatisch.

▶ bei **Epson** z.B.: Modus: automatisch

▶ bei **HP** z.B.: Farboptionen: automatisch

Dies entspricht in vielen Fällen der Standardeinstellung im Druckertreiber.

2. **Farbmanagement des Betriebssystems über Druckertreiber verwenden**

   Wenn Sie für Ihren Drucker ein Profil erstellt haben, so können Sie dieses Profil über die Berechnungsmethoden des Betriebssystems im Druckertreiber auswählen.
   In CNX wählen Sie dazu wie oben »Quellprofil verwenden«.

   Im Druckermenü wählen Sie (je nach Druckermodell leicht abweichend):
   ▶ bei **Canon** z.B. Farbeinstellung: **manuell** | ICM aktivieren,
   ▶ bei **Epson** z.B. Modus: **manuell** | Farbmanagement: ICM,
   ▶ bei **HP** z.B. Farboptionen: **manuell** | Farbabstimmungsverfahren: ICM.

Diese Methode steht nicht bei allen Druckertreibern zur Verfügung. Das Ergebnis ist unter Windows nicht immer besser als bei Methode 1.

3. **Farbmanagement des Bildbearbeitungsprogramms verwenden**

   Wenn Sie für Ihren Drucker ein Profil erstellt haben, so können Sie dieses Profil auch über die Berechnungsmethoden der Bildbearbeitung anwenden, wenn diese (wie im Fall von CNX oder PS) über eine entsprechende Funktion verfügt.

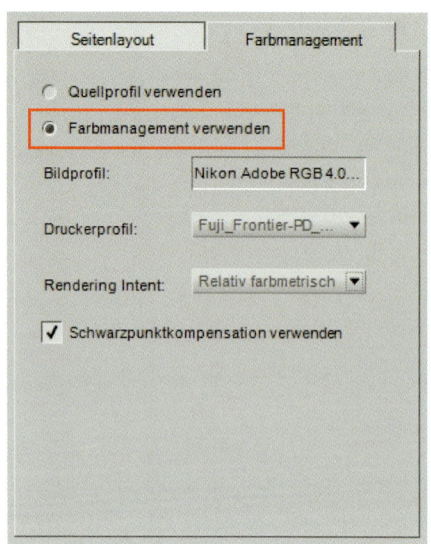

- ▶ In CNX wählen Sie dazu nun »**Farbmanagement verwenden**«.
- ▶ In PS lautet der entsprechende Punkt »Druckerfarbraum | Profil: erstelltes Profil«.
- ▶ In PS Elements lautet der Punkt »Farbhandhabung: Photoshop bestimmt Farben«.

Im Druckermenü wählen Sie (je nach Druckermodell leicht abweichend)

- ▶ bei Canon z.B.: Farbeinstellung: manuell | **ICM deaktivieren**.
- ▶ bei Epson z.B.: Modus: manuell | Farbmanagement: **keine Farbanpassung**
- ▶ bei HP z.B.: Farboptionen: manuell | Farbabstimmung: **Verwaltet von Anwendung**

Als **Rendering Intent** wird beim Drucken häufig mit »**Relativ Farbmetrisch**« gearbeitet, da bei dieser Methode viele Farbtöne exakt erhalten bleiben.

Falls Sie zu viel Kontrast in hochgesättigten Bereichen verlieren, können Sie auch »Wahrnehmungsorientiert (Perzeptiv, Fotografisch)« wählen (siehe auch Kapitel 3.3).

Die **Schwarzpunktkompensation** sollte nur dann deaktiviert werden, wenn der Schwarzpunkt des Bearbeitungsfarbraums dunkler als der des Druckerfarbraums ist. Sie erkennen das am Verlust von Detailzeichnung in den Schatten.

Das Ergebnis ist bei Methode 3 mit Abstand am besten, vorausgesetzt, Sie haben das Profil mit exakt dem gleichen Papier erstellt wie beim Druck und Sie haben im Druckertreiber jegliches Farbmanagement verlässlich deaktiviert.

Verwenden Sie Methode 1, wenn Sie kein Profil für Ihren Drucker anfertigen wollen und mit der Farbdarstellung zufrieden sind; die ausgewählte Papierart wird automatisch berücksichtigt. Verwenden Sie Methode 3, wenn Sie mit Druckerprofilen arbeiten wollen. In diesem Fall sollten Sie für jede verwendete Papierart ein eigenes Profil erstellen und nur mit der Originaltinte des Druckerherstellers oder einer qualitativ hochwertigen Fremdtinte arbeiten.

Falls die Farben stärker verfälscht werden als ohne Farbmanagement, dann wurde (als häufigster Fehler) das Farbmanagement doppelt angewendet, einmal im Programm und ein zweites Mal im Druckertreiber. Überprüfen Sie in diesem Fall die Einstellungen an beiden Stellen.

Viele Druckertreiber unterstützen eine je Hersteller spezifische Fotooptimierung (bei Canon: **Vivid Photo**; bei Epson: **PhotoEnhance**; bei HP: **ColorSmart**). Diese ist meist darauf ausgerichtet, dass Aufnahmen ohne Nachbearbeitung direkt aus der Kamera gedruckt werden. Für nachbearbeitete Bilder ist damit nicht immer eine Verbesserung erzielbar.

2.14 Workflow Funktionen von Capture NX

Sie können mit CNX nicht nur einfach ein Bild in verschiedenen Formaten speichern, wie im nächsten Abschnitt beschrieben. Es ist auch möglich, in einer NEF-Datei mehrere Bearbeitungsvarianten als Bildversionen abzulegen. Ein wichtiges Thema ist die Stapelverarbeitung, um mehrere Schritte automatisch auf viele Bilder anzuwenden. Es gibt auch die Möglichkeit, ausgewählte Bildanpassungen auf andere Bilder zu übertragen. Zuletzt wollen wir der Frage nachgehen, wie wir mit Labels den Workflow übersichtlich gestalten können und unseren Arbeitsbereich optimal einrichten.

Speichern

Menüpfad: Datei | Speichern   (Tastenkürzel: ⌨Strg + ⌨S)
               Datei | Speichern unter (Tastenkürzel: ⌨Strg + ⇧ + ⌨S)

Nach der erfolgreichen Bearbeitung können wir unser Bild nun speichern. Je nachdem, ob wir im RAW- oder JPEG-Format gearbeitet haben, gibt es dabei mehrere Möglichkeiten.

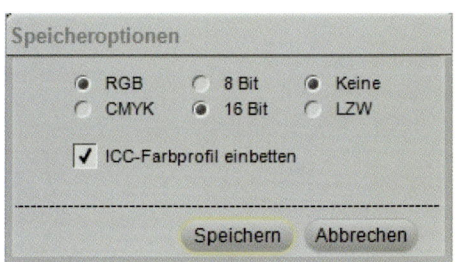

TIFF-Speicheroptionen

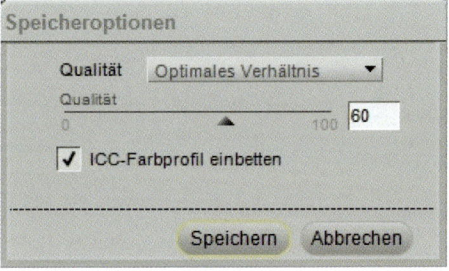

JPEG-Speicheroptionen

Farbmodell: RGB | CMYK
Für eine Druckerei wird manchmal das CMYK-Format benötigt. CNX kann Bilder in diesem Format zwar speichern, aber nicht mehr öffnen!

Farbtiefe: 8 Bit | 16 Bit
Um keine Information zu verlieren, belassen Sie Ihre Bilder während der gesamten Bearbeitung in 16 Bit Farbtiefe.

Komprimierung: Keine | LZW
TIFF-Bilder können bei 8 Bit Farbtiefe mit LZW verlustlos um ca. 50 % komprimiert werden. Bei 16 Bit Farbtiefe ist die LZW-Komprimierung wenig effizient.

Qualität
Ich habe weiter unten in einer Tabelle verschiedene Qualitätsstufen dargestellt. CNX merkt sich die Qualität, mit der Sie das letzte Mal gespeichert haben, und schlägt diese automatisch vor. Um jegliche JPEG-Artefakte zu vermeiden, empfehle ich, immer die höchste Qualität zu verwenden.

ICC-Farbprofil einbetten
Diese Auswahl können Sie für gewöhnlich aktiviert lassen, da Bilder ohne Farbprofil beim Öffnen nicht korrekt interpretiert werden können.

1. Bild wurde im **RAW-Format** bearbeitet
   Speichern Sie das Bild zuerst als NEF-Datei mit »Datei | Speichern« und konvertieren Sie das Bild anschließend mit »Datei | Speichern unter...« bei Bedarf nach TIFF für eine weitere Bildbearbeitung mit einem anderen Programm oder nach JPEG für die Ausarbeitung.

In der NEF-Datei ist das Originalbild mit allen Bearbeitungsschritten abgelegt, Sie können daher jeden einzelnen Schritt nachträglich noch beliebig ändern.

➜ **Hinweis:** Zusätzlich speichert CNX in jeder NEF-Datei auch ein JPEG-Bild als Preview in voller Auflösung. Da die meisten Kameras das JPEG-Preview derzeit nur in geringer Auflösung einbetten, wird die NEF-Datei beim ersten Mal speichern mit CNX um ca. 2 MB vergrößert.

2. Bild wurde im **JPEG-Format** bearbeitet

   Speichern Sie das Bild entweder im JPEG-Format mit »Datei | Speichern« oder konvertieren Sie das Bild mit »Datei | Speichern unter...« bei Bedarf nach TIFF für eine weitere Bildbearbeitung mit einem anderen Programm.

   Für die Wahl einer geeigneten JPEG-Komprimierung können Sie folgende Tabelle verwenden.

   Die JPEG Qualitätsstufen in Photoshop folgen einem etwas anderen Schema, ich habe daher die PS-Stufen in einer eigenen Spalte den CNX Stufen gegenübergestellt. Der **Komprimierungsgrad** im Vergleich zu einer 8-Bit TIFF-Datei ist in der Spalte »**Faktor**« angegeben.

CNX Stufe	PS Stufe	Faktor	Hinweise
Höchste Qualität (100)	12	20 %	keine Artefakte, ideal für Ausarbeitung
Hohe Qualität (80)	10	10 %	kaum Artefakte, geeignet für Ausarbeitungen ≤ 10 × 15 cm
Optimales Verhältnis (60)	8	5 %	merkbare Artefakte, geeignet für Internet
Hohe Komprimierung (30)	5	2,5 %	deutliche Artefakte, geeignet für Thumbnails im Internet
Höchste Komprimierung (10)	1	1,3 %	extreme Artefakte und Farbabrisse, als Foto unbrauchbar

Die Komprimierungsstufen 100 | 80 | 60 entsprechen etwa den Kameraeinstellungen Fine | Normal | Basic.

➜ **Hinweis:** Sie können das JPEG-Bild mit allen Bearbeitungsschritten auch als NEF-Datei speichern und gewinnen damit die Möglichkeit, jeden einzelnen Schritt auch nachträglich noch beliebig zu ändern. Die vollen NEF-Vorteile (wie z.B. Weißabgleich) sind damit natürlich nicht erzielbar.

Solange Sie alle Änderungen am Bild als NEF-Datei speichern, arbeiten Sie im nicht destruktiven Workflow. Das bedeutet, dass Sie jede einzelne Änderung wieder rückgängig machen können. Da CNX nicht nur RAW-Bilder als NEF speichern kann, können Sie das Programm daher auch für einen nicht destruktiven JPEG Workflow einsetzen.

Beim Speichern im NEF-Format haben Sie die Option, eine nicht komprimierte NEF-Datei nachträglich zu komprimieren. Der umgekehrte Weg ist nicht möglich.

➜ **Tipp:** Wenn Ihr PC über max. 2 GB RAM verfügt, dann sollten Sie nicht zu viele NEF-Dateien gleichzeitig in CNX öffnen. Speichern und schließen Sie daher für ein zügiges Arbeiten immer jene Aufnahmen, bei denen Sie die Bearbeitung abgeschlossen haben.

Bildversionen

Ein weiterer großer Vorteil des NEF-Formats ist die Möglichkeit, in einer Datei mehrere Versionen eines Bildes zu speichern. Jede Version besitzt dabei ihr eigenes Set an Bearbeitungsschritten, basierend auf jeweils dem gleichen Original als Ausgangsbild. Es ist somit nicht notwendig, eine NEF-Datei zu kopieren, nur um mehrere unterschiedliche Versionen davon zu erzeugen.

Beispiele für unterschiedliche Bildversionen:
▸ Farbbild / Schwarzweiß-Bild / Sepia-Bild
▸ Volle Auflösung / Reduzierte Auflösung für 13 × 18, 10 × 15, Internet
▸ Vollformatiges Bild / Ausschnittsvergrößerung

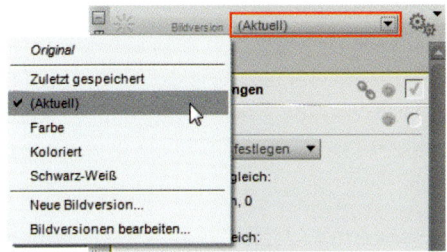

Über die Auswahl »Bildversion« oberhalb der Bearbeitungsliste können Sie mit »**Neue Bildversion**« Versionen anlegen oder mit »**Bildversionen bearbeiten**« bestehende Versionen umbenennen oder löschen.

Zusätzlich können Sie jederzeit zwischen der **aktuellen** Version (mit allen Bearbeitungsschritten) und der **Original**version (vor der Bearbeitung) oder der zuletzt gespeicherten Version umschalten.

Bei diesem Screenshot wurden die Versionen »Farbe«, »Koloriert« und »Schwarz-Weiß« angelegt. Sie können danach einfach eine der gespeicherten Versionen auswählen. Jede Änderung, die nach dem Anlegen der letzten Version durchgeführt wird, ist in der Version »(Aktuell)« zu finden.

Vorgangsweise beim Einsatz von Bildversionen:

Öffnen Sie ein Bild und beginnen Sie mit den ersten Bearbeitungsschritten. Sobald Sie mit dem Ergebnis zufrieden sind, speichern Sie diese Version mit »Neue Bildversion« z.B. unter dem Namen »Farbe«. Es wird dabei nicht die Datei selbst gespeichert, sondern nur in dem geöffneten NEF-Bild ein Schnappschuss der Bearbeitungsschritte gesichert.

Jetzt können Sie alle weiteren Bearbeitungsschritte durchführen, um aus dem Farbbild ein Schwarz-Weiß Bild zu erzeugen. Sobald Sie mit dem Ergebnis wieder zufrieden sind, speichern Sie auch diese Version mit »Neue Bildversion« z.B. unter dem Namen »Schwarz-Weiß«. Da auch diesmal wieder nicht die Datei selbst gespeichert wird, müssen Sie im Anschluss daran auch noch die NEF-Datei speichern.

Sie haben damit nun eine NEF-Datei mit einem Original RAW-Bild und zwei Sets an Bearbeitungsschritten, zwischen denen Sie rasch wechseln können. Wenn Sie weitere Bearbeitungsschritte anlegen, dann wird damit keine der beiden gesicherten Bildversionen verändert. Jeder zusätzlich angelegte Schritt wirkt sich nur auf die implizit vorhandene Bildversion »(Aktuell)« aus.

Wollen Sie eine bereits angelegte Version nachträglich ändern (z.B. neue Schritte hinzufügen oder bestehende Schritte verändern), dann legen Sie einfach eine neue Bildversion unter neuem Namen an (z.B. »Farbe2«) und löschen die alte Version über »Bildversionen bearbeiten«.

2.14 Workflow Funktionen von Capture NX

Stapelverarbeitung *(Batch-Job)*

Menüpfad: Stapelverarbeitung | Stapelverarbeitungsprozess ausführen
(Tastaturkürzel: $\boxed{\text{Strg}}$ + $\boxed{\text{Alt}}$ + $\boxed{\text{⇧}}$ + $\boxed{\text{B}}$)

Bildbearbeitung besteht aus vielen einzelnen Bearbeitungsschritten, die individuell je nach Motiv auf einzelne Bilder angewendet werden. Es gibt aber auch Schritte, die in immer gleicher Weise auf mehrere oder sogar alle Bilder eines Ordners angewendet werden sollen. Solche immer wiederkehrende Abläufe lassen sich mit der Stapelverarbeitung einfach automatisieren.

Am häufigsten wird vermutlich die Funktion zur Bildkonvertierung in einer Stapelverarbeitung eingesetzt, wenn Sie in einem Ordner z.B. alle fertig bearbeiteten NEF-Dateien in das JPEG-Format konvertieren wollen.

Es ist auch möglich, sogenannte Einstellungsdateien zu erstellen. Das ist ein Set von ein oder mehreren Bearbeitungsschritten, das Sie immer wieder verwenden können. Sei es, um eine bestimmte Skalierung (z.B. 13x18 cm) anzuwenden und eventuell im gleichen Set die entsprechende Ausgabeschärfung durchzuführen, oder auch, um andere Einstellungen mit fixen Werten anzuwenden.

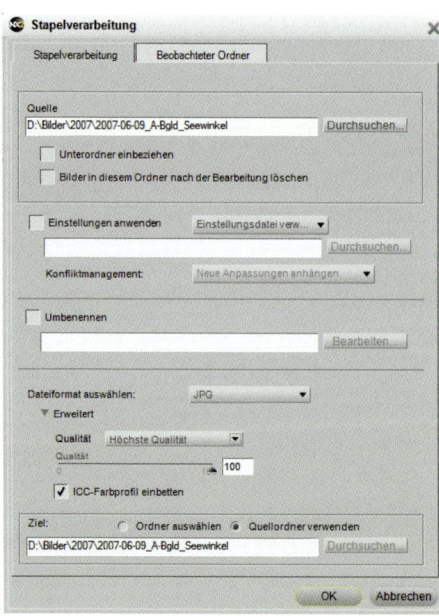

Quelle: Alle Bilder in dem ausgewählten Ordner werden durch den Stapelverarbeitungsprozess bearbeitet. Optional können auch alle Bilder in Unterordnern in die Bearbeitung einbezogen werden.

Einstellungen anwenden: Im nächsten Kapitel zeige ich, wie Einstellungsdateien erstellt werden. Sie können an dieser Stelle ein solches Einstellungs-Set auf alle Bilder anwenden, oder mit »Originaleinstellungen verwenden« auch alle bereits angewendeten Bearbeitungsschritte aus NEF-Dateien wieder entfernen.

Umbenennen: Diese Funktion bietet eine sehr mächtige Dateinamensvergabe.

Dateiformat auswählen: Sie können entweder von einem Format in ein anderes konvertieren (z.B. von NEF nach TIFF oder JPEG), oder Sie speichern das Ergebnis wieder im gleichen Format.

Wenn Sie als Ziel den Quellordner verwenden und das Dateiformat beibehalten, dann werden automatisch die Dateien durch die Bearbeitung überschrieben. In allen anderen Fällen, wenn Sie ein anderes Speicherformat oder einen anderen Zielordner gewählt haben oder die Dateien umbenennen, können Sie optional alle Bilder im Quellordner nach der Bearbeitung löschen lassen.

➜ **Tipp:** Verzichten Sie im Zweifelsfalle auf das automatische Löschen der Bilder nach der Bearbeitung. Prüfen Sie zuerst das Ergebnis und löschen Sie die Originalbilder im Anschluss daran händisch.

Einstellungsdateien speichern *(Settings File)*

Sie können ein Set von Bearbeitungsschritten speichern, wenn Sie diese Schritte bei mehreren Bildern immer wieder in gleicher Weise anwenden wollen. Wenn Sie hingegen nur einmalig eine bestimmte Bearbeitung auf mehrere Bilder übertragen wollen, dann ist es dafür nicht notwendig, eine eigene Einstellungsdatei zu erstellen. Ich zeige Ihnen daher im nächsten Kapitel, wie Sie einmalig Bildanpassungen auf andere Bilder übertragen können.

Es gibt viele Schritte, die mit den gleichen Parametern häufig auf mehrere Bilder ausgeführt werden. Das kann einerseits die bereits erwähnte fixe Skalierung sein, das Zurücksetzen von Aufnahmeparametern der Kamera (wie z.B. Schärfe oder Kontrast) auf Standardwerte, oder auch bestimmte Filter mit umfangreicheren Einstellungen.

Ich möchte im Folgenden zwei Beispiele beschreiben, wie Sie Ihre Lieblingsfilter zur komfortablen Anwendung speichern können. Sie erinnern sich an den Kolorieren-Filter auf Seite 125, der mit unterschiedlichen Überlagerungseffekten gearbeitet hat. Um diesen Filter speichern zu können, benötige ich ein Bild, bei dem ich diesen Filter angewendet habe.

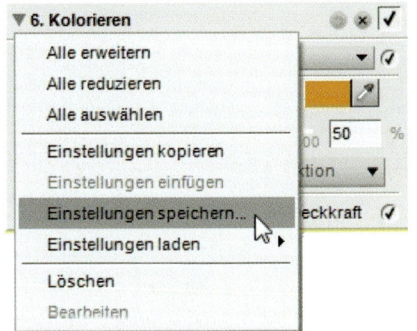

Über die rechte Maustaste wähle ich das Kontextmenü des Filters und darin »Einstellungen speichern«.

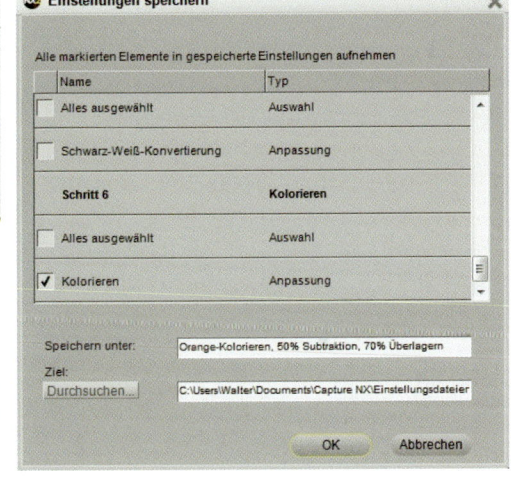

In dem öffnenden Requester ist der Kolorieren-Schritt ausgewählt und kann nun unter beliebigem Namen gespeichert werden. Es ist hier auch möglich, mehrere Bearbeitungsschritte auszuwählen und gemeinsam in einer Einstellungsdatei zu speichern. Eine eventuell bestehende Auswahl sollte dabei möglichst nicht mit gespeichert werden, da bei anderen Bildern vermutlich auch eine andere Auswahl benötigt wird. Das Verzeichnis »Capture NX\Einstellungsdateien« wird von CNX automatisch angelegt, zusätzlich legt CNX je nach Filtergruppe ein weiteres Unterverzeichnis (in diesem Fall »Kolorieren«) an. Die zu speichernde Datei erhält einen frei wählbaren Namen (hier »Orange-Kolorieren, 50 % Subtraktion, 70 % Überlagern.set«) und kann mit einem Editor geöffnet und bei genügend XML-Kenntnissen sogar editiert werden.

Bevor wir uns ansehen, wie solche SET-Dateien angewendet werden, möchte ich noch einen weiteren Filter mit Ihnen speichern.

Da wir einen Großteil oder sogar alle Aufnahmen schärfen, wäre es ein großer Vorteil, diesen Schärfungs-Filter rasch anwenden zu können. Im Kapitel »Unscharf maskieren« auf Seite 131 habe ich den USM-Filter mit verschiedenen empfohlenen Werten vorgestellt. Wenn Sie diese Filter mit verschiedenen Ausgangswerten (z.B. für leichte, mittlere und starke Schärfung) speichern, dann haben Sie eine gute Ausgangsbasis für einen raschen Zugriff auf den USM-Filter, wobei Sie die Parameter nach der Anwendung jeweils noch individuell anpassen können.

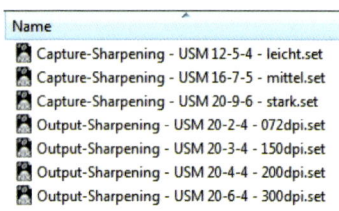

Gehen Sie dazu wie beschrieben vor, und wenden Sie bei einer beliebigen Aufnahme den USM-Filter mit verschiedenen Stärken an. Speichern Sie diesen Filter jeweils unter einem aussagekräftigen Namen.

In diesem Beispiel habe ich drei Filter für die abschließende Bildschärfung und vier weitere Filter für die Ausgabeschärfung nach der Skalierung abgelegt.

Einstellungsdateien anwenden

Es gibt mehrere Möglichkeiten, wie Sie eine gespeicherte Einstellungsdatei anwenden können. Im Kapitel »Stapelverarbeitung« haben Sie unter den Optionen die Möglichkeit, eine Einstellungsdatei auf alle Bilder eines Ordners anzuwenden. Wenn Sie z.B. in einem Ordner alle Bilder gesammelt haben, die mit 300 DPI gedruckt werden sollen, dann können Sie die entsprechende Ausgabeschärfung auf alle diese Bilder anwenden.

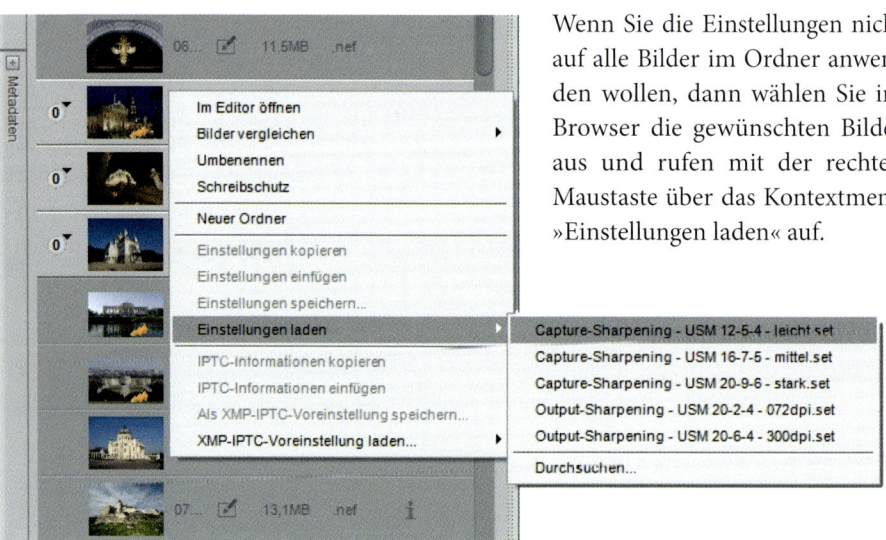

Wenn Sie die Einstellungen nicht auf alle Bilder im Ordner anwenden wollen, dann wählen Sie im Browser die gewünschten Bilder aus und rufen mit der rechten Maustaste über das Kontextmenü »Einstellungen laden« auf.

Damit werden die Einstellungen nur auf die ausgewählten Bilder angewendet.

Sie können damit z.B. alle nicht bearbeiteten Bilder mit einer fixen Bildschärfung versehen.

2 Digitale Bildbearbeitung

Bei jenen Bildern, die Sie zur Bearbeitung ohnehin im Editor öffnen, werden Sie nicht einfach eine fixe Bildschärfung anwenden wollen. In diesem Fall wählen Sie eine andere Vorgehensweise. Sie können eine Einstellungsdatei einfach auf ein geöffnetes Bild anwenden. Dabei wird die Liste der bereits vorhandenen Bearbeitungsschritte um die Schritte der Einstellungsdatei erweitert.

Wenn Sie alle Bearbeitungsschritte an einem Bild abgeschlossen haben, und nur mehr die Bildschärfung fehlt, rufen Sie diesmal die Funktion »Einstellungen laden« über die Bearbeitungsliste auf. Damit wird die ausgewählte Einstellung am Ende der Bearbeitungsliste eingefügt.

Über »Einstellungen verwalten« können Sie in den Voreinstellungen festlegen, welche Filter direkt zur Auswahl angeboten werden. Alle weiteren Einstellungsdateien können Sie über »Durchsuchen« auswählen (siehe Abbildung oben).

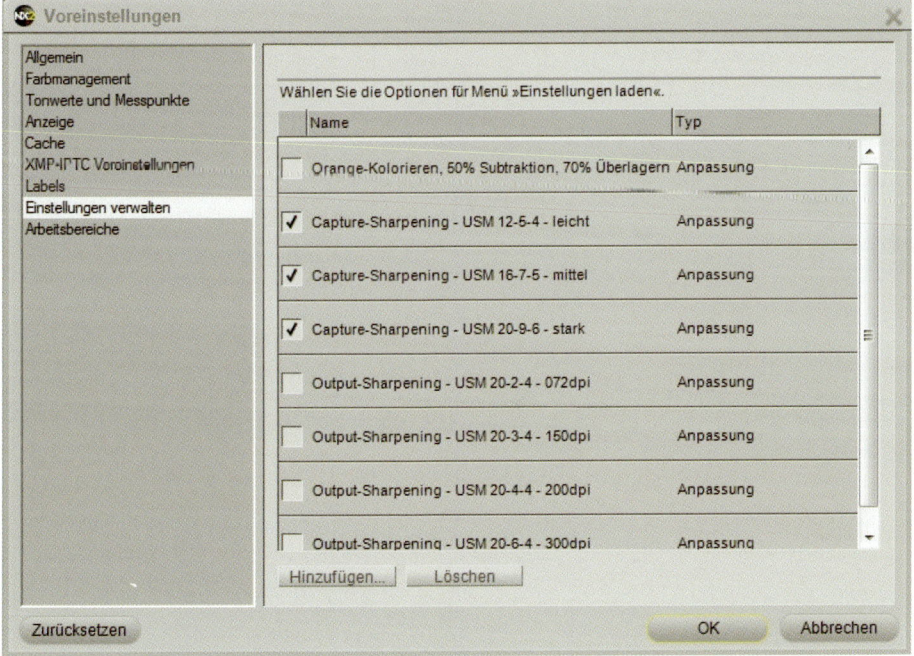

Einstellungen verwalten

Es kann vorkommen, dass der gleiche Bearbeitungsschritt, der über die Einstellungsdatei per Stapelverarbeitung hinzugefügt werden soll, in der aktuellen Liste der Bearbeitungsschritte bereits existiert. Wenn Sie z.B. den USM-Filter zur Bildschärfung bereits angewendet haben, und nach einer Skalierung über eine Einstellungsdatei einen weiteren USM-Filter zur Ausgabeschärfung anwenden, dann liefert CNX folgende Rückfrage:

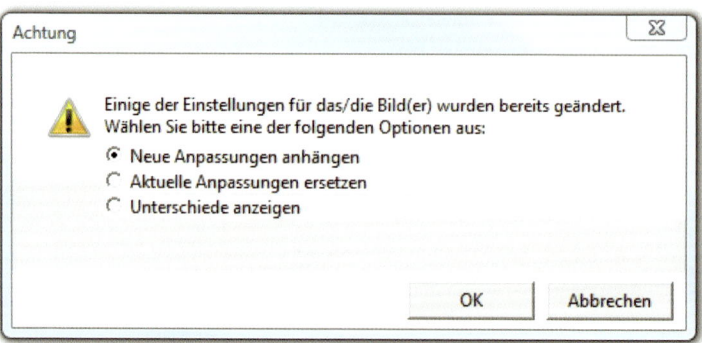

CNX hat erkannt, dass in den ausgewählten Bildern bereits ein USM-Filter angewendet wurde. Im Falle der zusätzlichen Ausgabeschärfung werden Sie die neuen Anpassungen anhängen wollen, um die ebenfalls gewünschte Bildschärfung nicht zu verlieren. In anderen Fällen müssen Sie individuell entscheiden, ob Sie die entsprechenden Anpassungen ersetzen wollen. Einstellungen im Menü »Entwickeln« (wie z.B. Weißabgleich) können nur ersetzt werden, da diese nur einmal vorkommen können.

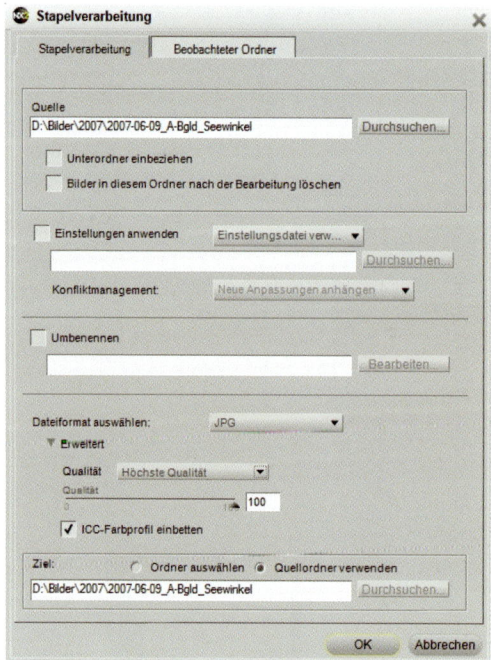

Mit »**Unterschiede anzeigen**« können Sie je Bild entscheiden, welcher Schritt angehängt oder ersetzt werden soll. Sie haben dabei folgende Auswahlmöglichkeiten:

Nicht ändern: Der bestehende Schritt bleibt erhalten.

Löschen: Dieser Schritt wird gelöscht.

Bei diesem Beispiel wird der Schritt 2 »Unscharf maskieren« durch einen Schritt 4 ergänzt, der ebenfalls den Filter »Unscharf maskieren« anwendet.

Beim Menü »Entwickeln« steht auch die Auswahl »**Originaleinstellungen verwenden**« zur Verfügung, die sämtliche gesetzten RAW-Einstellungen zurücksetzt.

Konfliktmanagement

Beobachteter Ordner *(Watched folder)*

Das zweite Register der Stapelverarbeitungsoptionen stellt uns eine sehr mächtige Funktion zur Verfügung, die meist nur bei Bildverwaltungsprogrammen zu finden ist.

Vor allem bei Bildagenturen ist es üblich, dass nicht *ein* Mitarbeiter alle Bearbeitungsschritte selbst ausführt. Vorstellbar wäre folgende Arbeitsteilung:

1. Einlesen der Bilder inkl. Umbenennung der Dateinamen
2. Bearbeitung der Aufnahmen
3. Druckaufbereitung (Skalierung, Ausgabeschärfung)

Die Schritte 1 und 3 können weitgehend automatisiert werden, wenn Sie dafür jeweils bestimmte Ordner definieren.

1. Eingangsordner: Jedes Bild, das in diesen Ordner kopiert wird, soll automatisch umbenannt und in den Bearbeitungsordner verschoben werden.
2. Bearbeitungsordner: Hier findet die individuelle Bearbeitung statt. Wenn das Bild fertig bearbeitet ist, wird es in den Ausgabeordner verschoben.
3. Ausgabeordner: Jedes Bild, das in diesem Ordner landet, soll automatisch skaliert und nochmals geschärft werden

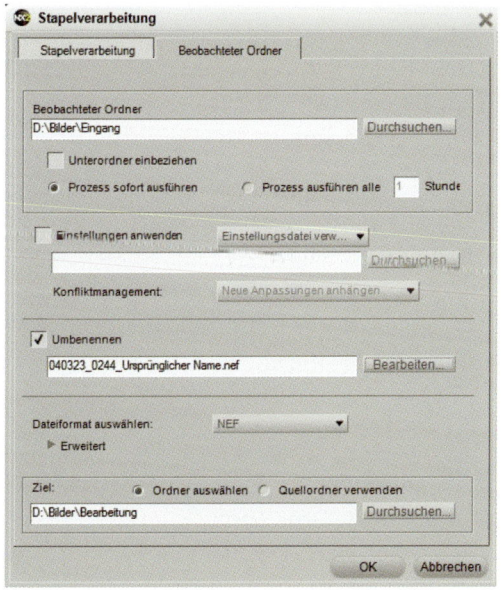

Bei diesem Beispiel wurde die Einstellung so gewählt, dass alle Bilder, die im beobachteten Ordner landen, automatisch nach der Regel JJMMTT_hhmm_ Originalname umbenannt und in den Zielordner kopiert werden.

Als Dateiformat kann JPG, NEF oder TIF, nicht jedoch das Originalformat gewählt werden.

Es gibt auch keine Möglichkeit, die Dateien im Eingangsordner automatisch zu löschen, was in diesem Fall sogar von Vorteil ist, da im Zuge der Umbenennung die Dateien neu gespeichert und dabei sogar verändert werden.

Bei diesem Beispiel wurden die JPG-Bilder ebenfalls im NEF-Format gespeichert und die Dateigröße ist um ca. 2 bis 3 MB angewachsen, da die eingebetteten Vorschaubilder in höherer Auflösung neu berechnet wurden.

Name	Größe	Name	Größe
DSC_5658.JPG	1.081 KB	070609_1013_DSC_5658.nef	3.382 KB
DSC_5658.NEF	7.651 KB	070609_1013_01_DSC_5658.nef	10.821 KB
DSC_5660.JPG	1.219 KB	070609_1018_01_DSC_5660.nef	3.699 KB
DSC_5660.NEF	7.927 KB	070609_1018_02_DSC_5660.nef	11.176 KB

Ordner: Eingang   *Ordner: Bearbeitung*

Umbenennen

Die Funktion »**Umbenennen**« ist uns bereits an verschiedenen Stellen begegnet. Sie öffnet den Dialog zur Dateinamensvergabe, mit dem für alle ausgewählten Bilder der Dateiname komfortabel geändert werden kann.

Als neuer Dateiname kann das Aufnahmedatum (mit oder ohne Uhrzeit), ein fortlaufender Zähler, ein neuer oder der ursprüngliche Name in weiten Grenzen frei kombiniert werden.

→ **Tipp:** Um einen einzelnen Dateinamen zu ändern, genügt ein einfacher Klick beim Thumbnail in den Dateinamen, um diesen auszuwählen.

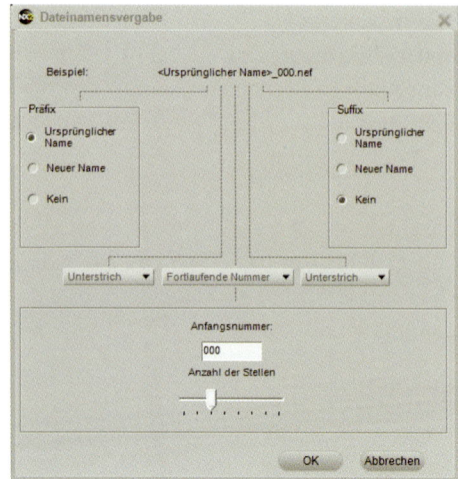

Als mittleren Teil des neuen Dateinamens können Sie aus folgenden Optionen wählen:

Fortlaufende Nummer: Als Präfix bietet sich hier ein neuer Name an.

Aufnahmedatum: Datum + fortlaufende Nummer ergibt einen eindeutigen Dateinamen, der ohne weiteres Präfix oder Suffix auskommt.

Aufnahmedatum/-uhrzeit: Hier wird bei Bedarf automatisch eine fortlaufende Nummer hinzugefügt.

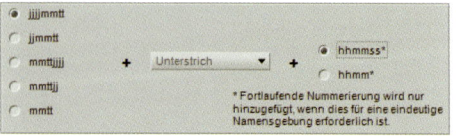

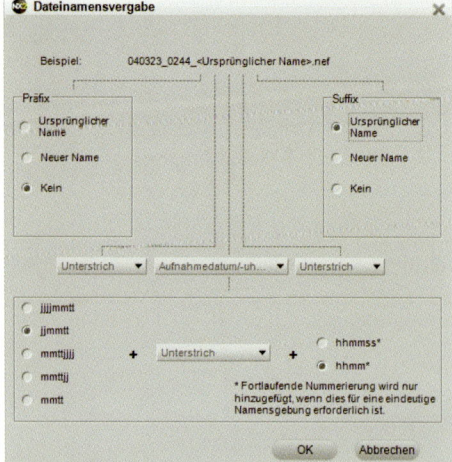

Ein mögliches Anwendungsbeispiel erzeugt als Dateiname das Aufnahmedatum inkl. Uhrzeit und ergänzt als Suffix den ursprünglichen Dateinamen aus der Kamera.

Manchmal wird als Präfix gerne noch der Aufnahmeort ergänzt. Diese Information kann aber auch genauso gut als Ordnername oder nur in den IPTC-Feldern dokumentiert werden.

Bildanpassungen übertragen

Wir haben nun verschiedene Möglichkeiten kennen gelernt, Einstellungen mehrmals auf andere Bilder zu übertragen oder den Vorgang auch zu automatisieren. Ich möchte Ihnen zum Abschluss noch die einfachste Variante zeigen, wie Sie Bearbeitungsschritte von einem Bild auf andere übertragen können.

Bildbearbeitung ist zwar grundsätzlich sehr individuell, jedes Bild benötigt andere Anpassungen. Es kommt aber durchaus vor, dass eine Serie von Aufnahmen unter den gleichen Bedingungen entstanden ist. Wenn Sie das erste Bild so einer Serie fertig bearbeitet haben, könnte es durchaus Ihr Wunsch sein, diese Anpassungen nun auf die restlichen Aufnahmen der Serie zu übertragen. Wir verwenden auch dafür wieder das Menü der Stapelverarbeitung, das wir von den bereits bekannten Stellen aus aufrufen können.

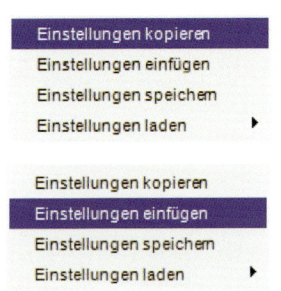

Mit »Einstellungen kopieren« werden alle Bearbeitungsschritte des ausgewählten Bildes in die Zwischenablage kopiert.

Mit »Einstellungen einfügen« können Sie die kopierten Bearbeitungsschritte auf ein oder mehrere ausgewählte Bilder übertragen.

Sie können damit Bearbeitungsschritte zwischen Bildern kopieren, die Sie zur Bearbeitung geöffnet haben. Es ist genauso möglich, direkt im Browser über die Auswahl von Thumbnails Schritte in mehrere nicht geöffnete Bilder einzufügen. Das Konfliktmanagement ist hier gleich wie bei den vorigen Beispielen, Sie können wiederum zwischen »Anpassungen anhängen« oder »ersetzen« entscheiden.

Sehr häufig werden Weißabgleich oder andere Anpassungen auf diese Art kopiert, es kann sich aber auch um weitaus umfangreichere Einstellungen handeln.

Nicht empfehlenswert ist diese Vorgangsweise, wenn die Einstellungen Auswahlmasken besitzen oder wenn es sich um Kontrollpunkte handelt. In diesen Fällen ist eine manuelle Nachbearbeitung wohl kaum vermeidbar.

IPTC-Beschriftung:

Im Auswahlmenü gibt es seit CNX2 auch die Einträge »IPTC-Informationen kopieren« und »IPTC-Informationen einfügen«. Für die zügige Beschriftung meiner Aufnahmen gehe ich nach folgendem Workflow vor. Für Autor und Copyright-Vermerk habe ich in den XMP-IPTC-Voreinstellungen einen Satz »Kontaktinfo« erstellt, den ich auf alle Bilder eines Ordners anwende. Dann beschrifte ich beim ersten Bild Land, Region und Ort und übertrage diese Daten auf alle folgenden Bilder bis zum ersten Ortswechsel. Diesen Vorgang wiederhole ich für alle Orte. Die weitere Beschriftung wie z.B. »Objektbeschreibung« oder »Stichwörter« erfolgt individuell für ein oder mehrere ausgewählte Bilder.

Label und Bewertung

Wenn Sie Ihre Bilder nach einer Bewertungsstufe gruppieren wollen, um besonders gelungene Aufnahmen rasch wiederzufinden, so können Sie Ihre Bilder über den CNX-Browser mit Sternen bewerten. Ebenso können Sie für verschiedene Bearbeitungsstufen jedes Bild mit einem Label versehen. In den Voreinstellungen können Sie individuell definieren, für welche Bearbeitungsschritte Sie Label vergeben wollen.

Beispiel für eine Labeldefinition:

Nr.	Name	Beschreibung
1	Bewerten	Bilder, die noch nicht bewertet sind
2	Löschen	Bilder, die aufgrund der Bewertung gelöscht werden können
3	Beschriften	Bilder, die noch nicht beschriftet sind
4	Bearbeiten	Bilder, die noch nicht bearbeitet sind
5	Drucken	Bilder, die zum Drucken vorbereitet wurden
6	Ausarbeiten	Bilder, die zur Ausbelichtung vorbereitet wurden

In CNX1 hatten die Label den großen Nachteil, dass sie getrennt vom Bild gespeichert wurden und nicht kompatibel mit anderen Programmen waren. Seit CNX2 werden die Label (wie auch bei ViewNX) direkt in die Datei geschrieben und können so in einem Workflow gemeinsam mit ViewNX und sogar mit Adobe-Programmen ausgetauscht werden.

➜ **Hinweis:** Vielfach wird der Bearbeitungsstatus auch durch Verschieben in unterschiedliche Verzeichnisse gekennzeichnet. Eine Kennzeichnung mit Label hat gegenüber einer Verschiebung jedoch den Vorteil, dass der Cache von CNX und anderen Programmen dabei gültig bleibt.

Auch das neue Bewertungsschema von CNX2 ist kompatibel mit ViewNX, Adobe-Programmen und sogar dem Windows Explorer. Nikon hat hier einen richtungweisenden Schritt gesetzt.

➜ **Tipp:** Bei der Bewertung wird vielfach der Fehler gemacht, dass ein Großteil der Aufnahmen gute Bewertung erhält und schlechte Bewertungen nur selten vergeben werden. Der Sinn hinter der Bewertung, rasch die Top-Aufnahmen zu finden, wird dadurch untergraben. Vergeben Sie daher vorrangig nur wenige Sterne und heben Sie sich gute Bewertungen für wirklich herausragende Bilder auf.

Sowohl Farblabel als auch Bewertungssterne vergeben Sie im Browser entweder links unten für alle markierten Bilder oder direkt beim Thumbnail für ein einzelnes Bild.
In der Optionsleiste des Browsers können Sie dann nach diesen Symbolen filtern.

ungefilterte Anzeige aller Bilder

Anzeige der Bilder mit Label 3 und 4

Mit »0« zeigen Sie auch jene Bilder, die noch kein Label haben. Mit dem Haken links davon löschen Sie die Filterung nach Labels.

Anzeige der Bilder mit 3 bis 4 Sternen

Mit den Dreiecken verschieben Sie den Filter für Bewertungssterne. Mit dem Haken links davon löschen Sie auch hier die Filterung.

Arbeitsbereich

Unterhalb des Menüs »Datei« wählen Sie einen vordefinierten Arbeitsbereich. Die Anordnung der Fenster ist damit für verschiedene Aufgaben rasch gewählt.

Arbeitsbereich	Anordnung der Fenster		
Browser	Ordner	Browser in Thumbnail Darstellung	
Metadaten	Metadaten	Browser in Listendarstellung	
Mehrzweck	Browser	geöffnetes Bild	Bearbeitungsliste
Bearbeitung	geöffnetes Bild		Bearbeitungsliste

Sie können auch neue Arbeitsbereiche speichern, die über »Meine Arbeitsbereiche« ausgewählt werden können. Falls Sie über einen zweiten Monitor verfügen, ist es möglich, bestimmte Fenster (z.B. den Browser) auf diesen auszulagern. Alternativ können Sie auch ViewNX am zweiten Monitor dauerhaft geöffnet lassen.

→ **Tipp:** Falls Sie gerne die Kameradaten während der Bearbeitung im Blick haben, wäre dafür ein individueller Arbeitsbereich geeignet, der links die Metadaten anzeigt, und sonst mit der Einstellung »Mehrzweck« übereinstimmt.

individuell	Metadaten	geöffnetes Bild	Bearbeitungsliste

Über »Arbeitsbereiche verwalten« navigieren Sie direkt in die Voreinstellungen, wo Sie für die Standard-Arbeitsbereiche und auch die eigenen Arbeitsbereiche Tastenkürzel vergeben können. Wenn Sie eigene Arbeitsbereiche definieren, beachten Sie bitte, dass der Name nachträglich nicht mehr geändert werden kann.

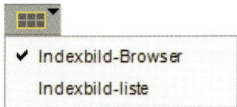

Die Umschaltung der Browseranzeige zwischen Thumbnail- und Listen-Darstellung erfolgt mit dem Symbol rechts oben im Browserfenster.

Die Thumbnailgröße können Sie ebenfalls komfortabel einstellen. Der Wert kann für die Browser- und Listendarstellung unterschiedlich gewählt werden. Die Anzeige der Bewertung unterhalb des Bildes erfolgt erst ab der Thumbnailgröße drei.

Anzuzeigender Dateityp und Sortierung

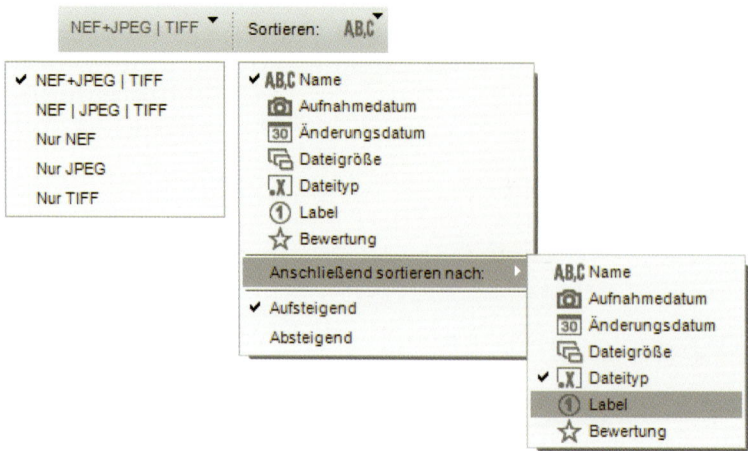

Bei der Auswahl des anzuzeigenden Dateityps ist vor allem folgende Auswahl interessant:

NEF+JPEG | TIFF: Zeigt alle drei darstellbaren Bildtypen an. Sollten Sie in Ihrer Kamera Aufnahmen als NEF und JPEG speichern, dann werden diese beiden Bilder als Stapel gruppiert und jeweils nur das NEF-Bild angezeigt. Diese Gruppierung funktioniert leider nur bei Originalaufnahmen. Wenn Sie das JPEG-Bild mit CNX erzeugt haben, kann es nicht mehr mit dem entsprechenden NEF-Bild gruppiert werden.

Die Thumbnails bieten über die rechte Maustaste folgendes Kontextmenü:

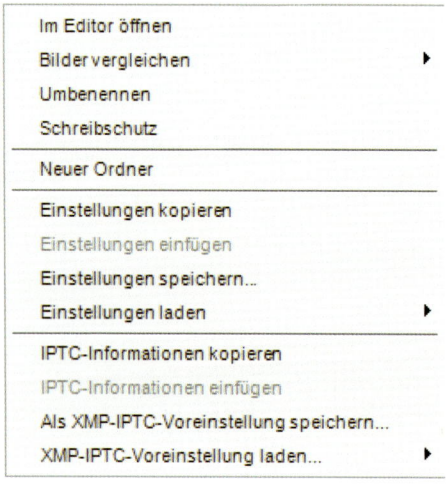

Im Editor öffnen (oder auch ein Doppelklick) öffnet das Bild zur Bearbeitung.

»**Bilder vergleichen | Im Browser**« erlaubt es, bis zu vier Bilder direkt im Browser rasch zu vergleichen, ohne die Bilder zur Bearbeitung öffnen zu müssen.

Wenn Sie zwei Bilder ausgewählt haben, können Sie mit »**Bilder vergleichen | Im Editor**« diese beiden Bilder in Bearbeitungsfenstern öffnen. Die Fenster werden dabei automatisch neben- oder untereinander platziert.

»**Umbenennen**« öffnet auch bei nur einem Bild den Dialog zur Dateinamensvergabe. Wenn Sie unterhalb des Thumbnails direkt in den Dateinamen klicken, können Sie das Bild ohne Dialog umbenennen.

Wenn Sie in Ihrer Kamera für bestimmte Bilder einen Schreibschutz aktiviert haben, dann können Sie diesen nun ab CNX2 direkt im Browser wieder aufheben. Bilder mit aktivem Schreibschutz können nur unter einem neuen Namen gespeichert werden.

Die restlichen Menüeinträge wurden auf den vorigen Seiten bereits besprochen.

2.15 Tipps, Tricks und Workarounds

In diesem Kapitel finden Sie Funktionen, die in CNX zwar nicht direkt implementiert sind, jedoch mit etwas Geschick trotzdem ausgeführt werden können.

Nicht alle Workarounds sind für alle Capture-NX-Versionen gültig oder notwendig. Die entsprechenden Einschränkungen auf bestimmte Versionen sind jeweils angegeben.

Einfügen und Umreihen von Schritten

In CNX ist es nicht so einfach wie bei den Ebenen in PS, einzelne Schritte umzureihen. Da die Reihenfolge bei manchen Schritten durchaus relevant ist, möchte ich hier beschreiben, wie Sie Schritte an definierter Stelle einfügen oder ans Ende reihen.

Einfügen von Schritten an definierter Stelle der Bearbeitungsliste: (Dieser Tipp funktioniert bei allen CNX Versionen 1.x, jedoch leider nicht bei V 2.0).

Wenn Sie einen Schritt an einer bestimmten Stelle einfügen wollen, hier z.B. vor »Unscharf maskieren«, dann aktivieren Sie jenen Schritt, **nach dem** der neue Schritt eingefügt werden soll, und blenden den Inhalt durch Aufklappen ein. Anschließend wählen Sie den neuen Schritt nicht über die Funktion »Neuer Schritt« in der Bearbeitungsliste, sondern über das Menü aus. Der neue Schritt wird an der Position **nach dem** bereits vorhandenen und ausgewählten Schritt eingefügt.

→ **Hinweis:** Der bestehende Schritt muss aufgeklappt und aktiviert sein. Bei Bearbeitungsschritten, die sich nicht aufklappen lassen (z.B. Beschneiden), ist dieser Trick nicht anwendbar.

Umreihen von Schritten ans Ende der Bearbeitungsliste: (Dieser Tipp funktioniert derzeit bei allen CNX Versionen).

Wenn Sie bereits angelegte Schritte nachträglich umreihen wollen, dann markieren Sie die Schritte, die nach hinten gereiht werden sollen, wählen anschließend mit der rechten Maustaste über das Kontextmenü die Funktion »Einstellungen kopieren« und »Einstellungen einfügen«. Da die markierten Schritte ans Ende **kopiert** werden, löschen Sie im Anschluss die Schritte an ihrer alten Position.

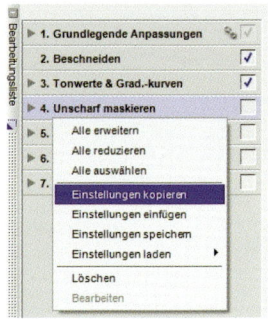

Kopieren

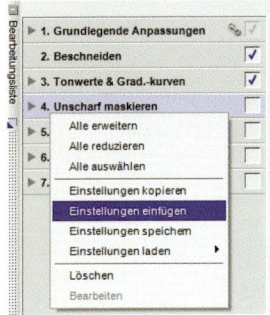

Einfügen

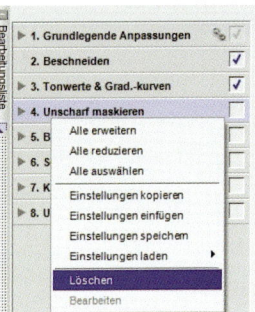

Löschen

Bildstellen ausbessern

(Dieser Workaround ist nur bei CNX Version 1.x notwendig).

In CNX1 gab es noch keinen Retusche-Pinsel, um einzelne Bildbereiche auszubessern. Falls Sie mit der Funktion »Entwickeln | Staubentfernung« keinen Erfolg haben und das Bild nicht in einem anderen Programm retuschieren wollen, können Sie mit folgenden Filtern auch in CNX1 eine schadhafte Stelle – z.B. im Himmel – ausbessern:

1. **Filter | Kolorieren**
   Doppelklicken Sie auf den Auswahlpinsel, wählen Sie eine geeignete Größe und setzen Sie eine geringe Pinselhärte (z.B. 0 %). Malen Sie mit dem Auswahlpinsel einen orangen Fleck über die auszubessernde Stelle.

Wählen Sie anschließend mittels Pipette den Farbton des Himmels an der umgebenden Stelle aus.

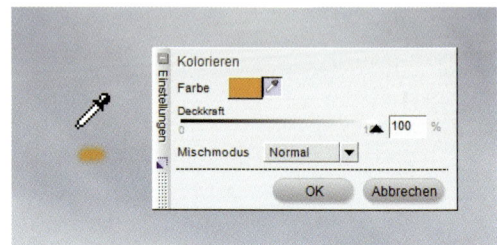

Vergrößern Sie den ausgebesserten Bereich bei Bedarf etwas und probieren Sie unterschiedliche Farbtöne aus.

→ **Tipp:** Verwenden Sie für jede auszubessernde Stelle einen eigenen Kolorieren-Schritt mit jeweils angepasstem Farbton. Suchen Sie den Himmel am besten waagerecht nach Staub ab, da in waagerechten Streifen am ehesten der vorige Farbton noch passen könnte.

2. **Korn / Rauschen:**
   Falls der ausgebesserte Himmel zu einfarbig und unstrukturiert aussieht, können Sie mit diesem Filter noch etwas Rauschen hinzufügen. Wählen Sie den Filter mit gedrückter Shift-Taste, damit die Auswahl für beide Filter gilt (siehe Kapitel »Bearbeitungsschritt verknüpfen«).

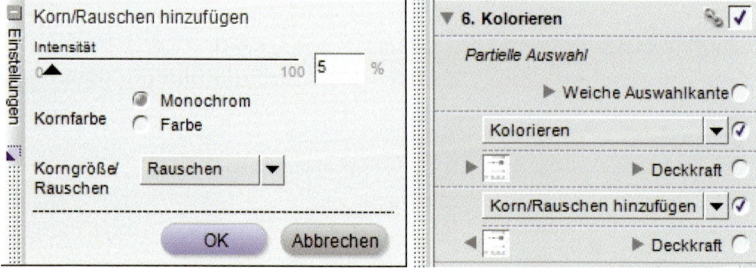

Beurtcilen Sie das Bild am besten in der 100 %- oder 200 %-Ansicht.

Ab CNX2 verwenden Sie natürlich den wesentlich effizienteren Reparatur-Pinsel.

2.16 Beispiele zur Bildbearbeitung

Wir haben in den vorangegangenen Kapiteln sämtliche Funktionen von CNX kennengelernt. Nun wollen wir anhand von Praxisbeispielen einige typische Bearbeitungsschritte durchspielen. Wir werden dabei die Schritte aus den vorigen Kapiteln wiederholen und unsere Kenntnisse vertiefen.

Landschaftsaufnahme

Aufnahmedaten:
Brennweite: 10 mm
Empfindlichkeit: ISO-100
Blende: 16
Belichtungszeit: 1/60 s
Koordinaten: 48° 15,5' N / 15° 22,4' O

Bevor es an die Bearbeitung geht, wollen wir das Bild beschriften. Seit CNX2 sind zu den IPTC-Feldern auch noch die neuen XMP-Felder hinzugekommen, was zwar die Möglichkeiten der Beschriftung, nicht aber unbedingt die Übersichtlichkeit erhöht hat.

Beschreibung, Kontaktinformation und Inhalt:
Die Überschrift sollte eher kurz gehalten werden, die Beschreibung kann auch ausführlicher sein. Der Titel entspricht dem IPTC-Feld »Objektname« und ist eigentlich für den Original-Dateinamen gedacht. Sie können dieses Feld aber auch statt dem Feld »Überschrift« verwenden.

Zusätzlich zum Copyright können Sie auch die Felder im Abschnitt »Kontaktinformationen« befüllen.

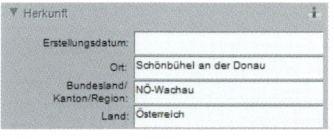

Herkunft:
Bei »Region« wird häufig das Bundesland (z.B. Niederösterreich) oder das Gebiet (wie z.B. der Name von einem Tal oder einer Landschaft) eingegeben.

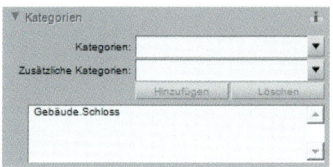

Kategorien:
Das Feld »Kategorien« wird aus Kompatibilitätsgründen heute nicht mehr verwendet. Für zusätzliche Kategorien ist die Dot-Notation sehr gebräuchlich, bei der Haupt- und Unterkategorien mit einem Punkt getrennt werden (z.B. »Gebäude.Schloss«).

Stichwörter (Abschnitt: Tags):
Als Stichwörter vergebe ich meist nur jene Begriffe, die im Text der anderen Felder noch nicht vorkommen.

Eine Beschreibung aller Felder finden Sie im Anhang.

Als nächstes geht es an die Bildbearbeitung. Wir beginnen mit dem Menü »Entwickeln« und ergänzen diese Schritte bei Bedarf mit zusätzlichen Bearbeitungsschritten im Menü »Anpassen«.

Folgende Punkte sollten wir im ersten Schritt überprüfen und bei Bedarf korrigieren:
- ▸ Kameraeinstellungen | Weißabgleich: Ist in diesem Fall nicht notwendig.
- ▸ Schnellanpassung | Belichtungskorrektur: Ist hier auch nicht notwendig.
- ▸ Kamera- und Objektivkorrekturen | Staubentfernung: Die Punkte am Himmel sind Vögel und können daher auf diese Art nicht entfernt werden.
- ▸ Kamera- und Objektivkorrekturen | Vignettierungskorrektur: Das wäre bei WW-Aufnahme wie in diesem Fall zu überlegen.

In unserem Beispiel könnten wir den Effekt der Vignettierung (Randabschattung) reduzieren, wie er bei extremen Weitwinkel-Aufnahmen (häufig bei offener Blende) auftreten kann. Da die Aufnahme jedoch mit Blende 16 gemacht wurde, tritt der Effekt hier nicht störend sichtbar auf.

Kommen wir daher gleich zu den Bearbeitungsschritten im Menü »Anpassen«.

Wir beginnen mit einer Tonwertkorrektur. Die Gesamthelligkeit können wir entweder über »Anpassen | Helligkeit | Tonwerte und Grad.-kurven«, oder über »Anpassen | Farbe | LCH-Editor« einstellen. Im ersten Fall stehen Ihnen Pipetten zur Verfügung, im zweiten Fall können Sie nicht unabsichtlich die Farbe verändern. Welchen Regler Sie verwenden wollen, ist reine Geschmacksache.

Im Histogramm können wir erkennen, dass zwar die dunklen Stellen links bis zum Rand genutzt sind, die hellen Stellen rechts jedoch noch etwas Reserve haben. Wir wollen das mit dem Auto-Kontrast Button ändern.

➜ **Tipp:** Nur beim LCH-Editor muss bei Auto-Kontrast die ⌑Strg⌑-Taste nicht gedrückt werden, beim Regler »Tonwerte und Grad.-kurven« schon.

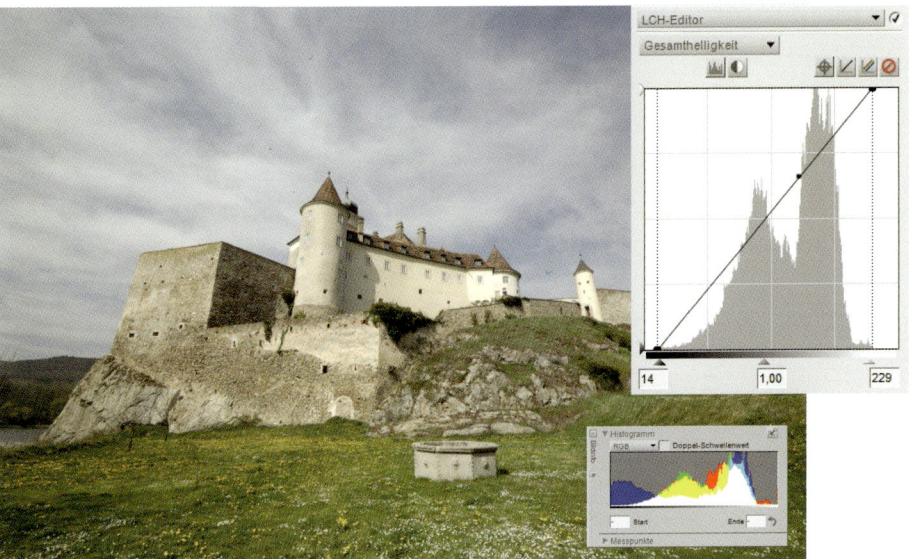

Durch Drücken des Auto-Kontrast Buttons sind die Tonwerte nun neu verteilt worden. Das Histogramm geht jetzt auch im rechten Bereich bei den hellen Stellen bis an die Grenze. Gebäude, Wiese und auch der Himmel sind dadurch etwas heller geworden.

Um die Kontraste in den Mitteltönen zu verstärken, können Sie mit zwei Ankerpunkten die Kurve S-förmig biegen.

➜ **Tipp:** Verwenden Sie dafür nicht den Regler »Kontrast & Helligkeit«, Sie würden das Bild damit kaum verbessern.

Obwohl der LCH-Editor noch viel mehr Möglichkeiten bietet, wollen wir es in diesem Fall damit bewenden lassen. Alle hier gezeigten Funktionen können mit dem Regler »Tonwerte und Grad.-kurven« genauso durchgeführt werden, nur beim Drücken von Auto-Kontrast müssen Sie dort die ⌈Strg⌉-Taste halten, sonst werden die Farben mitgeändert.

Sollte der Himmel etwas zu hell geworden sein, so gibt es mehrere Möglichkeiten, das zu korrigieren:

▸ Anpassen | Helligkeit | D-Lighting: Dieser Filter ist hier nicht zu empfehlen, da wir keine dunklen Stellen aufhellen müssen

▸ mit einem Verlaufsfilter   Auch dieser Filter hat hier einen Nachteil: Der Verlauf zwischen Himmel und Gebäude stellt keine gerade Linie dar.

▸ mit Farbkontrollpunkten   Damit kann der Himmel – oder besser die Wolken – abgedunkelt werden.

Die Kontrollpunkte stellen die einfachste, rascheste und effizienteste Möglichkeit dar, gezielt einzelne Bereiche zu verändern. Wir wollen daher diese wirklich geniale CNX-Funktion auch an dieser Stelle anwenden.

Da der Himmel einen sehr großen Bereich des Bildes abdeckt, werden wir drei Farbkontrollpunkte in einem Bearbeitungsschritt einsetzen, und darauf achten, diese jeweils im weißen Bereich einer Wolke zu platzieren.

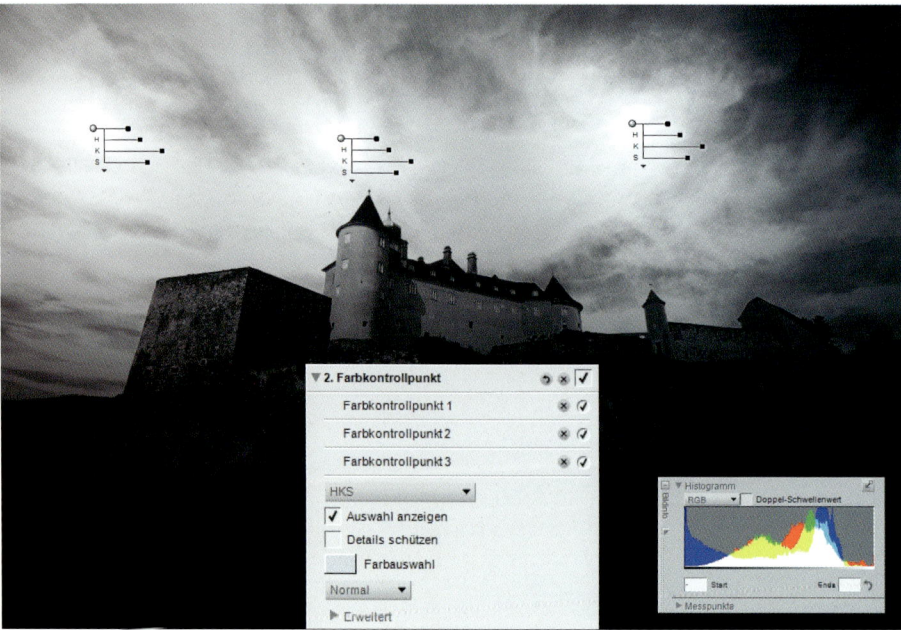

Mit der Menü-Funktion »Auswahl anzeigen« können Sie die Auswahl aller angewählten Kontrollpunkte gleichzeitig anzeigen.

→ **Tipp:** Falls Sie einen Bereich vor Veränderung schützen wollen, so setzen Sie einfach einen weiteren Kontrollpunkt und aktivieren bei diesem »Details schützen«.

2 Digitale Bildbearbeitung

Die Helligkeit wurde in diesem Beispiel um -10 % korrigiert. Wir können damit den Himmel gefühlvoll abdunkeln, ohne das restliche Bild zu verändern.

→ **Tipp:** Um das Blau des Himmels zu verstärken, können Sie in diesem Bereich die Sättigung um ca. 10 bis 20 % erhöhen. Sie können auch einen Polarisationseffekt durch Erhöhung des Kontrastes erzielen.

Wenn wir das Ergebnis mit dem Originalbild vergleichen, können wir erkennen, mit wie wenig Handgriffen sich ein Bild nach den eigenen Wunschen anpassen lässt. Wir können noch eine Skalierung und Schärfung durchführen, nur für die perspektivische Verzerrung müssen wir auf ein anderes Programm ausweichen. Programme zur weiteren Bildbearbeitung werden in Kapitel 4.10 besprochen.

Originalbild

Ergebnis

Gegenlicht

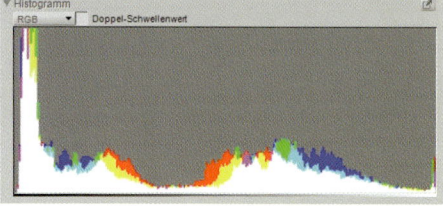

Wer kennt sie nicht, die Aufnahmen von dunklen Gebäuden vor hellem Himmel, wenn der Fotograf wieder einmal zur falschen Zeit am falschen Ort war.

Wer bei dieser Aufnahme bereits an die Nachbearbeitung denkt, der stellt bei seiner Kamera eine Belichtungskorrektur von mindestens -2/3 ein und achtet beim Histogramm darauf, dass die Lichter nicht ausgefressen sind. Dunkle Schatten lassen sich am PC wesentlich besser korrigieren als helle Lichter.

Wer die Unterbelichtung vergessen hat, kann bei Capture NX im Menü »Entwickeln« eine Belichtungskorrektur eingeben. Besser ist es jedoch, die Belichtung bereits in der Kamera zu verändern, da sonst der Bearbeitungsspielraum zu eng werden kann.

In vielen Lehrbüchern wird empfohlen, mit einer speziell geformten Gradationskurve die Schatten aufzuhellen.

Ich habe hier mit drei Stützpunkten so eine Kurve geformt. Die Eckpunkte (schwarz und weiß) bleiben dabei erhalten, die dunklen Tonwerte werden aufgehellt, die hellen Tonwerte bleiben unverändert.

Ein Schwachpunkt dieser Art der Korrektur ist der nahezu waagerecht verlaufende Bereich der Kurve.

In diesem Bereich verliert das Bild sehr stark an Kontrasten, weshalb diese Kurve heute nur mehr selten angewendet wird. Seit in vielen Programmen spezielle Funktionen zur Aufhellung von Schatten implementiert wurden, hat dieser Trick an Bedeutung verloren.

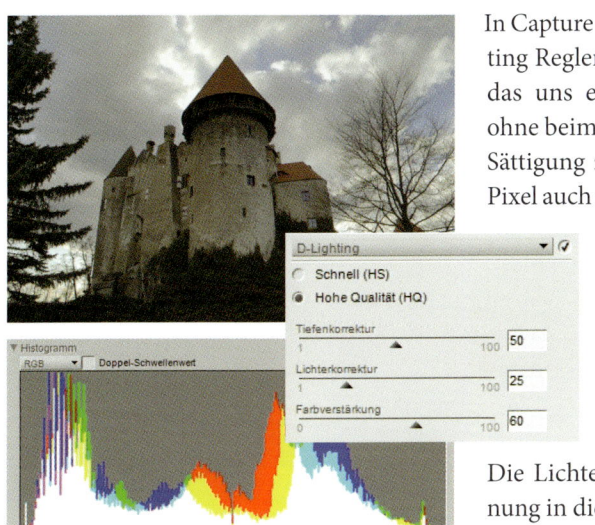

In Capture NX haben wir mit dem D-Lighting Regler ein sehr mächtiges Werkzeug, das uns effizient die Schatten aufhellt, ohne beim Bild merkbar an Kontrast oder Sättigung zu verlieren. Dabei werden die Pixel auch in Abhängigkeit der Umgebung bewertet, wodurch dieser Regler eine etwas größere Rechnerbelastung darstellt.

Schalten Sie den Regler von »Schnell« auf »Hohe Qualität« um und hellen Sie die Schatten mit der Tiefenkorrektur auf.

Die Lichterkorrektur sollte etwas Zeichnung in die hellen Stellen bringen, ist aber dabei meist wenig effizient.

Die Farbverstärkung sorgt dafür, dass die Sättigung erhalten bleibt. Sie erkennen das hier recht gut am roten Dach, das beim vorigen Beispiel stark an Farbe verloren hat.

Seit CNX2 bietet der Menüpunkt »Entwickeln | Schnellanpassung« eine Korrektur für Lichter und Schatten. Da hier die vollen Tonwerte der RAW-Daten zugrunde liegen, ist diese Funktion meist effizienter als der D-Lighting-Regler.

Ich habe daher für einen letzten Versuch den D-Lighting-Schritt wieder deaktiviert und bei der Schnellanpassung die Regler für Lichter und Schatten verwendet.

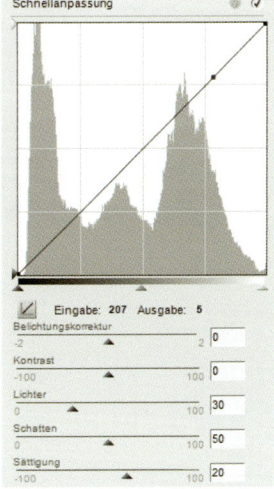

Durch Erhöhung der Sättigung konnte ich wie bei D-Lighting auch hier die Farben verstärken.

Im Folgenden möchte ich die letzten beiden Ergebnisse im Detail vergleichen.

Originalbild

D-Lighting

Der Unterschied zwischen D-Lighting und Lichter / Schatten ist vor allem im Bereich der hellen Wolken recht gut zu erkennen.

Zur Korrektur hell überstrahlter Bereiche verwende ich daher vorrangig die Möglichkeiten der Schnellanpassung.

Dunkle Bereiche kann auch der D-Lighting-Regler sehr gut aufhellen.

Lichter / Schatten

Sie werden es sicherlich bereits wissen: Optimales Licht ist auch durch noch so viel Bildbearbeitung niemals zu ersetzen.

Burg Heidenreichstein im Waldviertel, Niederösterreich

Sonnenuntergang

Es gibt auf der Nikon Homepage eine Sammlung von CNX Tipps, bei der ein beliebter Trick für Sonnenuntergänge gezeigt wird. Ich möchte Ihnen diesen Tipp nicht vorenthalten.

Aufnahmen von Sonnenuntergängen haben meist den Nachteil, dass sie nicht so kräftig leuchten, wie wir es in Erinnerung haben.

Zu Analogzeiten hat man hier mit einem Orange-Verlaufsfilter etwas nachgeholfen.

Mit CNX kann man das gleiche wesentlich feiner am PC erreichen.

Ich verwende den Verlaufsfilter und ziehe den Bereich vom Horizont bis zum oberen Bildrand.

Damit wird der untere Bereich (unterhalb des ersten gesetzten Punktes) zu 100 % und die obere Bildhälfte verlaufend von 100 % bis 0 % ausgewählt.

Nun wähle ich den Filter »Farbe | Sättigung/Wärme« und erhöhe die Wärme und auch die Sättigung je nach Stimmung.

Damit erhalten wir den für Sonnenuntergänge passenden Orangeton, wie wir es von einem Verlaufsfilter gewohnt waren.

Wenn Sie den Verlaufsfilter von oben nach unten ziehen, dann wird der Himmel Orange gefärbt und die Landschaft bleibt unverändert. Bei diesem Meerblick ist jedoch das orange gefärbte Wasser und der blaue Himmel wesentlich spannender.

Regenbogen

Ein Regenbogen hat den Nachteil, dass er am Bild meist deutlich weniger leuchtet, als wir es in Erinnerung haben.

Dem können wir durch Erhöhung der Sättigung nachhelfen. Wir verwenden dazu den Regler »Farbverstärkung«

Alternativ können wir auch im LCH-Editor die Chromazität erhöhen.

Wir beginnen mit dem Auswahlpinsel mit einer Pinselhärte von 0 % und einer Größe entsprechend der Breite des Regenbogens.

Damit übermalen wir großzügig den Bereich, den wir verändern wollen.

Da uns die Auswahl trotz geringer Pinselhärte immer noch zu scharf ist, erhöhen wir den Wert für »Weiche Auswahlkante«, bis wir einen sanften Übergang erhalten (z.B. auf 50).

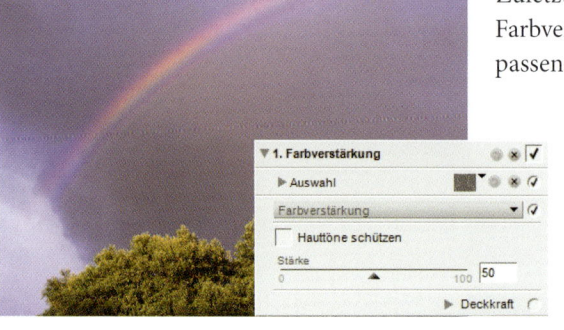

Zuletzt wählen wir den Filter »Farbe | Farbverstärkung« und wählen hier einen passenden Wert (z.B. 50).

Die Option »Hauttöne schützen« benötigen wir bei einem Regenbogen natürlich nicht.

Porträt

Wir sind von der Werbewirtschaft derart überschwemmt mit Aufnahmen von extrem geblurrten* Fotomodells, dass es schwierig geworden ist, einem Schnappschuss, der ohne Studio oder Aufhellreflektor entstanden ist, etwas abzugewinnen.

Ich möchte hier einige Tricks aus [BV01] zeigen, wie wir aus spontanen Porträtaufnahmen das Beste herausholen können.

*) Der Blurrfilter entspricht einem Weichzeichner. Einen eindrucksvollen Vorher- Nachher-Vergleich finden Sie auf der Homepage von Cathrin Bauendahl www.ElektronischeSchoenheit.de

Im Menü »Entwickeln | Kameraeinstellungen« sind für Porträts folgende Einstellungen interessant:

▸ Weißabgleich: Ein etwas höherer Kelvin-Wert erzeugt einen wärmeren Eindruck.
▸ Bildoptimierung | Farbmodus: Modus I hat sich bei Hauttönen bewährt

In unserem Beispiel habe ich den Weißabgleich der Kamera übersteuert. Die Kamera-Automatik hat für diese Aufnahme im Schatten einen Wert von ca. 4100 Kelvin (245 Mired) ermittelt, leider wird dieser Wert in CNX jedoch nirgends angezeigt. CNX ermittelt mit »Automatisch berechnen« einen Wert von 4500 Kelvin (220 Mired). Ich habe einen kälteren Wert (5000 Kelvin / 200 Mired) ausgewählt, um nach der Korrektur (und damit Gegensteuerung durch CNX) einen etwas wärmeren Eindruck zu erzeugen.

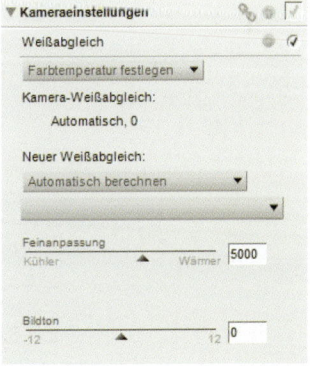

→ **Tipp:** Ändern Sie den Wert nicht mit dem Schieberegler, dieser reagiert äußerst zäh. Geben Sie besser einen Wert über die Tastatur ein und variieren Sie diesen in Schritten von 10 Mired. Leider bietet CNX nur die unpraktische (da subjektiv stark nichtlineare) Kelvin-Eingabe, verwenden Sie daher die Tabelle im Anhang zur Umrechnung. Ein 10 Mired Schritt entspricht im Schatten einem Schritt von 300 bis 500 Kelvin, bei Kunstlicht sind es ca. 100 bis 200 Kelvin.

Kommen wir als nächstes zu den eigentlichen Bearbeitungsschritten.

Ich möchte hier statt der sonst üblichen Tonwertkorrektur den **D-Lighting** Schritt verwenden, um zu dunkle Schatten etwas aufzuhellen.

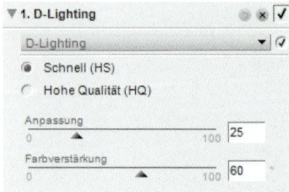

Bereits in der Einstellung »Schnell (HS)« finden wir hier rasch mit den Werten

Anpassung: 25
Farbverstärkung: 60

eine optimale Korrektur.

Auf Werbeplakaten sehen wir immer die strahlend Weiß gebleichten Zähne von Modells. Wir werden hier am PC die Zähne ganz ohne schädliche Chemie ebenfalls bleichen.

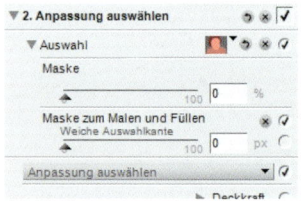

Wir wählen mit dem Auswahlpinsel den Bereich der Zähne großzügig aus. Wenn wir die angrenzenden roten Lippen leicht überdecken, so spielt das für diese Bearbeitung keine Rolle.

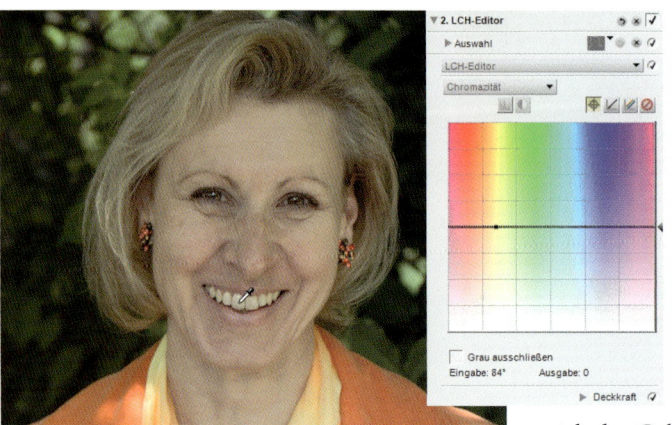

Als Anpassung wähle ich in diesem Fall den LCH-Editor.

Wechseln Sie zur Einstellung »Chromazität« und wählen durch Aktivierung des Ankerpunktes mit der Pipette den Farbton der Zähne aus.

Sie können die Markierung im Bereich der Gelbtöne erkennen.

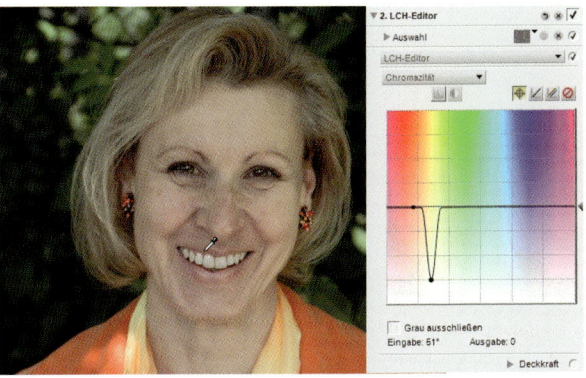

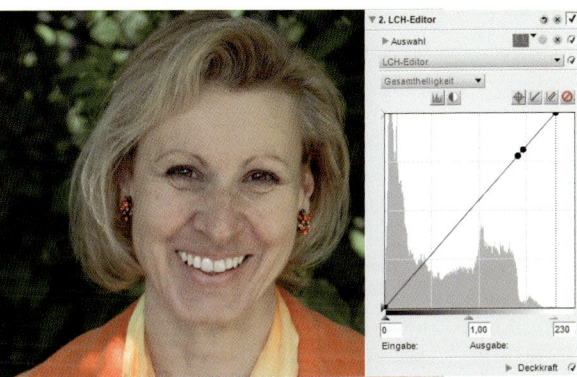

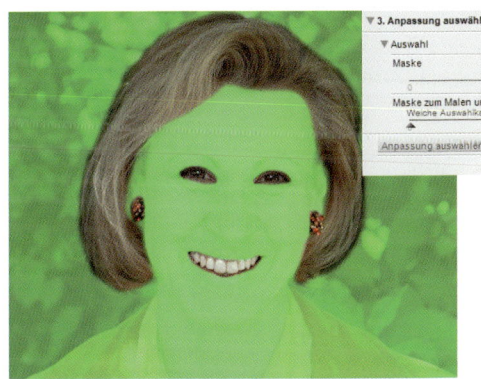

Ziehen Sie den markierten Punkt nach unten und öffnen Sie den Trichter mit dem darunter liegenden Schieberegler ein wenig.

Markieren Sie anschließend mit der Pipette die roten Lippen und prüfen Sie, dass dieser Farbton außerhalb des Trichters liegt.

Die Sättigung der Gelbtöne im markierten Bereich wird damit reduziert, die Sättigung der am Rand mitmarkierten Lippen bleibt erhalten.

Um das stark übertriebene Weiß der Werbeplakate zu erreichen, wechseln Sie im LCH-Editor zur Gesamthelligkeit und ziehen den rechten Regler von 255 etwas nach links.

Noch weißer geht's kaum mehr.

Im nächsten Schritt wollen wir den Weichzeichner einsetzen, dabei jedoch Augen, Mund, Haare und Schmuck ausnehmen.

Wir beginnen mit dem Minus-Pinsel, um jene Bereiche auszuwählen, die wir nicht weichzeichnen wollen. Markieren Sie zuerst mit einem kleinen Radius die Konturen und füllen Sie diese im Anschluss mit einem größeren Radius aus.

Sie können den markierten Bereich am besten kontrollieren, wenn Sie die Auswahl als Maske anzeigen.

Ausgewählte Bereiche sind weiß markiert, nicht ausgewählte Bereiche sind schwarz.

Füllen Sie hier eventuell noch vorhandene Lücken mit dem Pinsel aus.

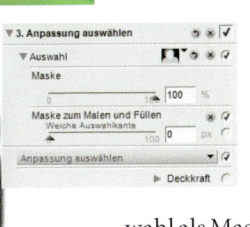

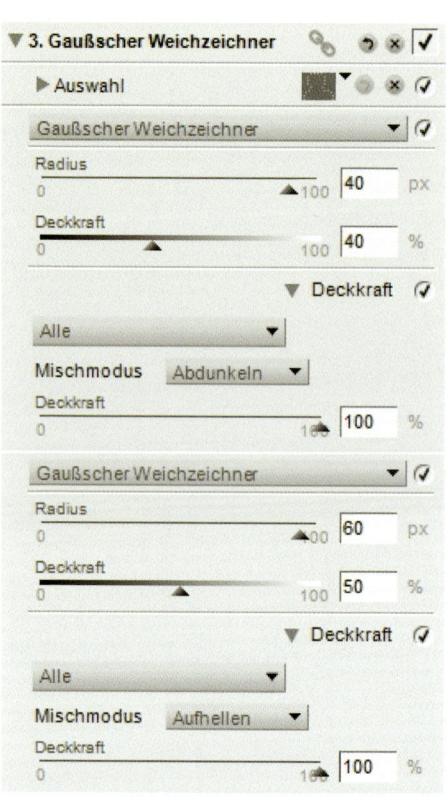

Zuletzt wird der Filter »Scharfzeichnung/ Weichzeichnung | Gaußscher Weichzeichner« ausgewählt.

Im ersten Schritt setzen wir Radius und Deckkraft auf 40.

Öffnen Sie jetzt den Deckkraft-Dialog und setzen dort den Mischmodus auf »Abdunkeln«.

➜ **Hinweis:** Es ist an dieser Stelle etwas verwirrend, dass die Deckkraft zweimal eingestellt werden kann. Falls Sie beide Regler verwenden, würde das Ergebnis multipliziert werden.

Wir lassen den Bearbeitungsschritt aufgeklappt und wählen, während wir die Umschalttaste gedrückt halten, einen weiteren Weichzeichner Schritt aus dem Menü aus.

➜ **Hinweis:** Diesen Trick, mehrere Bearbeitungsschritte zu verknüpfen und somit eine Auswahl mehrmals anzuwenden haben wir im Kapitel »Auswahl« auf Seite 103 kennengelernt.

In diesem Schritt setzen wir nun Radius auf 60 und Deckkraft auf 50. Als Mischmodus wählen wir diesmal »Aufhellen«.

Vergleichen wir das Originalbild mit dem Ergebnis der Bearbeitung so können wir erkennen, dass selbst aus einem Schnappschuss noch ein gutes Bild werden kann.

Originalbild

Ergebnis

Unterwasser

Wer beim Schnorcheln oder Tauchen fotografiert und keinen Stabblitz verwendet, kennt sicherlich die Unterwasseraufnahmen mit erkennbar zu geringem Rotanteil.

Im Wasser wird rotes Licht bereits nach wenigen Metern vollständig herausgefiltert und nur der Blauanteil dringt in größere Tiefen vor.

Ich möchte Ihnen zeigen, wie wir auch ohne teure Unterwasserkamera farbenfrohe Aufnahmen bekommen können.

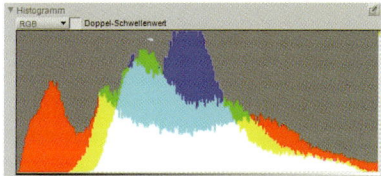

Für den ersten Versuch wähle ich »Anpassen | Helligkeit | Automatische Tonwertkorrektur«.

Diesmal erlaube ich absichtlich, auch den Farbstich zu entfernen. Die Werte 50 für Kontrast und Farbstich entsprechen der Einstellung »Automatisch« und sind eine gute Wahl.

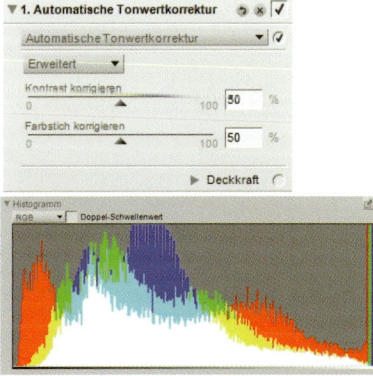

Die automatische Tonwertkorrektur hat den Vorteil, dass sie über die Stapelverarbeitung automatisierbar ist.

Als Alternative wollen wir die Funktion Auto-Kontrast vom Regler »Tonwerte und Grad.-kurven« verwenden.

Ich deaktiviere den vorigen Bearbeitungsschritt und wähle »Anpassen | Helligkeit | Tonwerte und Grad.-kurven« aus.

Wenn ich den Button »Auto-Kontrast« drücke, halte ich diesmal die Strg-Taste nicht gedrückt. Damit werden auch die Farben im Bild verändert.

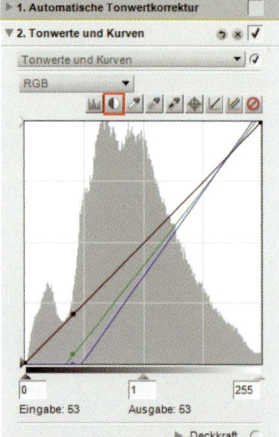

Das Ergebnis ist vergleichbar zum ersten Versuch, aber nicht 100 % gleich. Bei diesem Regler haben wir den Vorteil, die einzelnen Farbkanäle individuell anpassen zu können.

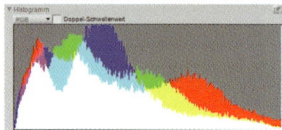

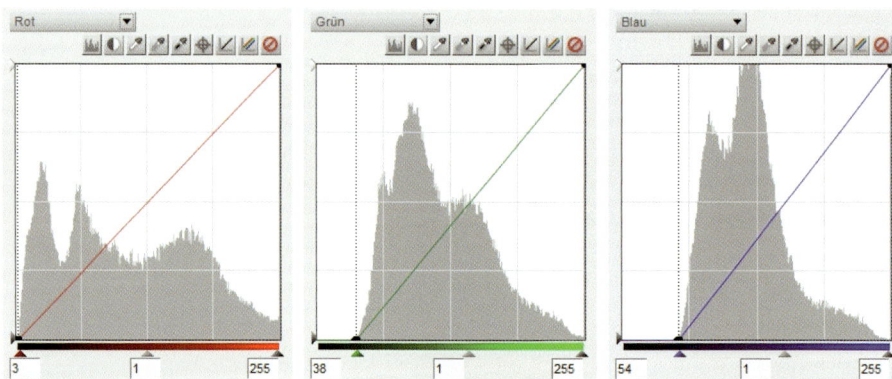

Der Rotkanal wurde kaum beschnitten, Schatten und Lichter reichen bis an den Rand des Histogramms.

Der Grünkanal wurde links in den Schatten deutlich beschnitten. Damit verschieben sich im Histogramm alle Grüntöne nach links, der Gesamteindruck von Grün wird damit dunkler.

Wenn Sie das Symbol links oben drücken, können Sie sich das Nachher-Histogramm für jeden Kanal anzeigen lassen.

Der Blaukanal wurde am deutlichsten beschnitten. Wenn Sie wollen, können Sie die Ränder noch ein wenig weiter nach innen ziehen, bis zu dem Punkt, an dem die Kurve deutlich ansteigt.

Im Vergleich der Histogramme können wir recht gut erkennen, dass jetzt alle Farben gleichmäßiger verteilt sind und der Rotanteil in den dunklen Tönen nicht mehr dominiert.

3 Farbmanagement

Wir haben bereits an mehreren Stellen Einstellungen für unser Farbmanagement getroffen, ich möchte Ihnen daher in diesem Kapitel die Hintergründe dazu kurz erläutern. Da das gesamte Thema selbst ganze Bücher füllt, werde ich hier nur so weit ins Detail gehen, wie es für das Verständnis der Bildbearbeitung notwendig ist. Wer ausführlicher in das Thema einsteigen möchte, sei auf die entsprechende Literatur verwiesen [FTxx und FMxx].

Sicherlich haben Sie bei Fotoausarbeitungen in der Vergangenheit öfters zum Teil erhebliche Farbabweichungen zum Original feststellen müssen. Trotz der Digitaltechnik sind solche Abweichungen auch heute noch anzutreffen. Sie zu verhindern, ist Aufgabe des Farbmanagements. Ein funktionierendes Farbmanagement stellt Farbtöne auf jedem Medium (Bildschirm, Drucker ...) so gut wie möglich dar.

> **Farbmanagement kann viel, doch nicht alles.**

Was Farbmanagement nicht kann, ist die 100-prozentige Übereinstimmung aller Farben sicherzustellen, denn dazu dürften die Farbräume der Ausgabemedien nicht kleiner sein als die der Kamera (was sie teilweise jedoch sind).

Ein Beispiel soll die Schwierigkeiten ohne Farbmanagement verdeutlichen. Bei einem RGB-Bild mit 3×8 Bit stellt der RGB-Wert (0, 255, 0) immer »Grün« dar. Die Kamera oder ein Scanner meint damit das grünste Grün, das sie/er sich nur vorstellen (erfassen) kann, der Monitor meint damit das grünste Grün, das er darstellen kann, und der Drucker versucht Gelb und Cyan so zu mischen, dass daraus das grünste Grün entsteht, das er drucken kann. Das Problem ist nur, dass diese verschiedenen Grün-Töne sehr unterschiedlich sind und es daher überall anders grünt. Wenn nun zu jedem RGB-Bild (oder auch CMYK-Bild) ein definierter Farbraum gespeichert wird, dann können alle Geräte aus den Angaben für RGB-Wert & Farbraum daraus den jeweils bestmöglichen Farbton berechnen.

Ein Beispiel, wo trotz Farbmanagement oft erhebliche Farbabweichungen entstehen, sind Aufnahmen von bestimmten Pflanzen, die einen hohen Anteil an IR-Licht reflektieren (z.B. Clematis). Der Computer kann anhand der digitalen Aufnahme nicht mehr unterscheiden, ob der Sensor rotes sichtbares Licht oder mehr Infrarot gesehen hat. Für unser Auge sieht die Pflanze dann weniger violett aus als für die Kamera.

Obwohl der Sensor einen kleinen IR-Anteil »sieht« und daher auch aufnimmt, lässt sich trotzdem keine echte IR-Aufnahme wie mit einem IR-Film herstellen. Dazu müsste der Sensor einen wesentlich größeren IR-Anteil erkennen können. Alle digitalen IR-Filter bewirken nur eine Simulation der Farbverschiebung, wie er vom IR-Film bekannt ist. Hier die bekannten Farben des IR-Films mit Einsatz eines Gelb-Filters:

IR-Film ohne Gelb-Filter:	IR (als Rot sichtbar)	Rot	Grün	Blau
mit Gelb-Filter:	Rot	Grün	Blau	Schwarz

3.1 Farbmodelle

Um eine Farbe eindeutig zu definieren, sind drei voneinander unabhängige Werte notwendig und ausreichend (z.B. Farbton, Sättigung, Helligkeit). Es gibt daher nicht nur das RGB-Farbmodell, sondern auch noch andere.

Farbmodell	Beschreibung	Verwendung
RGB	additive Mischung von Rot-Grün-Blau	Kamera, Scanner, Monitor
CMY	subtraktive Mischung von Cyan-Magenta-Yellow	Drei-Farben-Druck (wenig Bedeutung, siehe CMYK)
CMYK	wie CMY, jedoch zusätzlich Schwarz (K für Key-Farbe oder blacK)	Vier-Farben-Druck (höhere Kontraste als CMY)
HSB	Hue (Farbton), Saturation (Sättigung), Brightness (Helligkeit)	in der Bildbearbeitung nur indirekt über die Farbauswahl
XYZ, Yxy	geräteunabhängige Farbdarstellung	durch modernere Modelle abgelöst
Lab	Luminanz, Rot-Grün, Gelb-Blau	ähnlich wie XYZ, jedoch zylindrisch; durch CIE-LAB abgelöst
CIE-LAB	Luminanz, Rot-Grün, Gelb-Blau	ähnlich wie Lab, jedoch gleicher Abstand für gleiche visuelle Unterschiede
CIE-LUV		ähnlich wie CIE-Lab, jedoch andere Farbachsen

Die für uns wichtigsten Farbmodelle sind grün markiert.

RGB, CMYK, HSB: Diese Farbmodelle sind **geräteabhängig**. Bei der Interpretation der Farben kommt es darauf an, in welchem Farbraum eine Datei gespeichert wurde. Ohne Angabe des Farbraums können die Farben nicht exakt ermittelt, sondern höchstens geschätzt werden (die Folge wären Farbabweichungen).

CIE-LAB: Dieses Farbmodell ist **geräteunabhängig** und beinhaltet alle Farben, die der Mensch unterscheiden kann. Bei der Umrechnung zwischen verschiedenen Farbmodellen oder auch Farbräumen wird häufig in einem Zwischenschritt (programmintern und unbemerkt) über dieses Farbmodell umgerechnet. Das CIE-LAB-Farbmodell wurde 1976 entwickelt und löste das seit 1947 gültige Lab-Farbmodell ab. Heute wird mit Lab nur mehr das modernere der beiden Modelle bezeichnet.

Bilder werden üblicherweise im RGB-Modell (gemeinsam mit dem Farbraum) gespeichert. Seltener kommt das Lab-Modell beim Speichern zum Einsatz. In diesem Fall entfällt die Angabe des Farbraums, da das Lab-Modell eindeutig definiert ist. Für den Druck separierte Dateien liegen im CMYK-Modell vor.

→ **Hinweis:** Die Separation nach CMYK sollte ein Fotograf üblicherweise der Druckerei überlassen, da diese über mehr Erfahrung verfügt. Die CMYK-Separation ist daher auch nicht Thema dieses Buches. Für einen Proof liefern Druckereien den Farbraum ihres Prozesses als ICC-Farbprofil auf Wunsch zu.

3.2 Farbräume

Der Farbraum beschreibt im einfachsten Fall die Eckpunkte der darstellbaren Farben (Primärfarben). Bei allen geräteabhängigen Farbmodellen wird daher die Angabe eines Farbraums benötigt. Fehlt die Angabe des Farbraums, so wird bei vielen Programmen einfach der sRGB Farbraum angenommen.

Liste gängiger Farbräume:

Name	Größe	Weißpunkt	γ	Primärfarben	Bemerkung, Anwendung
sRGB	klein	6500 K	2,2	HDTV (CCIR 709)	**PC-Monitor**
AppleRGB	klein	6500 K	1,8	Trinitron	Apple-Monitor
Color Match RGB	klein	5000 K	1,8	P22-EBU	Radius PressView-Monitor
SMPTE-C	klein	6500 K	2,2	NTSC 1979	
BruceRGB	klein	6500 K	2,2	BruceRGB	zwischen sRGB und AdobeRGB
AdobeRGB	mittel	6500 K	2,2	AdobeRGB 1998	**Fotografie, Bildbearbeitung**
NTSC (1953)	mittel	6774 K	2,2	NTSC 1953	Weißpunkt entspricht Normlicht C
ECI-RGB	mittel	5000 K	1,8	NTSC 1953	Arbeitsfarbraum für Druckvorstufe (Offsetdruck)
Photogamut	mittel	5000 K	2,2		www.photogamut.org
CIE RGB	mittel	5400 K	2,2	CIE-RGB	Weißpunkt entspricht Normlicht E
AdobeWide RGB	groß	5000 K	2,2	700 / 525 / 450 nm	ehem. Wide Gamut RGB
Pro Photo RGB	groß	5000 K	1,8	virtuell	Kodak-Referenzfarbraum (ROMM)

Die am häufigsten verwendeten Farbräume habe ich **fett** markiert.

In der Fotografie hat sich ein Weißpunkt von 6500 K und ein Gamma (γ) von 2,2 durchgesetzt. In der Druckvorstufe sind 5000 K und Gamma = 1,8 üblich. Bei korrekt eingerichtetem Farbmanagement ist es heute egal, mit welchem Weißpunkt oder Gamma gearbeitet wird. Wichtig ist nur, dass der gewählte Farbraum als ICC-Profil der Bilddatei (bei CNX und PS automatisch) angefügt wird.

→ **Tipp:** Für große Farbräume empfiehlt sich eine Farbtiefe von 16 Bit je Kanal, da es sonst zu unerwünschten Tonwertabrissen in Farbverläufen kommen kann. Ein zu großer Farbraum kann jedoch auch von Nachteil sein, dazu später mehr.

Eine Darstellung der als Hufeisen oder Schuhsohle bekannten CIE-Normfarbtafel siehe unter: http://de.wikipedia.org/wiki/CIE-Normvalenzsystem

Falls Sie nun fragen, warum nicht generell einfach im geräteunabhängigen Farbmodell Lab gearbeitet werden kann und man auf all die vielen Farbräume bei der Bildbearbeitung verzichtet, darf ich Ihnen folgende Literatur (jedoch nicht für Photoshop-Anfänger) empfehlen: [BV05]

Weißpunkt

Sie sind vielleicht der Meinung, dass Weiß doch eigentlich eindeutig sein müsste. Ist es aber nicht, da unser Auge (oder Gehirn) eine weiße Fläche immer als Weiß erkennt, und das unabhängig von der Farbe (Farbtemperatur) des Lichts (vorausgesetzt, es liegt ein kontinuierliches Spektrum vor). Für einen Sensor müssen wir diesen Unterschied ausgleichen.

Obwohl wir bei sRGB und AdobeRGB mit einem Weißpunkt von 6500 Kelvin arbeiten, heißt dies nicht, dass auch der Monitor auf 6500 K eingestellt sein muss. Ein möglicher Unterschied würde durch das Farbmanagement automatisch ausgeglichen werden. Trotzdem ist es meist üblich, den Monitor auf diesen Wert einzustellen, da 5000 K oft zu gelb und 9000 K viel zu blau wirken. Optimal wäre beim Monitor die gleiche Farbtemperatur wie das Umgebungslicht, was bei künstlicher Beleuchtung oft nur schwer realisierbar ist.

Wenn wir während eines Workflows unseren Farbraum konvertieren müssen und dabei auch der Weißpunkt geändert wird, dann ist eine höhere Farbauflösung als 8 Bit für die Genauigkeit bezüglich Rundungsfehlern sicher nicht von Nachteil. Reduzieren Sie die Farbtiefe daher erst nach der letzten Farbraumkonvertierung auf 8 Bit.

Gamma

Während Bildsensoren und TFT-Monitore eine annähernd lineare Helligkeitskennlinie aufweisen, arbeitet unser Auge wie viele andere Medien (Negativfilm, Fernseher ...) nichtlinear. Mit einer Gammakorrektur werden diese Unterschiede ausgeglichen.

Hier einige durchschnittliche Gammawerte von beteiligten Geräten:

Gerät	Gamma
Monitor	2,2 bis 2,5
Mac OS	1,8
Offsetdruck	1,4

Die Wahl des Gamma von 1,8 bei Mac OS ist historisch bedingt, um näher am Wert des Offsetdrucks zu liegen. Mit dem heutigen Farbmanagement wäre so ein Kunstgriff nicht mehr notwendig, da wir beim Proof jedes beliebige Gamma am Bildschirm beurteilen können. Bei nicht funktionierendem Farbmanagement würden Mac-Bilder in der Ausarbeitung zu dunkel werden, da Ausarbeiter mit sRGB und Gamma = 2,2 arbeiten.

Bei TFT-Monitoren wird in der Monitorelektronik ein Gamma von 2,2 simuliert, damit herkömmliche PC-Grafikkarten zur Ansteuerung verwendet werden können. Trotzdem sind viele TFT-Monitore für echtes Farbmanagement ungeeignet, da sie für optimale Farbverläufe die Kalibrierung in der Monitorelektronik durchführen müssten. Ist das nicht möglich, übernimmt die Grafikkarte die Umrechnung der Farbwerte, was jedoch eine Reduzierung des Tonwertumfangs bedeutet. Per Hardware kalibrierbare Monitore werden z.B. von der Firma Eizo angeboten (http://www.colorgraphic.eizo.de).

Die Wirkung eines falsch eingestellten Gamma-
wertes soll dieses Bild verdeutlichen.

Ist der Gammawert zu klein oder zu groß,
dann überwiegen die hellen bzw. dunklen Bildbereiche und lassen keine saubere Abstufung
mehr erkennen.

Sie können selbst den Einfluss von Gamma oder dem Farbraum vergleichen, indem Sie
ein 50 %-Grau (Lab = 50/0/0) in verschiedenen RGB-Farbräumen gegenüberstellen.

Lab	L = 50	a = 0	b = 0
Farbraum	Gamma	R	G	B
AppleRGB	1,8	100	100	100
ECI-RGB	1,8	100	100	100

sRGB	2,2	119	119	119
AdobeRGB	2,2	118	118	118
Photogamut	2,2	119	119	119
AdobeWide RGB	2,2	118	118	118

Vergleich von Arbeitsfarbräumen (siehe auch http://capture-nx.webtivation.at/farbraum.htm):

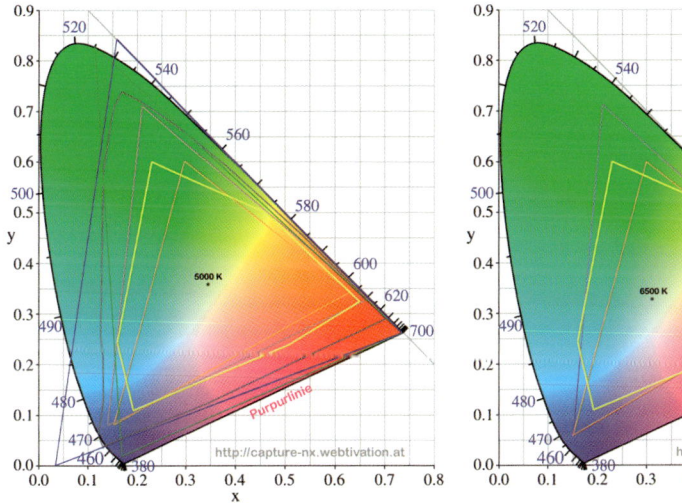

Color Match RGB

ECI-RGB

Photogamut RGB

AdobeWide RGB

Pro Photo RGB

Euroscale Coated

sRGB

AdobeRGB

Euroscale Coated

Im linken Diagramm sind Arbeitsfarbräume mit 5000 K dargestellt, wobei in der Druck-
vorstufe **ECI-RGB** sehr beliebt ist. Dieser Farbraum beinhaltet bis auf einige wenige Rot-
Töne den gesamten Farbraum des Offsetdrucks, hier als **Euroscale Coated** in beiden
Bildern gelb eingezeichnet.

Im rechten Diagramm sind Arbeitsfarbräume mit 6500 K dargestellt, wie sie in der
Fotografie häufig zu finden sind. Es ist deutlich zu erkennen, dass der sehr kleine **sRGB**-
Farbraum im Bereich der Grün- und Cyan-Töne den Farbraum des Drucks beschneidet.

Der Farbraum von Tintenstrahldruckern geht teilweise sogar über den des Offsetdrucks hinaus, sodass selbst **AdobeRGB** diesen nicht zu 100 % abdecken kann.

Die extrem großen Farbräume AdobeWide und Pro Photo kennen zwar kein Problem der Farbraumbeschneidung *(Clipping)*, es kann jedoch bei der notwendigen Konvertierung in den Druckfarbraum je nach gewähltem Rendering Intent zu unerwünschter Reduktion von Sättigung oder Kontrast kommen. Aus diesem Grund werden Farbräume dieser Größe oft nur dort eingesetzt, wo sie wirklich notwendig sind, z.B. wenn das Ausgangsmaterial bereits einen erweiterten Farbumfang besitzt.

Ein Optimum zwischen Größe und Beschneidung des Druckfarbraums soll Photo Gamut bieten, wobei dieser Farbraum schon allein durch seine überdurchschnittliche Filegröße auffällt. Es handelt sich dabei nicht um ein (bei Arbeitsfarbräumen) übliches Matrix-Profil, sondern um eine Look-Up-Tabelle, wie sie sonst bei Druckerprofilen üblich ist. Erkennbar ist das auch daran, dass die Grenzen nicht durch ein Dreieck, sondern durch ein Vieleck beschrieben werden. Der Farbraum kann auf folgender Seite heruntergeladen werden: http://www.photogamut.org/

3.3   Farbkonvertierung im BV-Workflow

Es stellt sich die Frage, wofür man so viele unterschiedliche Farbräume eigentlich benötigt und was man damit machen soll. Sehen wir uns dazu einen üblichen Workflow im Bildverarbeitungsprozess mit Farbmanagement einmal genauer an.

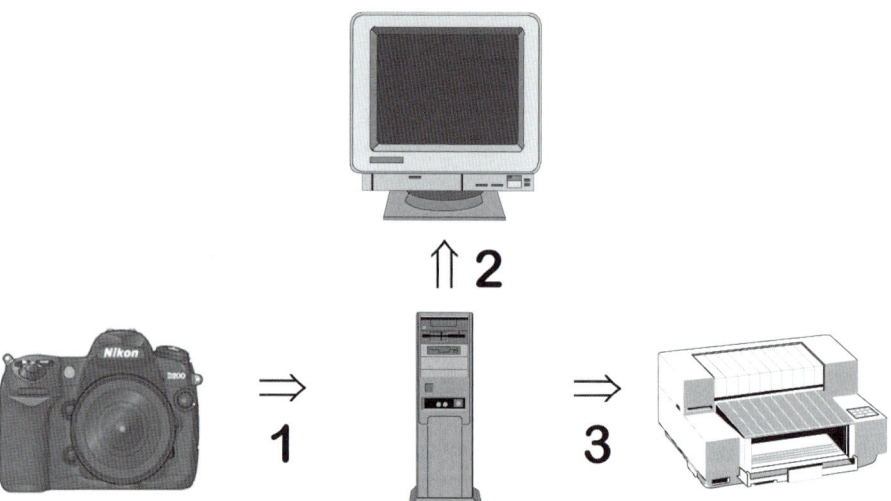

Das Bild gelangt von der Kamera (oder dem Scanner) in den Computer, wird auf dem Monitor dargestellt und auf einem Drucker (oder anderen Gerät) ausgegeben.

Farbprofil

An all diesen Schnittstellen ist Farbmanagement beteiligt und sorgt für eine richtige Interpretation von Farbwerten. Jedes Gerät hat seinen eigenen individuellen Farbraum, der in einem Profil beschrieben werden kann. Wir betrachten nun die folgenden drei Schnittstellen im Detail:

1a. Kamera → Computer

An dieser Stelle ist Farbmanagement implizit beteiligt und muss für gewöhnlich nicht beachtet werden. Bei CNX (und auch bei Adobe Camera Raw) ist das Profil der Kameras fix implementiert und kann gar nicht geändert werden. Einige wenige Bildbearbeitungsprogramme können auch mit individuellen Kameraprofilen umgehen. Bei der Erstellung dieser Profile ist jedoch eine Hürde zu überwinden. Sie benötigen für jede Lichtsituation ein eigenes Profil, und das rentiert sich wohl nur bei Studioaufnahmen. Dass Farbmanagement hier wahre Wunder vollbringen kann, zeigen Aufnahmen bei Leuchtstoffröhren. Diese haben kein kontinuierliches Spektrum und können daher mit dem manuellen Weißabgleich weder in CNX noch in PS vollständig korrigiert werden. Mit einem Kameraprofil gelingt selbst diese heikle Aufnahmesituation: Ein Farbstich wird zu 100 % korrigiert, siehe dazu [FM02].

Noch ein Tipp zu **Leuchtstoffröhren**: Diese haben nicht nur ein ungewöhnliches Spektrum, sondern auch eine (für die Fotografie) zu kurze Nachleuchtdauer. Um optimale Belichtungswerte zu erhalten, sollten Sie mit einer längeren Zeit als der Netzfrequenz arbeiten (z.B. $\geq 1/60$ s).

1b. Scanner → Computer

Der Scannerhersteller liefert mit seinem Treiber ein fix implementiertes Profil mit, das jedoch durch ein eigenes, individuell ausgemessenes Profil ersetzt werden kann. Für das Ausmessen eines Scannerprofils wird eine Vorlage und Software benötigt, Information darüber finden Sie z.B. in [FM02].

2a. Computer → Monitor (für Bildbearbeitung)

Der Monitorhersteller liefert mit seinem Treiber ein fix implementiertes Profil mit. Da jeder Monitor einer Exemplarstreuung und auch einer Alterung unterliegt, wird empfohlen, ein **eigenes** Monitorprofil anzufertigen. Leider ist in Windows (95 bis Vista) keine entsprechende Software dafür enthalten. Wenn Sie PS besitzen, können Sie das mitgelieferte Tool verwenden. Windows verwendet das ermittelte Profil für alle Programme, da sich der »Adobe Gamma Loader« ins Autostart-Menü einbindet. Wesentliche besser ist eine echte Kalibrierung über ein entsprechendes Kalibriergerät.

2b. Computer → Monitor für Bildbeurteilung (= Proof)

Um bereits am Bildschirm beurteilen zu können, wie ein Bild auf einem bestimmten Drucker aussehen wird, können Sie Ihr Bild vorab am Monitor mit dem Profil des Druckers betrachten (diese Proof-Möglichkeit bietet auch Capture NX).

3a. Computer → eigener Drucker

Wenn Sie ein Bild auf Ihrem eigenen Drucker ausgeben, können Sie die Konvertierung in den Druckerfarbraum dem Druckertreiber mit seinem fix implementierten Profil überlassen oder ein eigenes Profil, abgestimmt auf Ihren individuellen Drucker mit den verwendeten Farben und Papier, erstellen. Dieses selbst erstellte Profil können Sie entweder durch das Farbmanagement des Betriebssystems, über den Druckertreiber oder durch das Farbmanagement des Bildverarbeitungsprogramms berechnen lassen (auch diese Funktionen sind in Capture NX implementiert).

3b. Computer → fremder Drucker

Wenn Sie Ihr Bild zur Ausarbeitung verschicken, so überlassen Sie die Konvertierung dem Ausarbeiter oder der Druckerei. Vergewissern Sie sich, in welchem Arbeitsfarbraum (siehe Kapitel 3.4) Sie das Bild liefern können.

Umrechnungsmethode *(Rendering Intent)*

Die Umrechnung von einem Farbraum in einen anderen erfolgt über das Farbmanagementmodul des Betriebssystems oder der Bildverarbeitung.

Obwohl die Namen dieser Module unterschiedlich sind (z.B. ColorSync bei Mac OS, ICM bei Windows und ACE bei Adobe), ist ihre Funktionsweise nahezu identisch.

Es stehen folgende Berechnungsmethoden *(Rendering Intent)* dabei zur Verfügung:

Rendering Intent	Wirkungsweise	Verwendung
Wahrnehmungsorientiert (*Perzeptiv*, Fotografisch)	Erhaltung der Tonwerte auf Kosten der Sättigung	**Bildschirmdarstellung** bei Digitalfotografie
Relativ Farbmetrisch (*Proofing*)	Erhaltung der Helligkeit, Weißpunkt wird angepasst, Schwarzpunkt laut Option *)	**Druck** von Fotos
Absolut Farbmetrisch (*Logo Colors*)	Erhaltung der Helligkeit, Weißpunkt wird nicht angepasst	**Proof** inkl. Papierfarbe, Druck von Firmenlogos
Sättigung (*Graphics*)	Erhaltung der Sättigung auf Kosten des Farbtons	Grafiken, Diagramme

*) Bei »Relativ Farbmetrisch« steht in PS und CNX noch die Option »**Schwarzpunktkompensation**« zur Verfügung. Sie liegt vom Ergebnis her zwischen Perzeptiv und Relativ Farbmetrisch ohne Schwarzpunktkompensation. Für den Druck hat sich diese Methode bewährt.

In Klammern finden Sie die englischen (oder alternativen) Bezeichnungen.

Der Rendering Intent »Sättigung« wird nur bei bunten Grafiken verwendet, bei denen es nicht auf exakte Farben ankommt. Die ersten drei Rendering Intents werden bei der Umrechnung zum Bildschirm, zum Drucker und beim Proof verwendet.

→ **Tipp:** Falls beim Ausdruck Kontraste in hochgesättigten Bereichen verloren gehen, können Sie auch beim Druck »Perzeptiv« wählen, wobei dann jedoch wieder Sättigung verloren geht.

In einem üblichen Farbworkflow für Fotografie haben wir für unseren Monitor **ein** Profil, für die Kamera kein explizites und für den Drucker je eines pro Papiersorte. Streng genommen arbeiten Fotoapparate gar nicht nach dem empfohlenen ICC-Workflow, da sie intern bereits nach AdobeRGB (oder sRGB) umrechnen und nicht das native Kameraprofil einbetten. Der intern verwendete Rendering Intent wird dabei oft nicht bekannt gegeben.

Die Umrechnung von einem kleinen in einen großen Farbraum erfolgt immer unter Beibehaltung der exakten Farbwerte, egal welcher Rendering Intent gewählt wurde. Wird jedoch von einem großen in einen kleinen Farbraum umgerechnet, so gilt es immer einen Kompromiss zu finden, bei dem das Ergebnis möglichst überzeugen kann.

Während beim Proof der absolut farbmetrische Rendering Intent gewählt wird, um auch die Papierfarbe zu simulieren, ist es beim Druck von Fotos nicht immer leicht, den optimalen

Rendering Intent zu finden. Es hängt manchmal sogar stark vom Motiv ab, ob das Ergebnis mehr mit »Wahrnehmungsorientiert« oder mit »Relativ Farbmetrisch« überzeugt.

Die folgenden Grafiken sollen verdeutlichen, welcher Kompromiss bei der Umrechnung in Kauf genommen werden muss und wie wir unsere Aufnahmen optimal drucken können. Die Darstellung hier ist stark vereinfacht, da sie nur die unterschiedlichen Umrechnungsmethoden gegenüberstellen soll. Eine korrekte Darstellung hätte keine exakte Kreisform und wäre auch nur im dreidimensionalen Raum vollständig abbildbar.

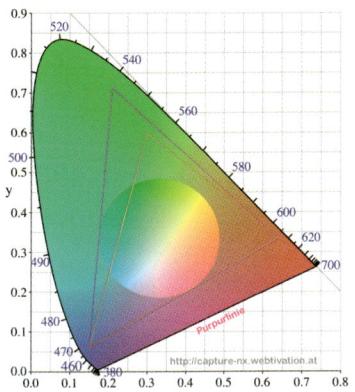

Der große Kreis in der ersten Abbildung kennzeichnet den Farbumfang des Originalbildes aus der Kamera.

Die Aufnahme im **AdobeRGB**-Farbraum nutzt den gegenüber dem sRGB-Farbraum erweiterten Grün- und Cyan-Bereich.

Dieses Bild soll nun auf zwei verschiedene Arten in den kleineren sRGB-Farbraum umgerechnet werden.

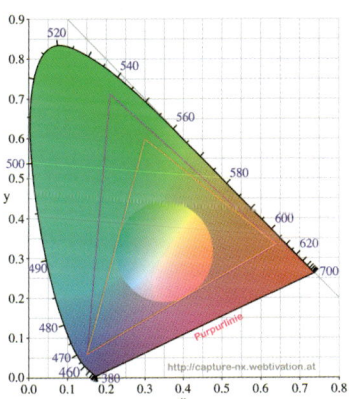

Im ersten Fall wurde das Bild »**Wahrnehmungsorientiert**« *(Perzeptiv)* umgewandelt. Diese Methode erhält das Verhältnis aller Tonwerte zueinander und ergibt daher in vielen Fällen ein stimmiges Ergebnis. Dies wird erreicht, indem sämtliche Farbwerte umgerechnet werden, auch solche, die im Zielfarbraum eigentlich darstellbar wären. Für die Anzeige am Bildschirm wird überwiegend diese Umrechnungsmethode eingesetzt.

Für den Druck empfiehlt sich dieser Rendering Intent nur dann, wenn der Original-Farbraum voll genutzt wurde und Kontraste in hochgesättigten Bereichen erhalten bleiben sollen.

Im zweiten Fall wurde das Bild »**Relativ Farbmetrisch**« umgewandelt. Bei dieser Methode werden nur jene Farbwerte umgerechnet, die im Zielfarbraum nicht darstellbar sind, wobei auf möglichst gute Übereinstimmung der Helligkeit geachtet wird.

Für den Druck empfiehlt sich dieser Rendering Intent immer dann, wenn im Originalbild kaum Farbwerte außerhalb des neuen Zielfarbraumes vorkommen oder wenn es gilt, möglichst keine Sättigung in den restlichen Farbwerten zu verlieren.

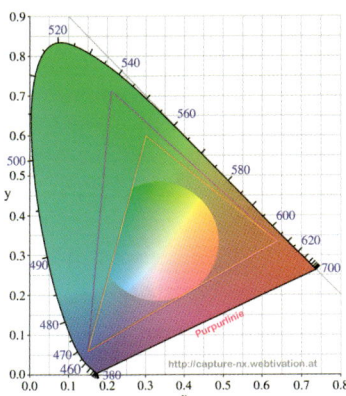

Kontraste im hier gekappten Grün-Bereich gehen in diesem Fall verloren.

→ **Tipp:** Wenn beim Ausdruck mit »Relativ Farbmetrisch« im Grün- und Cyan-Bereich zu viel an Kontrasten verloren geht, versuchen Sie einen Ausdruck mit dem Rendering Intent »Wahrnehmungsorientiert«.

→ **Hinweis:** Diese Darstellung ist farbraumtechnisch gesehen nicht völlig korrekt, zeigt die Problematik aber recht deutlich.

3.4 Arbeitsfarbraum

Um nicht laufend von einem Farbraum in einen anderen umrechnen zu müssen, wird seit Photoshop-Version 5 in einem genormten Arbeitsfarbraum gearbeitet. Ein Bild kann somit gespeichert und weitergegeben werden, ohne Monitor oder Drucker des Empfängers kennen zu müssen. Der Arbeitsfarbraum sollte nicht kleiner sein als die Farbräume der beteiligten Geräte (Kamera, Monitor, Drucker). Er muss aber auch nicht deutlich größer sein, weil damit die Qualität nicht unbedingt steigt.

Ich habe hier die Liste der Farbräume auf gängige Arbeitsfarbräume reduziert.

Profil-Name	Größe	Weißpunkt	γ	Bemerkung, Anwendung
sRGB	klein	6500 K	2,2	kleiner als Kamera- und Druckerfarbraum
AdobeRGB	mittel	6500 K	2,2	**Fotografie, Bildbearbeitung**
ECI-RGB	mittel	5000 K	1,8	Arbeitsfarbraum für Druckvorstufe (Offsetdruck)

sRGB ist der am häufigsten verwendete Farbraum. Er entspricht einem durchschnittlichen Monitorfarbraum, ist jedoch etwas kleiner als ein üblicher Druckerfarbraum. Bei Verwendung dieses Farbraums gehen daher Tonwerte (vor allem im Grün- und Cyan-Bereich) verloren.

AdobeRGB wird bei Profis in der Fotografie gerne verwendet. Da er größer ist als der Druckerfarbraum, gehen keine Farbwerte der Kamera zum Druck verloren, auch wenn diese am Monitor nicht alle dargestellt (unterschieden) werden können.

ECI-RGB wird als Arbeitsfarbraum für den Druck gerne verwendet. Er entspricht in der Größe ungefähr dem AdobeRGB-Farbraum (etwas mehr Farbtöne im Rot- und Grün-Bereich, dafür etwas weniger im Blau-Bereich).

Was passiert, wenn der Arbeitsfarbraum zu klein gewählt ist?

Wir wollen unser Gedankenexperiment mit den Grün-Tönen weiter betrachten. Stellen Sie sich drei unterschiedliche Grün-Töne vor, die Sie mit Ihrer Kamera einmal in sRGB und einmal in AdobeRGB fotografieren.

Wir wollen nun zwei verschiedene Szenarien betrachten.

1. Kamera auf JPEG sRGB eingestellt:
   In der Kamera werden bereits alle nicht im sRGB-Farbraum enthaltenen Farben umgerechnet (je nach Rendering Intent werden auch die restlichen Farben leicht verschoben, um die Farbabstände zu erhalten). An Monitor und Drucker werden die umge-

rechneten Farben ausgegeben, Grüntöne außerhalb des sRGB Farbraums gehen daher verloren, selbst wenn Monitor oder Drucker diese wiedergeben könnte.

2. Kamera auf JPEG AdobeRGB eingestellt:
   In der Kamera werden die Farben direkt im AdobeRGB-Farbraum gespeichert, bei der Darstellung am Monitor jedoch werden alle Farben in den Monitorfarbraum umgerechnet. Am Drucker werden die Farben des Druckerfarbraums korrekt wiedergegeben, die restlichen Farben bestmöglich. Die Darstellung am Monitor entspricht ungefähr dem Szenario 1, die Ausgabe auf dem Drucker ist in Szenario 2 besser, aber trotzdem nicht 100-prozentig richtig.

Jetzt werden Sie sicherlich wissen wollen, wie Sie die farbrichtige Ausgabe am Drucker weiter verbessern können. Nachdem die Technologie bei Fotodruckern noch lange nicht am Ende angekommen ist, profitieren Sie beim Kauf eines aktuellen Modells von der Weiterentwicklung der Tintentechnologie der letzten Jahre. Auch die Monitortechnologie schreitet zügig voran und der darstellbare Farbraum von Monitoren wird laufend verbessert (z.B. durch moderne Hintergrundbeleuchtung bei TFT-Monitoren). Wenn Sie allerdings im sRGB-Farbraum fotografieren, so werden Sie von diesem Fortschritt weder am Bildschirm noch im Ausdruck etwas bemerken.

Monitore für den AdobeRGB-Farbraum: Eizo CG-Reihe,
NEC SpectraView Wide Gamut

Wir haben es im Wesentlichen mit drei Arten von Farbprofilen zu tun:

1. Eingabeprofil: Wird häufig bei Scannern verwendet, seltener bei Fotoapparaten, da hier, wie bereits erwähnt, die Kamera bei JPEG bereits in den Arbeitsfarbraum umrechnet. Bei RAW-Aufnahmen wird diese Aufgabe vom RAW-Konverter übernommen, wobei aufgrund des fehlenden ICC-Profils jeder Konverter etwas andere Farben liefert. Eine Besserung in diesem Prozess ist derzeit nicht in Sicht. Beim Scannen eines Bildes wird bei aktivem Farbmanagement das Profil des Scanners in das Bild eingebettet. Ein ICC-fähiges Bildbearbeitungsprogramm kann dieses Profil richtig interpretieren und die Farbdarstellung anpassen.

2. Monitorprofil: Das erstellte Profil unseres Monitors, aber auch das genormte Profil unseres Arbeitsfarbraums gehören in diese Gruppe. Wenn wir ein Bild im Arbeitsfarbraum bearbeiten, ist der erste Schritt beim Öffnen die Umwandlung vom eingebetteten Profil (z.B. laut Scanner) in den gewählten Arbeitsfarbraum (z.B. AdobeRGB). Alternativ können wir ein Bild auch laut eingebettetem Profil direkt bearbeiten.

3. Ausgabeprofil: Drucker, Fotobelichter, Druckmaschinen sind in dieser Gruppe zu finden. Wenn ein Bild unmittelbar vor dem Druck in das Druckerprofil umgewandelt wird, so wird dieses konvertierte Bild üblicherweise nicht gespeichert. Es ist jedoch auch möglich, ein Bild laut Ausgabeprofil konvertiert zu speichern und z.B. einer Druckerei das fertig konvertierte Bild zur Ausgabe zu schicken.

Profile für Monitor und Arbeitsfarbraum werden meist als Umrechnungsmatrix in Bezug auf CIE-Lab gespeichert und sind entsprechend klein (1 bis 10 kB). Scanner und Druckerprofile sind als Look-Up-Tabelle gespeichert und daher deutlich größer (50 kB bis 1,5 MB).

Bei Kalibriermessgeräten unterscheidet man zwischen einem einfachen Colorimeter, das nur die drei Grundfarben messen kann, und einem Spektralphotometer, das auch den spektralen Farbverlauf misst. Zur Kalibrierung von Scannern ist kein Messgerät notwendig (das ist der Scanner ja selber), Sie benötigen in diesem Fall nur eine Kalibrier-Software und die dabei mitgelieferte Scanvorlage *(IT8-Target)*.

Beispiel für Messgeräte zur Kalibrierung von www.GretagMacbeth.com:

Gerät	Messprinzip	geeignet für
Eye-One Display	Colorimeter	Monitore
Eye-One	Spektralphotometer	Monitore, Drucker, Beamer

Um den Kauf eines teuren Spektralphotometers zu sparen, können Sie Ihren Drucker auch über einen entsprechenden Dienstleister kalibrieren.

Ich hoffe, dass ich mit dieser kurzen Einführung in das Farbmanagement das Interesse bei Ihnen geweckt habe, selbst einmal zumindest eine Monitor-Kalibrierung durchzuführen.

Karlskirche in Wien

4 Workflow und Bildverwaltung

Die Bildbearbeitung selbst ist nur ein Teil (mit Sicherheit der kreativste) des gesamten Ablaufs der Bildverarbeitung im Computer. Dieses Kapitel gibt Ihnen nun einen Überblick über den gesamten Arbeitsablauf *(Workflow)* vom Einlesen der Daten in den Computer bis zur Archivierung und Ausgabe. Besonders auf das Thema »Bildverwaltung« möchte ich aufmerksam machen, da es mehr bedeutet, als ein Bildanzeigeprogramm *(Viewer)* zu besitzen, das Vorschaubilder *(Thumbnails)* anzeigen kann. Damit haben Sie auch gleich die wichtigsten englischen Begriffe für dieses Thema kennen gelernt.

Ich habe im Anhang A.2 zwei übliche Workflows (mit Capture NX und mit Adobe DNG-Converter, Adobe Camera Raw und Adobe Photoshop) dargestellt.

Wir können dabei im Wesentlichen die folgenden Bearbeitungsschritte erkennen:

1. Einlesen der Bilder in den PC
2. Bewertung und Löschen der doppelten und schlechten Aufnahmen
3. Umbenennung der Dateinamen (optional)
4. Verschlagwortung mittels IPTC-Tags (optional)
5. Bearbeitung der NEF-Dateien (siehe Kapitel 2)
6. Konvertierung in andere Bildformate
7. Konvertierung in offenes RAW-Format (z.B. Adobe DNG, optional)
8. Verschlagwortung mittels Datenbank (optional)
9. Bearbeitung mit Adobe Camera Raw und Photoshop (optional)
10. Konvertierung mit Photoshop (optional)
11. Ausarbeitung und Präsentation (im Diagramm nicht dargestellt)
12. Sicherung *(Backup)* (im Diagramm mit satter Farbe hinterlegt)

Ihr Workflow wird natürlich wesentlich einfacher aussehen als dieser hier, schließlich werden Sie viele der optionalen Punkte gar nicht benötigen.

Im Anhang ist der Workflow mit Capture NX (CNX) grün dargestellt, der Adobe-Workflow ist gelb hinterlegt, beide beziehen sich auf das jeweilige RAW-Format. Falls Sie nur im JPEG-Format fotografieren oder andere Programme einsetzen, so wird Ihr Workflow entsprechend von den beiden gezeigten abweichen.

4.1 Einlesen der Bilder in den PC

Dies ist der erste (und zugleich einfachste) Schritt in unserem Arbeitsablauf am PC.

Es gibt zwei Möglichkeiten, die Aufnahmen in den PC zu bekommen:

1. Sie verbinden die Kamera über USB mit dem PC.
   (Langsamere Variante, achten Sie auf den Ladezustand des Akkus.)
2. Sie lesen die Speicherkarte mit einem Lesegerät aus.
   (Schnellere Variante, achten Sie dabei auf die Kontakte im Lesegerät, diese können bei unsanfter Behandlung manchmal abbrechen.)

Wenn Sie die Aufnahmen auf einem Image Tank gesammelt haben, so bleibt ohnehin nur der Weg über USB, FireWire oder eSATA.

Es gibt oft die Frage nach dem optimalen Programm zum Übertragen der Daten. Diese Frage lässt sich jedoch nicht generell beantworten. Viele Hersteller (auch Nikon) liefern Programme zum Übertragen mit, diese Programme können die Daten während der Übertragung gleich umbenennen, automatisch ins Hochformat drehen, in einem bestehenden oder neuen Verzeichnis sammeln, IPTC-Daten befüllen und noch mehr. Das wichtigste Feature fehlt diesen Programmen jedoch meistens, nämlich zu prüfen, ob tatsächlich alle Daten fehlerfrei übertragen wurden.

→ **Tipp:** Da Sie sowohl auf die angeschlossene Kamera als auch auf ein Lesegerät ganz normal wie auf ein Laufwerk zugreifen können, verwenden Sie einfach den Windows **Explorer** (oder Mac OS **Finder**) und erledigen Sie die Zusatzaufgaben wie z.B. »Umbenennen« in einem weiteren, eigenen Schritt. Optional können Sie auch ein übliches Kopierprogramm wie z.B. »**Beyond Compare**« von www.ScooterSoftware.com einsetzen, mit dem ein anschließender Datenvergleich möglich ist.

→ **Achtung:** Wenn die Daten auf den PC überspielt sind, geben Sie die Speicherkarte nicht sofort wieder zum Löschen frei. An dieser Stelle sollte die erste Sicherung erfolgen. Erst wenn das erfolgreich war, kann die Speicherkarte gelöscht werden.

Es gibt mehrere Möglichkeiten, wie Sie die Speicherkarte löschen können:

▸ Alle Bilder auf der Karte vom PC aus löschen
▸ Karte vom PC aus formatieren
  Es gibt mehrere Möglichkeiten der Formatierung im PC; für Notfälle, falls eine Karte nicht mehr beschrieben werden kann, könnte diese Variante eine Lösung darstellen.
▸ Alle Bilder auf der Karte über die Kamera löschen
  Achtung: ausgeblendete Bilder werden dabei nicht gelöscht
▸ **Karte in der Kamera formatieren**
  Führt eine Schnellformatierung durch, die Daten sind über Rescue-Software noch auslesbar
  (PhotoRescue von www.DataRescue.com | ImageRescue von Lexar | RescuePro von SanDisk).

→ **Tipp:** Ich empfehle (ebenso wie Nikon) die schnellste und einfachste Variante (fett markiert).

→ **Achtung:** Falls Sie eine **Speicherkarte verkaufen** und sämtliche Daten darauf unlesbar **vernichten** wollen, so können Sie mit einer (oft mit der Karte mitgelieferten) Rescue-Software sämtliche Daten auf der Karte unwiederbringlich entfernen. Eine Alternative wäre das Vollfotografieren der Karte (z.B. mit einer weißen Wand).

4.2 Bewertung und Löschen der doppelten und schlechten Aufnahmen

Ich gehe davon aus, dass Sie mehr Aufnahmen machen, als Sie aufheben wollen. Um die Aufnahmen am PC rasch beurteilen zu können, ist ein geeignetes Programm (Bild-Viewer oder Bild-Browser) hilfreich. Falls Sie ausschließlich im NEF-Format fotografieren, muss der Viewer dieses Format unterstützen.

Folgende Funktionen könnten bei einem Bild-Viewer nützlich sein:

	Nikon ViewNX V 1.1.1	XnView	iView Media Pro (Expression Media)	ThumbsPlus	ACDSee Pro
Preis	0	0	200 $	100 €	65 $
Bildschirmfüllende Anzeige	+	+	+	+	+
Zoom bis 100 %	+	+	+	+	+
Einblenden der EXIF-Daten (konfigurierbar) [1.)]	O	+	—	+	+
Histogramm einblendbar	+	O	+	—	—
Rasche Anzeige der eingebetteten Thumbnails	+	+	+	—	—
Laden des nächsten Bildes im Hintergrund [2.)]	—	+	—	—	+
Automatisches Drehen ins Hochformat [3.)]	+	+	+	O	—
Händisches Drehen ins Hochformat [4.)]	+	O	+	O	O
Bewerten der Bilder mit Note (z.B. 1 bis 5) [5.)]	+	+	+	—	+
Markieren der Bilder (z.B. zum Löschen)	+	+	+	+	—
Löschen des angezeigten Bildes	+	+	+	+	+

Die meisten Viewer unterstützen weit mehr Funktionen (Bildbearbeitung, Bildverwaltung, Diashow, Web-Galerie, Druck), die an dieser Stelle jedoch nicht von Interesse sind.

+   *Funktion wird optimal unterstützt*
O   *Funktion wird teilweise unterstützt*
—   *Funktion wird nicht unterstützt*

1. Einblenden der EXIF-Daten:
   Die Daten (z.B. Belichtung, ISO, Brennweite ...) müssen in der Vollbildansicht (nicht in der Thumbnail-Ansicht im Browser-Mode) angezeigt werden, am besten natürlich konfigurierbar (wie bei ACDSee oder XnView). Bei nicht konfigurierbarer Anzeige ist die Bewertung gelb.
2. Laden des nächsten Bildes im Hintergrund:
   ACDSee und XnView halten das nächste (und das vorige) Bild im Speicher und schaltet so innerhalb von Sekundenbruchteilen (praktisch in Echtzeit) weiter (und auch wieder zurück). Es wäre schön, wenn andere Programme dieses Feature übernehmen würden.

3. Automatisches Drehen ins Hochformat:
   Diese Funktion wird von vielen Programmen bei unbearbeiteten NEF-Files nicht unterstützt. CNX speichert nach der Bearbeitung im NEF-File automatisch ein (bereits gedrehtes) JPEG-Preview-Bild. Die meisten Viewer zeigen nur dieses Preview-Bild an, können es jedoch nicht selbst automatisch drehen. Die Bewertung ist in diesem Fall dann gelb.
4. Händisches Drehen ins Hochformat:
   Obwohl Nikon Kameras mit Lagesensor die Bildorientierung bei der Aufnahme bereits markieren, kommt es trotzdem ab und zu vor, dass Bilder richtiggestellt werden müssen. Die getesteten Programme können alle in der Vollbilddarstellung zumindest ein JPEG-Bild drehen, eine grüne Bewertung gibt es nur, wenn auch die Orientierung bei NEF-Bildern gedreht werden kann.
5. Bewerten der Bilder:
   Jedes Programm speichert die Bewertung eines Bildes auf seine Art, sodass andere Programme diese Bewertung daher nicht lesen können. Nikon geht mit ViewNX erstmals einen völlig neuen und richtungweisenden Weg. ViewNX und CNX2 speichern die Bewertung auf die gleiche Art, wie im Windows Explorer die Bewertung *jeder* Datei gespeichert wird. Ich hoffe, dass auch andere Programme bald diesem Beispiel folgen. Erstmals wäre es damit möglich, die Bewertung Programm übergreifend auszuwerten.

Nikon ViewNX sollte bereits Ende 2006 (für ca. 50 € unter dem Namen ViewPro) auf den Markt kommen und ist jetzt seit 2007 der offizielle Nachfolger für Nikon View und ebenfalls kostenlos. Gleichzeitig wurde nicht nur Nikon View sondern auch gleich die Weiterentwicklung für PictureProject eingestellt. ViewNX kann (wie auch CNX2) NEF und JPG als sogenannten Stapel verwalten. Beide Dateien werden als ein einziges Bild betrachtet und auch gemeinsam dargestellt, gedreht, umbenannt und gelöscht. Das funktioniert jedoch nur mit unbearbeiteten Aufnahmen. Wenn Sie mit CNX ein NEF-Bild bearbeiten und daraus ein neues JPG erzeugen, sind diese Bilder zwar auch identisch, ViewNX kann solche Bilder jedoch trotz gleichen Dateinamens nicht mehr stapeln.

XnView ist (wie auch das bekanntere IrfanView) ein kostenloser Viewer, der laufend weiter entwickelt wird. Diese Freeware Viewer können zwar bei einem NEF-Bild die Orientierung nicht verändern, bieten aber bei manch anderen Funktionen eine gute Alternative zu der kostenlosen Variante von Nikon.

iView Media Pro steht als Vertreter eines vollwertigen Bildverwaltungsprogrammes, das sich ebenfalls zur Bewertung eignet. Der Nachteil dabei ist, dass auch jene Bilder vorübergehend in den Katalog aufgenommen werden, die nach der Bewertung ohnehin wieder zu löschen sind. Ein BV-Programm mit guter Datenbank sollte damit jedoch kein Problem haben. Seit 2007 wird diese Software von Microsoft unter dem Namen »Expression Media« verkauft, aber leider kaum mehr weiterentwickelt.

ACDSee wurde generell nur in der Pro-Variante getestet, da die preiswerte Version kein Farbmanagement mit ICC-Profilen unterstützt.

Es gibt noch hunderte weiterer Programme, die ich hier nicht verglichen habe. Je nachdem, welche Funktion Ihnen wichtig erscheint, werden Sie sich für das eine oder andere Tool entscheiden. Wir werden versuchen, für unseren Workflow mit möglichst wenigen Programmen auszukommen, um nicht bei jedem Schritt das Programm wechseln zu müssen.

Um die EXIF Daten (wie z.B. Belichtung, Objektiv, …) übersichtlich anzuzeigen, ist in der Regel ViewNX oder Capture NX bestens geeignet. Da die Nikon Programme jedoch nicht sämtliche EXIF Daten (wie z.B. Anzahl Auslösungen) anzeigen, verwenden Sie dafür zusätzlich eines der zahlreichen EXIF-Viewer-Tools.

Programm	Preis	Sprachen	Vorteil	Nachteil
Exifer V 2.1.5 (abgekündigt) www.exifer.friedemann.info	kostenlos	de, en	mächtige EXIF/IPTC-Bearbeitung	zeigt neuere XMP- TAGs nicht an (z.B.: Location)
ExifPro Image Viewer www.exifpro.com	20 $	en	inkl. einfacher Bildbearbeitung	
EXIFutils V 2.7 www.hugsan.com/EXIFutils/	30 $	en	sehr mächtig	nur Script-Mode
Opanda – IExif V 2.3 www.opanda.com	Freeware	en	auch als Professional erhältlich (um 20 $)	nur JPEG
Opanda – PowerExif V 1.2 www.opanda.com	50 $	en	auch als Professional erhältlich (um 90 $)	
Microsoft Photo Info http://www.microsoft.com/prophoto/ downloads/photoinfo.aspx	kostenlos	en	erweitert die Explorer-Suchfunktion	
Smart Photo Tools V 3.0 www.softsymphony.com	20 $	en	erstellt Statistiken	
Exif-Viewer 2.50 www.amarra.de/exif.htm	Freeware	de		
GraphicConverter www.lemkesoft.de	25 €	de	inkl. einfacher Bildbearbeitung	
Simple EXIF Viewer for Mac OS X http://homepage.mac.com/aozer/EV/	Freeware	en		
Image Info www.kanzu.com	25 $	en		

→ **Hinweis:** Die grün markierten Programme sind auch für Mac OS verfügbar, die gelb markierten ausschließlich (vielen Dank an Peter Faber).

4.3 Umbenennung der Dateinamen *(File Renaming)*

Es besteht häufig der Wunsch, nach der Auswahl die verbliebenen Files mit einer laufenden Nummer im Dateinamen zu versehen. Alternativ kann man zusätzlich das Aufnahmedatum, die Uhrzeit oder auch die verwendete Kamera (bei Profis mit mehreren Kameras unter Umständen wichtig) im Dateinamen vermerken. Weniger bewährt hat sich eine Kennzeichnung des Aufnahmeortes oder Motivs im Namen. Sie können stattdessen für jede Aufnahmeserie ein Verzeichnis anlegen und darin den Ort oder Ähnliches benennen.

→ **Tipp:** Falls Sie mit Bildverwaltungsprogrammen (mit integrierter Datenbank) arbeiten, sollten Sie Dateinamen (und auch Verzeichnisnamen) im Nachhinein nicht mehr ändern, da diese Programme dann den Link (Verweis) zu den Bildern verlieren. Vermeiden Sie Dateinamen mit Leerzeichen oder Sonderzeichen.

Beispiele für häufig verwendete Dateinamen:

Dateiname	Bemerkung
DSC_1234.nef	Original Dateiname bei sRGB-Farbraum
_DSC1234.nef	Original Dateiname bei AdobeRGB-Farbraum
20061231_123015_DSC1234.nef	Datum im Format »JJJJMMTT_HHMMSS« als Präfix
061231_1230_D2X1234.nef	Datum im Format »JJMMTT_HHMM« als Präfix, »DSC« wurde (im Kameramenü) auf »D2X« geändert.
061231_0001.nef	Datum im Format »JJMMTT« als Präfix, fortlaufende (drei- oder vierstellige) Nummer
061231_12301520.nef	Datum im Format »JJJJMMTT_HHMMSSHS«, erweitert um hundertstel Sekunden (für Serienbilder)

Diese Liste soll nur einige Ideen liefern. Sie werden vielleicht auch eine vollkommen andere Benummerung verwenden, die für Ihre Anforderungen noch besser geeignet ist.

→ **Tipp:** Stellen Sie Ihre Kamera bei den Individualfunktionen unter **Aufnahme | Nummernspeicher** von »Neu beginnen« auf »**Fortsetzen**«. Damit stellen Sie sicher, dass der Zähler für den Dateinamen erst nach 10.000 Aufnahmen wieder von vorne beginnt. Im anderen Fall wird der Zähler bei jedem neuen Verzeichnis (bzw. bei jedem Speicherkartenwechsel) zurückgesetzt.

Im Aufnahmemenü lässt sich häufig auch der Standard-Dateiname »DSC« ändern, z.B. auf »102« für Ihre D100, gekauft 2002, oder auf »204« für Ihre D2X, gekauft 2004.

Beispiel für eine Verzeichnisstruktur:

D:\Bilder\2006\2006-12_Kenya

Als Verzeichnisname hat sich das Datum in der Form JJJJ-MM oder JJJJ-MM-TT sehr bewährt, da so die Ordner automatisch chronologisch geordnet sind und in jedem Verzeichnis eine überschaubare Anzahl von Aufnahmen liegt. Eine Erweiterung um den Aufnahmeort ist optional und wird vielfach auch weggelassen, wenn vorrangig mit Bildverwaltungsprogrammen gearbeitet wird.

Das Umbenennen selbst erfolgt mit einem der vielen Workflow-Tools oder mit einem speziellen TAG-Tool, das diese Aufgabe meist noch viel besser beherrscht.

	Nikon ViewNX (Nikon CNX2)	XnView	iView Media Pro	ThumbsPlus	ACDSee Pro	Tempest Stamp	RenExif	EXIFutils
Preis	0	0	200 $	100 €	65 $	0	0	30 $
Rename laut EXIF-Tags [1]	+	+	+	−	O	+	+	+
Aufnahmedatum	+	+	+	−	−	+	+	+
Kameramodell	−	+	−	−	−	−	+	+
beliebig	−	+	−	−	−	−	−	+
liest EXIF-Tags in NEF-Files [2]	+	+	+	−	+	+	−	+
vordefiniertes Rename-Schema [3]	+	+	+	−	−	+	+	−
frei definierbares Schema [3]	−	+	+	−	−	+	+	+
fortlaufende Nummer [4]	+	+	+	+	+	+	+	−

+ Funktion wird optimal unterstützt
O Funktion wird teilweise unterstützt
− Funktion wird nicht unterstützt

1. Rename laut EXIF-Tags:
   Diese Tags sind Zusatzinfos zu jeder Aufnahme und beinhalten unter anderem Aufnahmedatum, Uhrzeit, Kameramodell, Einstellungen inkl. Brennweite u.v.m.
2. liest EXIF-Tags in NEF-Files:
   Viele Tools können EXIF-Tags nur in JPEG-Dateien lesen, nicht jedoch im NEF-Format.
3. vordefiniertes / frei definierbares Rename-Schema:
   Ein vordefiniertes Schema für Aufnahmedatum lautet häufig »JJJJMMTT-HHMMSS«.
   Wer das Jahr nur zweistellig oder die Uhrzeit ohne Sekunden sucht, der ist mit einem frei definierbaren Schema oft besser bedient. Nikon bietet jedoch auch diese Formate vordefiniert an.
4. fortlaufende Nummer:
   Als Postfix wird häufig eine Nummer mit frei definierbarer Stellenanzahl generiert.

Nikon bietet sowohl bei Capture NX als auch ViewNX eine sehr umfangreiche Möglichkeit, den ursprünglichen Dateinamen zu ersetzen oder erweitern. Dabei können das Aufnahmedatum, die Uhrzeit oder eine fortlaufende Nummer mit dem bestehenden oder einem neuen Namen weitgehend beliebig kombiniert werden.

Stamp (www.klingebiel.com/tempest) kann als eines der wenigen Programme den Originalnamen auch teilweise erhalten. Sie können also DSC_1234 zerlegen und nur DSC ersetzen. Im Format-Dialog wird dabei DSC als »Batch« und 1234 als »Volume« bezeichnet.

Weitere Ideen zum Benennen von Bilddateien finden Sie auf der englischsprachigen Website: http://www.controlledvocabulary.com/imagedatabases/filenaming.html

4.4   Verschlagwortung mittels IPTC-Tags

Früher wurden Fotos auf der Rückseite (bzw. Dias am Rahmen) mit Bildnummer, Datum und Ort beschriftet. Bei Digitalaufnahmen wird die Bildnummer durch den Dateinamen ersetzt, Datum und andere Informationen speichert die Kamera in JPEG- und NEF-Dateien als so genannte EXIF-Tags.

> **EXIF-Tags**
> sind unsichtbare Zusatzattribute in der Datei, die ein Programm in den entsprechenden Feldern anzeigen kann, bei Capture NX 2 z.B. unter Metadaten.

Beschriftung

Um auch Digitalbilder beschriften zu können, wurden IPTC-Tags entwickelt. Hier können Sie jedem Bild einen kurzen Titel und eine ausführliche Beschreibung, aber auch Schlüsselwörter und Kategorien zur späteren Suche geben. Andere Felder werden in Ihrem Fall vermutlich mit fixen Daten gefüllt (z.B. »Name des Fotografen«), dafür können Sie in Capture NX die Stapelverarbeitung ideal nutzen.

Bevor Sie mit der Verschlagwortung beginnen, sollten Sie sich darüber Gedanken machen, welche Files Sie beschriften wollen. Beim originalen NEF- oder JPEG-File zu beginnen, ist im Prinzip keine schlechte Idee, jedes daraus abgeleitete Bild (nachbearbeitet, in ein anderes Format konvertiert oder skaliert) erhält die gleichen Tags in Kopie. Es gibt jedoch Programme, die nach einer Bildbearbeitung »vergessen«, diese Tags wieder mitzuspeichern, in diesem Fall wären alle IPTC-Tags (manchmal auch die EXIF-Tags) verloren. Eigentlich sollten solche Programme für einen Profi ohnehin tabu sein, da die Bearbeitungsalgorithmen oft auch nicht an die Qualität von CNX oder PS herankommen.

Falls Sie im NEF-Format fotografieren, wären folgende Varianten der Beschriftung denkbar.

1. Beschriftung der NEF-Dateien.
   Vorteil: Alle daraus erzeugten JPEG-Bilder erhalten die Tags in Kopie.
   Nachteil: Nur wenige Programme können IPTC in NEFs schreiben.
2. Beschriftung der JPEG-Dateien nach der Generierung aus dem Original-NEF.
   Vorteil: Für die JPEG-Bildverwaltung gibt es eine deutlich größere Auswahl an Programmen.
   Nachteil: Die Tags müssen über das BV-Programm restauriert werden, wenn das JPEG-Bild neu aus dem NEF generiert wird, da in der NEF-Datei keine IPTC-Tags gespeichert sind.
3. Beschriftung der NEF-Dateien und gleichzeitig der entsprechenden JPEG-Dateien.
   Vorteil: Sowohl NEF- als auch JPEG-Dateien verfügen immer über die aktuellen Beschriftungen.
   Nachteil: Das BV-Programm muss nicht nur IPTC in NEFs schreiben können, sondern auch sogenannte Buddy-Files verwalten können.

Falls Sie Ihre Bilder mit CNX beschriften, ist die Variante 1 vermutlich am einfachsten. Die Beschriftung muss in diesem Fall vor der Bildbearbeitung erfolgen, da sonst bereits JPEGs ohne Beschriftung erzeugt würden. Falls Sie jedoch ein BV-Programm einsetzen, würde die Variante 3 vermutlich den komfortabelsten Workflow abbilden.

Ich zeige hier eine Übersicht der wichtigsten IPTC-Tags mit den bei CNX2 (in Klammer bei CNX1) verwendeten Labels, eine vollständige Liste (inkl. Labels in anderen Programmen) finden Sie im Anhang A.3.

Label	Beschreibung	Beispiel
Beschreibung (Objektbeschreibung)	2000 Zeichen lange Bildbeschreibung	Vier Löwinnen auf der Jagd mit aufgewirbeltem Staub in der Morgendämmerung der Serengeti
Titel (Objektname)	z.B. Original-Filename oder Alternative zur Überschrift	DSC_1234.nef / Vier Löwinnen auf der Jagd
Copyright-Vermerk	mit Jahreszahl und Name	© 2008 by Resch-Schlögl
Ersteller (Autor)	Name des Fotografen	Irmgard Resch
Position des Autors	freier Fotograf oder Ähnliches	Fotograf
Adresse, Ort, …	Kontaktinformation	
Überschrift	256 Zeichen langer Bildtitel	Vier Löwinnen auf der Jagd
Themencode, Genre, Motiv	kaum verwendet	
Aufnahmeort	Genauere Beschreibung des Standortes	2 km südlich vom Camp
ISO-Ländercode	2 oder 3 stelliger ISO-Code	KEN
Verfasser der Beschreibung (Autor der Objektbeschreibung)	Name des Erstellers der Beschriftung (oft natürlich der Fotograf selber)	Walter Schlögl
Erstellungsdatum (erstellt am)	Aufnahmedatum	in EXIF-Daten bereits enthalten
Ort	Ortschaft oder Gebiet	Mara River Camp
Bundesland/Kanton/Region	z.B. Bundesland	Massai Mara
Land	Staat	Kenia
Jobkennung (Auftraggeber-Code)	für Workflow des Auftraggebers	
Anweisungen	z.B. für zusätzliche Nachbearbeitung	Bild ungeschärft
Anbieter (Bildrechte)	Wer vertreibt die Rechte?	Resch-Schlögl
Quelle	Wer besitzt die Rechte?	Resch-Schlögl
Nutzungsrechte	Nutzungsbedingungen	For private use only
Stichwörter	Liste von Suchbegriffen	Löwe, Löwin, lion, lioness, Raubtier, Großkatze ….
Kategorien	dreistelliger NAARTNDA-Code	keine Bedeutung mehr
zusätzliche Kategorien	Liste von Kategorien	Tiere, Wildlife
Dringlichkeit	Nummer [1..9]	3

Leider ist die Bezeichnung der Labels nicht einheitlich geregelt, und dies führt in manchen Fällen dann zu heilloser Verwirrung. Beispiel: Mit »Autor« ist normalerweise der Fotograf bezeichnet, manchmal jedoch das Feld für den Verfasser der Beschreibung. Auch die häufig zu findende Übersetzung von *State* nach Staat (statt Bundesland) wird dann gerne mit dem Feld Land *(Country)* verwechselt. Noch dazu ist die Anordnung der Felder in den meisten Fällen (wie auch in CNX2) mehr als willkürlich. Die Felder »Aufnahmeort« und »Ort« gehören ebenso zusammen wie die Felder »Land« und »ISO-Ländercode«.

Der Umfang der Beschriftung richtet sich ganz nach Ihren individuellen Anforderungen. Wenn Sie das Bild über eine Internetagentur vertreiben wollen, dann kann die Verschlagwortung nicht ausführlich genug sein (**Suchbegriffe** z.B. auf Deutsch und Englisch, Einzahl und Mehrzahl). Wenn Sie nur das Bild selber wiederfinden wollen, können Sie natürlich viele Felder auch leer lassen oder nur die besten Aufnahmen vollständig beschriften. Ich habe die für den Privatgebrauch wichtigsten Felder grün markiert, selten verwendete Felder rot. Zum gelb Markierten finden Sie weiter unten einen Hinweis.

Falls Sie Ihre Bilder nach **Kategorien** gliedern wollen, sollten Sie sich am besten von Anfang an ein übersichtliches Schema entsprechend Ihren häufigsten Motiven zurechtlegen. Am einfachsten ist eine kurze und eindeutige Kategorienliste.

Es gibt Programme, die auch mit einer Hierarchie innerhalb von Kategorien umgehen können. In diesem Fall wird die so genannte Dot-Notation verwendet. Sie können damit z.B. folgende Kategorien untergliedern, wobei Sie auf die maximale Zeichenlänge von 32 Zeichen achten sollten:

Tier.Insekt.Schmetterling   Pflanze.Baum.Palme

Die Dringlichkeit wurde ursprünglich von Reportern verwendet, damit Verlage topaktuelle Aufnahmen entsprechend priorisiert behandeln konnten. Heute hat dieses Feld abseits von Reportagen manchmal die Kennzeichnung einer Bildbewertung (z.B. Note von 1 bis 5) übernommen. Seit ViewNX und CNX2 gibt es dafür sogar ein eigenes Feld. Es ist von Vorteil, die beste Note nur sehr selten zu vergeben, um auch in einem umfangreichen Archiv rasch die wirklich besten Aufnahmen zu finden. Bewährt hat sich folgendes Pyramidensystem laut [WF02]:

Note 1:	0,01 %	1	Bild je Reise	*****
Note 2:	0,1 %	10	Bilder	****
Note 3:	1 %	100	Bilder	***
Note 4:	9 %	1000	Bilder	**
Note 5:	90 %	10.000	Bilder	*

Ort: Es wird oft diskutiert, ob hier der Ort, an dem die Aufnahme gemacht wurde, oder der Ort, der im Bild zu sehen ist, gemeint ist. Es ist der Aufnahmestandort des Fotografen. Wenn Sie z.B. die Skyline Manhattans von Brooklyn aus aufnehmen, dann ist Ort = »Brooklyn« und Überschrift = »Manhattan«. Das Gleiche gilt auch, wenn Sie den Mond von der Erde aus aufnehmen.

→ **Hinweis:** In der neuen XMP-Norm ist noch das Feld »**Standort**« hinzugekommen, damit können Sie innerhalb eines Ortes oder einer Stadt den Standort noch genauer beschreiben.

Falls Sie weitere Literatur zu diesem Thema suchen, so gibt es ein ausgezeichnetes englischsprachiges Werk zum Thema *Digital Asset Management* mit dem Titel »The DAM Book« [WF02] (oder dessen deutschsprachige Übersetzung [WF03]), in dem das Programm iView als Beispiel gezeigt wird. Das Buch »Digital Workflow für Fotografen« von Gerhard Zimmert [WF01] behandelt nicht nur die Verschlagwortung (mit iMatch) und das Backup, sondern auch Bildbearbeitung, Farbmanagement, Kalibrierung und Druck.

Suche

Nachdem Sie nun viel Aufwand in die Beschriftung Ihrer Aufnahmen gesteckt haben, werden Sie sicherlich auch in diesen Feldern suchen wollen. Die besten Programme suchen natürlich auf Wunsch durch alle Felder, sodass Sie nicht wissen müssen, ob »Löwe« nun eine Kategorie, ein Stichwort oder eine Überschrift war.

Bei den Bildverwaltungsprogrammen (BV) unterscheiden wir nach solchen, die tatsächlich jedes Mal alle TAGs auslesen, und solchen, die sich eine interne Datenbank aufbauen. Die überwiegende Mehrzahl der Programme verwaltet die Begriffe in einer eigenen Datenbank (DB), da die Suche darin um ein Vielfaches schneller gelingt. Die Aufnahme der Bilder in die Datenbank geschieht entweder explizit mittels händisch zu startendem Import (eines ganzen Verzeichnisses) oder implizit durch Navigation in ein Verzeichnis und Ansicht der Thumbnails. Manche Programme (wie z.B. ThumbsPlus oder ACDSee) lassen sich in den Einstellungen von implizitem auf expliziten Import umschalten. Wenn Sie in einem BV-Programm weitere Beschriftungen hinzufügen, so achten Sie darauf, dass diese auch in die IPTC-TAGs geschrieben werden und nicht nur in der internen Datenbank landen.

Liste einiger Programme, die IPTC-Tags verwalten oder danach suchen können:

	iView Media Pro (Expression Media)	iMatch	Portfolio	Adobe Lightroom	ThumbsPlus	ACDSee Pro	PixVue
Preis	200 $	65 $	200 $	300 €	100 €	65 $	0
Verwaltung von IPTC-Daten	+	+	+	+	+	+	+
auch bei NEF-Dateien [2.]	+	+	+	O	O	—	+
Verwaltung von XMP-Daten [1.]	+	+	+	+	—	—	+
auch bei RAW-Dateien [2.]	+	+	+	+	-	-	+
Integrierte Datenbank	+	+	+	+	+	+	—
impliziter Import	—	—	—	—	+	+	—
expliziter Import	+	+	+	+	+	+	—
Suche direkt in Files (statt DB)	—	—	—	—	—	—	+
Suche über alle Felder gleichzeitig	+	+	+	—	—	+	—
Abgleich zwischen DB und TAGs	+	+	O	+	+	O	—
Batch-/Scriptfähig [3.]	+	+	+	+	O	O	—

+ *Funktion wird optimal unterstützt*
O *Funktion wird teilweise unterstützt*
— *Funktion wird nicht unterstützt*

1. **Verwaltung von XMP-Daten:**
   Der von Adobe eingeführte Nachfolger des IPTC-Formats lautet XMP und wird (oft zusätzlich) in einem extra File (dem XMP-File) abgelegt. Das hat den Vorteil, dass die Originaldateien nicht verändert werden müssen, jedoch den Nachteil, dass es jetzt zwei

getrennte Stellen für die Beschriftung gibt, die vom Programm synchronisiert werden müssen.

2. **Verwaltung von IPTC- (XMP-)Daten auch bei RAW-Dateien:**
Da nicht alle RAW-Formate IPTC-TAGs unterstützen, können manche BV-Programme TAGs nur in JPEG- oder TIFF-Dateien verwalten. IPTC-TAGs beim NEF-Format (und auch XMP-TAGs beim DNG-Format) sollten zumindest gelesen werden (gelbe Bewertung), für das Schreiben gibt es eine grüne Bewertung.

3. **Batch-/Scriptfähig:**
Für eine einfache Batchfunktion (Bildkonvertierung im Stapel-Mode) gibt es eine gelbe Bewertung, für vollständige Scriptfähigkeit (z.B. VBScript, JScript) eine grüne Bewertung.

Nochmals zur Erinnerung: Falls Sie mit Bildverwaltungsprogrammen (mit integrierter Datenbank) arbeiten, sollten Sie Filenamen (und auch Verzeichnisnamen) im Nachhinein nicht mehr ändern, da diese Programme dann den Link (Verweis) zu den Bildern verlieren. Oft sind solche integrierten Datenbanken auf 2 GB begrenzt. Es können dann (inkl. eingebetteter Thumbnails) meist nicht mehr als ca. 100.000 Aufnahmen verwaltet werden. Teilen Sie daher Ihre Aufnahmen in mehrere Kataloge auf, z.B. ein Katalog pro Jahr. Vermeiden Sie Filenamen mit Leerzeichen oder Sonderzeichen.

Verwaltungsprogramme, die IPTC-Tags nicht auswerten können, wurden hier nicht betrachtet. Zu diesen gehören unter anderem **Photoshop Album** und **Photoshop Elements**.

Verwaltungsprogramme, die optional auch mit externen Datenbanken arbeiten und oft erst aufwändig konfiguriert werden müssen, sind eher für Bildagenturen geeignet und wurden hier ebenfalls nicht betrachtet. Zu dieser Gruppe gehört z.B. **Cumulus** von www. Canto.de.

iView Media Pro (von Application Systems Heidelberg: www.iview-multimedia.de) ist derzeit das übersichtlichste Programm für Windows und daher auch von Microsoft Mitte 2006 aufgekauft worden, um in einer Neuauflage unter dem Namen »Expression Media« ab Mitte 2007 verkauft zu werden. iView bietet eine weit gehend konfigurierbare Darstellung und raschen Zugriff auf eine Auswahl von Aufnahmen nach Aufnahmedatum, Kategorie, Suchbegriff usw. Ein Nachteil ist die Verwendung von Unicode, der von anderen Programmen (wie z.B. CNX) nicht korrekt angezeigt wird. Es sollte die Beschriftung daher schon vor dem Import durchgeführt werden. Microsoft hat angekündigt, diese Software mehr in Richtung Video-Verwaltung weiter zu entwickeln. Schade, das Programm war früher für Fotografen optimal geeignet.

iMatch (www.photools.com) hat ähnliche Fähigkeiten wie iView, wobei die (derzeit nur englische) Oberfläche nicht so übersichtlich wirkt. Suchfunktionen müssen erst etwas umständlich konfiguriert werden, sind schlussendlich aber etwas mächtiger als bei iView. Auch die Ansicht kann (in Form von HTML-Code) an die eigenen Bedürfnisse angepasst werden. Die Kataloggröße ist abhängig von der Größe der Thumbnails und liegt wie bei iView knapp über 0,3 % der Bilddaten. Da der Entwickler von iMatch selbst mit Nikon fotografiert und gleichzeitig ein hervorragender Programmierer ist, kann dieses Programm mit NEF-Dateien oft besser umgehen, als Original-Nikon-Software.

Portfolio (www.extensis.com) ist derzeit das professionellste Programm, das es auch in einer Server-Variante gibt. Es kann vollständig konfiguriert werden, welche Felder in welcher Form übernommen werden sollen. Da es jedoch mehr zur Katalogisierung beliebiger Daten ausgelegt ist, kann es zwar mit IPTC-Daten umgehen, zeigt diese aber nicht sehr komfortabel nur in einer langen Liste gemeinsam mit sämtlichen nicht relevanten Feldern an. Die Kataloggröße beträgt trotz kleiner Thumbnails bereits 5 % der Bilddaten.

Adobe Lightroom ist Februar 2007 auf den Markt gekommen. Es zeigt schon recht gute Ansätze zu einem integrierten Workflow-Tool, wobei es jedoch mehr auf die RAW-Bearbeitung als auf Bildverwaltung ausgerichtet ist. Geänderte Daten werden nicht in die NEF-Datei zurückgeschrieben, sondern in einem eigenen *Sidecar-File* im XMP-Format gesichert. Dadurch entsteht jedoch jeweils eine neue Datei mit gleichem Namen und unterschiedlicher Extension, die beim Kopieren oder Verschieben extra beachtet werden muss. Völlig verwirrend wird es dann, wenn Sie NEF- und DNG-Dateien im gleichen Verzeichnis haben und für beide XMP-Sidecar-Files anlegen wollen: Das kann natürlich nicht gut gehen. Im Kapitel 4.7 gebe ich Hinweise zur optimalen Zusammenarbeit zwischen Nikon und Adobe-Software.

ThumbsPlus und **ACDSee Pro** können geänderte TAGs nicht in die NEF-Dateien zurückschreiben und sind daher für die Verwaltung von IPTC-Daten weniger geeignet. ThumbsPlus macht einen etwas professionelleren Eindruck und geht mit IPTC auch besser um. Bei ACDSee ist die IPTC-Funktion erst sehr spät integriert worden und noch nicht so ausgereift.

PixVue (www.PixVue.com) ist für den gedacht, der nur einfach nach Begriffen in IPTC-Feldern suchen will, ohne ein aufwändiges Verwaltungsprogramm zu benutzen. Es erweitert die Explorer-Suchfunktion von Windows XP um die Fähigkeit, auch die IPTC-Felder aller Dateien zu durchsuchen. Diese Form der Suche ist jedoch deutlich langsamer als die Suche in einer Datenbank und bietet auch keine komplexen Suchmöglichkeiten wie z.B. »alle Vogel-Aufnahmen aus Südamerika mit Beurteilung 1 oder 2«. Die Homepage ist leider seit einiger Zeit nicht mehr online, Microsoft hat jedoch diese Funktion teilweise in Vista integriert. Mit »Thema:« können Sie nach der IPTC-Beschreibung suchen und mit »Titel:« nach dem IPTC-Titel.

Interessant könnte das Ende 2004 gestartete Open-Source-Projekt »**blueMarine**« werden, das sich jedoch noch in der Anfangsphase befindet und derzeit Bilder zu dunkel darstellt.

2006 wurde das Projekt Quippix von Dirk Henning veröffentlicht, das ebenfalls sehr gute Ansätze zeigt: http://quippix.dirkhennig.de/

Weitere bekannte Programme sind **DigitalPro** von www.ProShooters.com, **Fotostation** von www.Fotoware.de, **Imabas** von www.pixandmore.com, www.idimager.de und www.pixafe.de, deren Funktionsumfang jedoch nicht an iView oder iMatch herankommen.

Der Übergang zwischen einfachen Bild-Viewern (wie z.B. Adobe Bridge, Photo Mechanic oder XnView), die ebenfalls eine Datenbank anlegen, um Thumbnails darin zu speichern, ist meist fließend, da diese Programme ebenfalls oft IPTC-Daten anzeigen oder verändern, aber eben nicht verwalten bzw. danach suchen können.

Das mit Abstand beste Programm am Markt ist **Apple Aperture** (www.apple.com/aperture/), das jedoch nicht unter Windows läuft. (Ein Grund mehr, einen Apple zu kaufen!)

Einen sehr übersichtlichen und ausführlichen Testbericht (auch vieler weiterer Programme) finden Sie in der c't 2006, Heft 14, Seite 154.

Einen guten Vergleich zwischen Lightroom und Aperture haben Jürgen Gulbins und Uwe Steinmüller in der c't 2007, Heft 8, Seite 142 – 144 veröffentlicht.

4.5 Bearbeitung der NEF-Dateien

In Kapitel 2: »Digitale Bildbearbeitung« haben wir ausführlich die RAW-Bearbeitung mit Capture NX behandelt. Bei JPG-Bildern waren wir gewohnt, ein Bild mit mehreren Programmen hintereinander bearbeiten zu können. Die dabei auftretenden Kompressionsverluste können wir durch die Wahl einer hohen Qualitätsstufe gering halten. Bei RAW-Bildern gibt es zwar keine solchen Verluste, trotzdem ist es nicht möglich, mehrere RAW-Konverter hintereinander einzusetzen. Ein RAW-Konverter kann Änderungen eines anderen RAW-Konverters nicht interpretieren, und sieht daher beim Öffnen des RAW-Bildes immer nur die ursprüngliche Aufnahme und die eigenen Bearbeitungsschritte. Es ist jedoch möglich (wenn auch ungewöhnlich) je nach Motiv unterschiedliche RAW-Konverter einzusetzen. Als gemeinsames Speicherformat für weitere Bearbeitungen bietet sich dabei das TIFF-Format an, da es 16-bit Farbtiefe beinhalten kann und verlustfrei komprimiert.

Es gibt sicherlich viele gute RAW-Konverter am Markt (z.B. Bible Pro, Capture One, DxO, Lightzone usw.). Ein Vergleich aller würde den Umfang dieses Buches sprengen.

Die beiden bekanntesten sind Apple Aperture für Mac OS und Adobe Lightroom für Mac und Windows. Obwohl diese beiden Programme zusätzlich zum RAW-Konverter auch noch eine umfassende Bildverwaltung integriert haben, möchte ich sie im Folgenden kurz mit CNX2 vergleichen.

Vergleich der drei wichtigsten RAW-Konverter:

	Nikon Capture NX 2	Apple Aperture	Adobe Lightroom
Preis	200 €	200 €	300 €
Bildverwaltung	nein	ja	ja
IPTC-Daten schreiben	in NEF	in XMP	in XMP
RAW-Konvertierung (Formate)	nur NEF	ca. 70	ca. 150
Gradationskurven	ja	nein	ja
Selektive Farbkorrektur	ja	nein	ja
Lichter- / Tiefenausgleich	ja	ja	ja
Bildversionen	ja	ja	ja
Schwarzweiß / Tönung	ja	ja	ja
selektive Bildbearbeitung	ja	nein	nein
Staubentfernung über NDF	ja	nein	nein
Stempel / Reparaturpinsel	nein / ja	ja / nein	ja / ja
Rauschreduktion	ja	ja	ja
Vignettierung	ja	nein	ja
Chromatische Aberration	ja	nein	ja
Verzeichnung	ja	nein	nein
Perspektive	nein	nein	nein
High Dynamic Range (HDR)	nein	nein	nein
Unscharf maskieren (USM)	ja	ja	nein
Bildausgabe			
Druck / On-the-Fly-Schärfen	ja / nein	ja / nein	ja / ja
Web Galerie	nein	ja	ja
Scripts	nein	AppleScript	nein

Die in CNX fehlende Bildverwaltung und Ausgabe als Web-Galerie stellen nicht wirklich einen Nachteil dar. Dafür können genauso gut andere Programme eingesetzt werden. Eine perspektivische Korrektur direkt in CNX wäre manchmal ganz praktisch. Derzeit muss dafür leider noch auf eine weitere Bearbeitung (z.B. in PS) ausgewichen werden. Als klarer Vorteil von CNX kann die Staubentfernung mittels Referenzbild (NDF-File) angesehen werden. Ob die Bearbeitungsschritte und IPTC-Daten direkt im NEF- oder besser in einem eigenen XMP-File gesichert werden, bleibt reine Geschmacksfrage – beides hat Vor- und Nachteile. Selektive Bildbearbeitung bietet neben CNX derzeit nur LightZone in einem RAW-Konverter.

Während man bei Aperture und Lightroom (wie auch den meisten anderen RAW-Konvertern) sehr häufig im Anschluss noch ein Bildbearbeitungsprogramm für weitere Bearbeitungsschritte benötigt, kann man sich das bei CNX2 in den meisten Fällen sparen.

4.6 Konvertierung in andere Bildformate

Wenn Sie Ihre Aufnahmen im NEF-Format (oder einem anderen RAW-Format) bearbeiten, so müssen Sie diese für die Ausarbeitung oder Weitergabe nach TIFF oder JPEG konvertieren. Wenn Sie mit Adobe-Software arbeiten, so werden Sie im Falle von RAW-Bearbeitung nach DNG (dem RAW-Format von Adobe) oder TIFF konvertieren. Nachdem jedes Format seine spezifischen Vor- und Nachteile hat, möchte ich hier einige Formate im Hinblick auf Verwendbarkeit gegenüberstellen.

(siehe dazu auch: http://capture-nx.webtivation.at/bildformate.htm)

Vergleich der wichtigsten Bildformate:

Name	Größe	Beschreibung	Vorteil	Nachteil	geeignet für
NEF	10	RAW-Format von Nikon	Bearbeitungsschritte für nicht destruktive Bildbearbeitung	proprietär	RAW-Konvertierung, Bildbearbeitung
DNG	10	RAW-Format von Adobe	offen		RAW-Konvertierung
PSD	60	Photoshop-Format	hohe Verbreitung, Ebenen	proprietär	Bildbearbeitung
TIFF (TIF)	60	16-Bit-TIFF	hohe Verbreitung, Ebenen	Filegröße	Bildbearbeitung
	15	8-Bit-TIFF mit LZW			Ausarbeitung
JPEG (JPG)	5	Kompressionsfaktor einstellbar	hohe Verbreitung	max. 8 Bit, verlustbehaftet	Ausarbeitung, Internet
JPEG-2000 (JP2)	40	16-Bit-JPEG-2000 verlustlos	verlustlos, hohe Komprimierung möglich	wenig bekannt	
	12	8-Bit-JPEG-2000 verlustlos			
PNG	50	16-Bit-PNG-Format verlustlos	Transparenz	kein ICC-Profil	für Fotos ungeeignet
	15	8-Bit-PNG-Format verlustlos			Internet (mit Transparenz)

Größe: [MByte] ist für ein Bild mit 10 MP in jeweils maximal möglicher Farbtiefe (8, 12 oder 16 Bit) gerechnet. Bei Formaten mit verlustloser Komprimierung ist diese aktiviert, bei verlustbehafteter Komprimierung minimal gewählt. Das TIFF-Format lässt sich im Fall von 8 Bit sehr gut und verlustlos komprimieren (Einstellung »LZW-Komprimierung«), bei 16 Bit gelingt dies meist nicht, da diese Komprimierung dafür nicht ausgelegt ist.

NEF: Dieses RAW-Format wurde von Nikon entwickelt und erlaubt als eines der wenigen RAW-Formate IPTC-TAGs und Bearbeitungsschritte abzulegen. Obwohl dieses Format für die Bearbeitung ideal geeignet ist, muss man sich beim Thema Archivierung zusätzliche Gedanken machen. NEF ist (wie viele andere RAW-Formate) proprietär und bei Nikon noch dazu teilweise verschlüsselt. Wenn dieses Format irgendwann einmal nicht mehr unterstützt wird (bei Canon war das ca. zehn Jahre nach Einführung bereits der Fall), dann können alte Bilder mit aktueller Software nicht mehr gelesen werden. Es gibt somit zwei Möglichkeiten: Entweder Sie sitzen irgendwann einmal (vielleicht in zehn oder zwanzig Jahren) vor einem Berg von DVDs (oder dem Nachfolger der Blue-ray Discs, wie auch immer) und beginnen mit dem letzten kompatiblen Programm eine nächtelange

Konvertierung Ihrer nicht mehr länger lesbaren NEF-Files, oder Sie speichern heute bereits alle NEF-Files in einem offenen RAW-Format zusätzlich auf DVD (beide Wege sind denkbar).

DNG: Von Adobe wurde dieses offene RAW-Format entwickelt, um einen Standard in die Welt der proprietären Formate zu bringen. Einige Firmen sind dazu übergegangen, bereits in der Kamera im DNG-Format zu speichern, andere (vor allem große Firmen) halten an ihren eigenen Formaten fest. Wenn Sie Ihre RAW-Aufnahmen mit Adobe-Software bearbeiten wollen, dann können Sie entweder mit Adobes frei erhältlichem **DNG Converter** das NEF-Format in ein DNG-Format konvertieren (und dabei das Original-NEF wahlweise auch miteinbetten) oder mit dem frei als Photoshop-Plug-In erhältlichen **Adobe Camera Raw** ein NEF-File öffnen und in PS weiterbearbeiten. Der Nachteil bei diesem Workflow ist, dass alle Bearbeitungsschritte von CNX und die meisten Kameraeinstellungen dabei ignoriert werden.

PSD: Dieses Format wurde von Adobe für Photoshop entwickelt und speichert ähnlich wie das TIFF-Format unkomprimiert in 8 und 16 Bit Farbtiefe. Alle Bearbeitungsschritte in den einzelnen Ebenen bleiben dabei (wie beim NEF-Format) voll erhalten. Mittlerweile wird das PSD-Format auch von vielen anderen BV-Programmen unterstützt, sodass man fast bereits von einem offenen Standard sprechen könnte.

TIFF: Das TIFF-Format ist das beliebteste Format, wenn es um den Austausch von unkomprimierten Bildern in 8 oder 16 Bit Farbtiefe geht. Auch bei der Archivierung hat dieses Format (bis auf die Filegröße) nur Vorteile. Es erlaubt (ähnlich wie das PSD-Format) mehrere Ebenen, in denen z.B. einzelne Bearbeitungsschritte abgelegt sein können (bei Scans sind auch mehrere Seiten eines Dokumentes üblich). Von Fine-Art-Ausarbeitern wird wegen der hohen Qualität auch das (8 Bit-) TIFF-Format akzeptiert. In manchen Fällen muss jedoch auf Alternativen ausgewichen werden.

Standardausarbeitung $\Rightarrow$ JPG
Internet (ohne Transparenz) $\Rightarrow$ JPG
Internet (mit Transparenz) $\Rightarrow$ PNG

JPEG: Dieses Format wurde von der *Joint Photographic Experts Group* definiert und erlaubte als erstes eine hohe Komprimierung. Es ist daher bis heute das beliebteste Format in diesem Bereich. Dort, wo es an seine Grenzen stößt, muss auf jeweils andere Formate ausgewichen werden.

keine Bearbeitungsschritte in Ebenen	$\Rightarrow$	PSD	(TIF)		(NEF)
keine 16-Bit-Farbtiefe	$\Rightarrow$	PSD	TIF	JP2	(PNG)
keine verlustlose Komprimierung	$\Rightarrow$	PSD	TIF	JP2	(PNG)
keine Transparenz	$\Rightarrow$			JP2	PNG

JP2: JPEG-2000 kennt 8 und 16 Bit Farbtiefe und erlaubt zusätzlich zur verlustlosen Komprimierung auch eine verlustbehaftete. Diese kann im Vergleich zu JPEG etwas höher gewählt werden, ohne dass störende Artefakte sichtbar werden; es

tritt lediglich eine verstärkte Unschärfe in Erscheinung. In diesem Vergleich ist nur die verlustlose Komprimierung betrachtet. Obwohl dieses Format in allen Funktionen weit besser ist als JPEG, wird es fast ein Jahrzehnt nach seiner Einführung immer noch kaum verwendet.

➜ **Hinweis:** Manche Programme behaupten zwar, dass sie JP2 unterstützen, sie ignorieren dabei jedoch EXIF-, IPTC- und ICC-Daten, sodass diese Unterstützung wertlos ist.

PNG: Dieses Format wurde als Nachfolger des betagten GIF-Formats entwickelt. Es erlaubt zwar mehr als die 256 Farben des GIF (z.B. 3 × 8 Bit oder 3 × 16 Bit), unterstützt jedoch weder Ebenen (erst mit MNG) noch Animation (erst mit APNG). Da es für das Internet auch keine EXIF- und IPTC-TAGs unterstützt, ist es für die Fotografie ungeeignet. Sein einziger nutzbarer Vorteil ist die **Transparenz** über Alpha-Kanal. Wenn Sie Ihren Bildern im Internet einen abgerundeten Rahmen verpassen wollen, ziehen Sie PNG in Betracht.

> **Alpha-Kanal:**
> Während bei GIF die Transparenz nur harte Kanten erlaubt, ist bei einer Transparenz über Alpha-Kanal ein weicher Übergang möglich. Bei einem Bild mit abgerundeten Kanten entsteht dabei nicht der unerwünschte Treppeneffekt.

➜ **Hinweis:** Microsoft unterstützt das seit Jahren bekannte Format erst seit Anfang 2007 mit dem IE 7 fehlerfrei (bezüglich Transparenz).

BMP: Dieses Format wurde nicht betrachtet, da es nur Nachteile und keinen einzigen Vorteil hat und daher für Fotos nicht verwendet wird.

Es gibt noch unzählige weitere Formate (z.B. für die Separation in der Druckvorstufe), auf die ich in diesem Rahmen jedoch nicht näher eingehen möchte. Wie Sie erkennen können, gibt es kein einziges Format ohne gravierende Nachteile. Es bleibt dem geplagten Fotografen daher nichts anderes übrig, als je nach Anforderung in das eine oder andere Format zu konvertieren.

➜ **Hinweis:** Microsoft hat zwar angekündigt, mit dem **WDP**-Format (weitere Namen: WMP-Format, HDP-Format, JPEG XR) alle Features der bestehenden Formate (außer Animation, jedoch inkl. Ebenen und auch HDR) in einem neuen Format (**Windows Media Photo / HD Photo**) zu vereinen. Es bleibt jedoch abzuwarten, ob dies dem Verfechter des BMP-Formats gelingen wird. http://de.wikipedia.org/wiki/Windows_Media_Photo

4.7 Konvertierung in offenes RAW-Format

Sehen wir uns für den Fall, dass Sie mit Nikon und Adobe Software parallel arbeiten, den Arbeitsablauf einmal etwas genauer an. Es geht dabei nicht nur im die Schritte »RAW-Konvertierung« und »Bildbearbeitung«, sondern auch um das Thema »Beschriftung«, oder genauer darum, welche Dateien wir beschriften wollen.

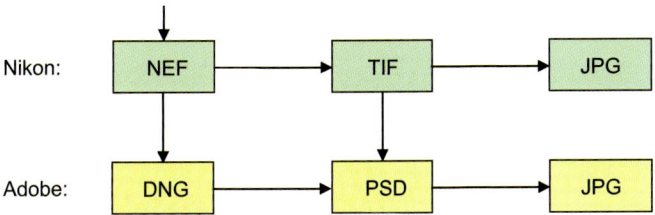

Möglicher Workflow mit Nikon und Adobe Software

Wer nur mit Capture NX arbeitet, der wandelt das Ergebnis direkt nach JPG um und erspart sich dabei das TIF-, DNG- und PSD-Format. Wer jedoch das Ergebnis der RAW-Konvertierung in PS weiter bearbeiten möchte, der wird dafür besser das TIF-Format wählen. Diesen Pfad wollen wir in Kapitel 4.9 näher betrachten. Hier geht es darum, die NEF-Datei in das offene DNG-Format zu konvertieren. Es entsteht dabei ein RAW-Bild, das keine CNX Bearbeitungsschritte mehr besitzt, und daher dem Original aus der Kamera entspricht.

Wenn Sie diese DNG-Datei nur erzeugen, um Sie für die Nachwelt zu archivieren, dann brauchen Sie sich um eine spezielle Ablagestruktur keine großen Gedanken machen. Sollten Sie jedoch an eine alternative RAW-Konvertierung denken, z.B. um das Ergebnis mit CNX zu vergleichen, dann wiederhole ich an dieser Stelle noch einmal den Hinweis, DNG-Bilder und NEF-Bilder am besten in getrennte Verzeichnisse zu legen. PS CS1 speichert bei DNG alle Änderungen in ein XMP-File, ab PS CS2 können die Änderungen wahlweise in einem XMP-File oder direkt in das DNG-File gespeichert werden. Bearbeitungen am NEF-File können alle PS-Versionen nur in XMP-Files speichern, da PS niemals ein NEF-File schreibend ändert. Dies ist auch ein Grund, warum bei einem kombinierten Workflow mit CNX und PS die Dateiablage sorgfältig geplant werden sollte.

Eine weitere Frage ist die Beschriftung dieser Dateien in den IPTC-Feldern. Diesem Thema wollen wir im nächsten Kapitel nachgehen.

Eine ausführliche Beschreibung des Photoshop Workflows finden Sie in [BV04].

4.8 Verschlagwortung mittels Datenbank

Wenn Sie für die Beschriftung der Bilder ein BV-Programm einsetzen, dann importieren Sie Ihre Aufnahmen in dieses Programm. Ohne Import können solche Programme keine Bilder verwalten. Beim Import landen alle relevanten Daten zu jedem Bild (Thumbnail, EXIF-Daten, IPTC-Daten, …) in einem Katalog, der in einer Datenbank gespeichert ist.

Sobald ein Bild im Katalog aufgenommen ist, erfolgt jede weitere Beschriftung am besten nur mehr direkt über das BV-Programm. Dabei ist sichergestellt, dass alle Daten sowohl in der Datenbank als auch direkt in den IPTC-TAGs des Bildes abgelegt werden. Ein gutes Programm übernimmt automatisch die Synchronisierung und erkennt auch, wenn IPTC-Daten in fremden Programmen aktualisiert wurden.

Sie können sich entscheiden, welches Format Sie für den Import verwenden. Für den Fall, dass die NEF-Datei weiterhin Ihr Originalbild darstellt, würde ich auch diese Dateien beschriften. Es gibt ausreichend Programme am Markt, die NEF-Bilder beschriften können. Sollten Sie sich für die Beschriftung im DNG-Format entscheiden, so ist die Auswahl an Programmen bereits deutlich größer. Wenn Sie nur die fertigen Bilder im JPG-Format beschriften, haben Sie mit Abstand die größte Auswahl an darauf abgestimmten Programmen. Dabei ist zu beachten, dass bei jeder Neugenerierung eines JPG-Bildes aus dem Original NEF- oder DNG-Bild die Beschriftung aus der Datenbank ins Bild geladen werden muss. Aus diesem Grund empfehle ich, die RAW-Bilder zu beschriften.

Die besten Programme erkennen sogar abgeleitete Varianten (Bilder mit gleichem Dateinamen und unterschiedlicher Extension) automatisch und ordnen diese dann in so genannte Stapel. Der Vorteil solcher Stapel ist, dass Sie NEF- und JPG-Format immer synchron beschriften und bei einer Suche jeder Treffer trotzdem nur einmal angezeigt wird, und nicht doppelt oder dreifach für jede Dateivariante. Erst wenn Sie einen Stapel aufklappen, werden die darin enthaltenen Varianten sichtbar.

Programme, die mit Varianten umgehen können, sind z.B. Aperture, IMatch (Buddy Files).

Nicht alle TAGs, die Sie in der Datenbank speichern, müssen auch als IPTC-Tags in die Bilder geschrieben werden. Es gibt durchaus auch private Metadaten, die man nicht mit einem Bild weitergeben möchte (z.B. die Benotung).

Bei den meisten Programmen gibt es zwei Möglichkeiten, Datenbankeinträge und Tags zu synchronisieren: entweder per Script alle oder ausgewählte Datenbank-Items in die entsprechenden Tags kopieren oder (eventuell sogar automatisch) alle geänderten Bilder nach neuen Tags durchsuchen und die Datenbank damit abgleichen. Je nach Programm und eigenen Präferenzen werden Sie die eine oder andere Variante bevorzugen. Die XMP-Tags machen den Abgleich nicht gerade einfacher. Hier muss das Programm zusätzlich dafür sorgen, dass IPTC-Tags und XMP-Tags synchronisiert werden. Wenn das nicht fehlerfrei funktioniert, ist das Chaos vorprogrammiert.

Die Beschriftung und Verschlagwortung über Datenbanken ist ein recht komplexes Thema, Sie finden viele weitere Hinweise darüber z.B. in folgender Literatur: [WF03]

4.9   Bearbeitung mit Adobe

Camera Raw und Photoshop

Da dieses Buch hauptsächlich die Nikon-Programme und nicht Adobe im Fokus hat, möchte ich hier auf einige der zahlreichen ausgezeichneten Bücher zu diesem Thema verweisen [BV02, BV03], und speziell für RAW-Bearbeitung auf [BV07].

In vielen Fällen liefert Capture NX bereits das fertige Ergebnis, in manchen Fällen werden Sie das Bild mit Adobe PS (oder einem gleichwertigen Programm) weiter bearbeiten. Diesen zweiten Fall wollen wir uns hier näher ansehen.

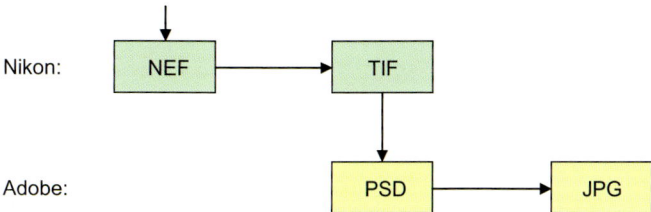

Um die CNX-Bearbeitungsschritte zu erhalten, ist es möglich, das Bild nach der RAW-Konvertierung mit CNX als TIF nach Adobe zu übergeben. Sie müssen dann natürlich auf die RAW-Bearbeitungsmöglichkeiten in Adobe verzichten.

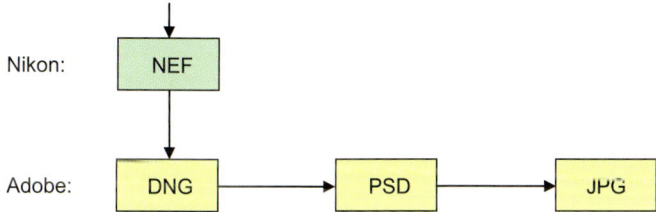

Alternativ öffnen Sie das NEF direkt in Adobe, und wählen damit den Weg über Adobe Camera RAW (ACR). In diesem Fall verzichten Sie auf die CNX-Bearbeitung und die Übernahme der Kameraeinstellungen. Falls Sie die Kameraeinstellungen häufig an die jeweilige Situation anpassen, dann könnte das ein Nachteil sein. Falls Sie meistens mit einer fixen Einstellung (für Schärfe, Kontrast usw.) arbeiten, dann können Sie diese Einstellung bei Adobe Camera Raw als Default-Einstellung wählen.

Es gibt daher zwei Varianten, wie Sie NEF-Bilder mit Adobe Photoshop bearbeiten können:

1. NEF-Bild mit CNX als TIF speichern:
    In diesem Fall verwenden Sie CNX als RAW-Konverter und erledigen nur die restlichen Bearbeitungsschritte mit PS. Idealerweise speichern Sie das Bild in CNX mit 16 Bit Farbtiefe als TIF und vermeiden damit Qualitätsverlust durch Komprimierung. Alternativ kann ein Bild auch direkt aus CNX nach Adobe übergeben werden.
    Nachteil: Sie verzichten auf die Möglichkeiten von Adobe Camera Raw.

2. NEF-Bild direkt in PS öffnen:

   Es öffnet sich Adobe Camera Raw und Sie verwenden den RAW-Konverter von Adobe. Die RAW-Datei wird dabei entweder vom NEF-Format in das DNG-Format konvertiert, oder Sie speichern alle Änderungen in einer eigenen XMP-Datei. Die restlichen Bearbeitungsschritte werden mit PS ergänzt und z.B. im PSD-Format gespeichert. Nachteil: Sie verzichten auf die Möglichkeiten von CNX.

4.10 Konvertierung mit Photoshop

Obwohl JPG und TIF die beiden wichtigsten Bildformate darstellen, kann es durchaus sein, dass Sie ein Bild in einem anderen Format benötigen. Während Nikon in CNX gerade mal diese zwei häufigsten Exportformate anbietet, wählen Sie bei Adobe aus der vollständigen Liste der Bildformate (inkl. JP2, PNG). Es muss aber nicht immer gleich ein Adobe Produkt eingesetzt werden, wenn es um die Bearbeitung oder Konvertierung von Bildern geht. Als Alternative zu dem recht teuren Photoshop CS gibt es auch noch andere Bildbearbeitungsprogramme, die ebenfalls 16-Bit-Bilder bearbeiten können.

	FixFoto 2.90	Ulead PhotoImpact X3	PS Elements 6	PS CS 3
Hersteller	www.j-k-s.com	www.Corel.de	www.Adobe.de	
Preis (Basisversion)	35 €	50 €	100 €	~ 1000 €
RAW / 16-bit Bearbeitung	ja ♞ / ja ♘	ja ♞ / ja ♞	ja ♘ / ja ♞	ja ♘♘ / ja ♘♘
Farbmanagement	ja ♞	ja ♞	eingeschränkt ♞♞	ja ♘♘
Metadaten (EXIF / IPTC) anzeigen / erhalten	ja / bedingt	nein / ja	ja / ja	ja / ja
Kopierstempel	ja	ja	ja	ja
Korrekturpinsel	ja	ja	ja	ja
Perspektive	ja	ja	ja	ja
Panoramafunktion	nein	ja	ja	ja
Ebenen	nein	ja	ja	ja
Masken	eingeschränkt	ja	ja	ja
Plug-Ins	i²e, XE847	Photoshop	Photoshop	Photoshop
Makros / Makrorecorder	ja / nein	ja / ja	nein / nein	ja / ja
Scripting	ja	nein	nein	ja
Stapelverarbeitung	ja ♘♘	ja ♞	ja ♘	ja ♘

Programme, die 16-Bit-Bilder zwar öffnen, aber nicht bearbeiten können, wurden hier nicht betrachtet (z.B. MAGIX Digital Foto Maker, Microsoft Foto Suite, Serif PhotoPlus).

FixFoto von Joachim Koopmann eignet sich ideal, um die in CNX2 fehlende perspektivische Korrektur nachzubearbeiten. Leider gehen bei FixFoto die in TIFF enthaltenen Metadaten verloren. Die Panoramafunktion wurde in dem Vergleich nicht bewertet, da es dafür auch Spezial-Software gibt (z.B. PanoramaStudio von www.tsh-soft.de). Die fehlende Plug-In-Schnittstelle für Photoshop-Filter wird durch eine gute Alternative ausgeglichen. Für die Auswahl über Masken stehen nur sehr einfache Funktionen zur Verfügung. Umfangreiche Stapelverarbeitungsmöglichkeiten und eine Scriptfunktion mit Makrodialog runden das Programm ab. Es sind verschiedene Ausbaustufen mit Erweiterungsmodulen erhältlich.

PhotoImpact von Ulead ist im Funktionsumfang dem Adobe-Produkt Photoshop Elements sehr ähnlich. Seit das Programm von Corel gekauft wurde, ist es auch deutlich preiswerter geworden.

Photoshop Elements beherrscht nur eingeschränktes Farbmanagement und wurde auch sonst in vielen sinnvollen Funktionen zur Bildbearbeitung unnötig kastriert. Zumindest die Ebenen stehen zur Verfügung, wenn schon keine Ebenenmasken vorhanden sind. Gradationskurven und vollständige Retuschemöglichkeit im 16-Bit-Modus gibt es selbst in der Version 6 leider immer noch nur auf der Wunschliste.

Man muss Adobe zugutehalten, die Funktionen von PS Elements derart stark eingeschränkt zu haben, da sonst die Konkurrenzprodukte in diesem Vergleich keine Chance gehabt hätten.

4.11 Ausarbeitung und Präsentation

Nachdem Sie sicher nicht nur deshalb fotografieren, um Ihre Festplatte möglichst rasch voll zu bekommen, behandeln wir in diesem Kapitel im Detail die Ausgabe der Fotos auf Papier und die Veröffentlichung im Internet. Sollten Sie es von der Diafotografie gewohnt sein, Bilder auf der Leinwand zu präsentieren, so dürfte das Kapitel über Beamer für Sie von Interesse sein.

Ausarbeitung bei Dienstleister

Wenn Sie Ihre Aufnahmen auf einem Laserbelichter oder Fine-Art-Printer ausgeben lassen, so stellen Sie dem Dienstleister am besten folgende Fragen oder konsultieren dazu dessen (manchmal jedoch recht wenig aussagekräftige) Website:

Frage	mögliche Antworten	siehe Kapitel
mögliche Dateiformate	JPEG (Baseline Standard) TIFF (8 Bit unkomprimiert)	4.6
mögliche Farbräume	sRGB, AdobeRGB ...	3.2
mögliche Zuschnitte (Verhältnis der Seitenlängen)	Format 3 : 4 oder 2 : 3 Format 1 : 1 bis 2 : 3 Format 1 : 1 bis 1 : 2 beliebig	Skalieren
exakte Auflösung	Mindestauflösung empfohlene Auflösung	Skalieren
optionale Nachbearbeitung	automatisch inkludiert, auf Wunsch auch keine	

Dateiformate

Wenn Sie eine geringe Komprimierung wählen, so ist JPEG durchaus geeignet, die Ausarbeitung erfolgt ohnehin meist nur mit 8 Bit Farbtiefe. Wenn Sie mit PS arbeiten, wählen Sie »Baseline Standard«, da manche Ausarbeiter mit anderen Varianten Probleme haben. Wenn Sie Bilder im TIFF-Format verschicken, vermeiden Sie die LZW-Komprimierung aus dem gleichen Grund.

Farbräume

Obwohl Ausarbeitungsmaschinen in der Regel alle einen größeren Farbraum beherrschen, hat sich der kleinere sRGB-Farbraum als alleiniger Standard etabliert. Solange sich das Angebot des Massenmarktes am Bedarf von größtenteils unerfahrenen Fotografen orientiert, ist in diesem Punkt auch so rasch keine Änderung zu erwarten. Bei einem häufig verwendeten Belichter von Fuji (dem Frontier) kommt hinzu, dass dieses Gerät noch nicht den ICC-Workflow beherrscht und daher ICC-Profile zurzeit nicht richtig berücksichtigt. Wandeln Sie für diese Ausarbeitung Ihre Bilder daher nach sRGB um. Wollen Sie den Farbraum des Frontier laut Profil nutzen, so können Sie Ihre Aufnahmen auch von AdobeRGB in den gerätespezifischen Farbraum konvertieren; das dafür je Papier notwendige Profil ist von Fuji erhältlich (z.B. Fuji_Frontier-PD_CA-Type-ONE_V2.icc). In diesem Fall werden die Aufnahmen im so genannten »PD-Mode« ausgearbeitet. http://www.fujifilm.de/service/farbmanagement/index.html

Ausarbeiter, die mit High-End-Geräten (wie z.B. dem Durst Lambda) arbeiten, stellen ebenfalls Profile je Fotopapier zur Verfügung. Natürlich sind diese Fine-Art-Prints entsprechend teurer. Übliche Formate beim Lambda 130 sind z.B. 30 × 40 bis 300 × 450 cm. www.alstercolor.de/html/download1.htm

Zuschnitt

Zu Analogzeiten war der einzige im Massenmarkt gefragte Zuschnitt das Verhältnis des Kleinbildfilms (2 : 3). Seitdem digitale Kompaktkameras den Markt beherrschen, haben die Ausarbeiter (mit mehrjähriger Verzögerung) erkannt, dass ihre Geräte jeden beliebigen Ausschnitt bearbeiten könnten, und bieten nun auch das Verhältnis 3 : 4 an. Nur sehr wenige Ausarbeiter gehen so weit, dass sie die Möglichkeiten ihrer Geräte voll ausschöpfen und nahezu jedes beliebige Verhältnis (sogar bis zum Panoramaformat) anbieten. Wenn Ihnen ein Ausarbeiter auf die Frage nach dem möglichen Seitenverhältnis die Antwort »beliebig« liefert, fragen Sie lieber nach, denn er könnte auch gemeint haben: sowohl 2 : 3 als auch 3 : 4, aber kein weiteres Format

Beispiel für pixelgenaue Ausarbeitung siehe: http://www.fc-prints.de/?id=16

Auflösung

Sie sollten Ihre Aufnahmen nicht als 10 MP- oder 12 MP-Datei zur 10 × 15-Ausarbeitung schicken, sondern am besten auf die benötigte Auflösung herunterskalieren und anschließend noch einmal leicht nachschärfen. Die meisten Ausarbeiter arbeiten mit 300 DPI, und das ist für Fotos auch völlig ausreichend. Bei Postergröße wird die Auflösung für gewöhnlich sogar noch weiter reduziert, da der größere Betrachtungsabstand kleinere Auflösungen zulässt.

Manche Ausarbeiter veröffentlichen auf ihrer Website eine Liste der minimal empfohlenen Auflösung je Format. Diese »Empfehlung« ist meist mit 200 ppi (oder sogar nur 150 ppi) gerechnet und lässt gerade keine allzu starken Pixel erkennen. Wenn nicht auch die optimale Auflösung genannt wird, vergessen Sie diesen Dienstleister. Wer seinen unerfahrenen Kunden Tipps gibt, wie sie möglichst schlechte Qualität erhalten, hat wohl auch sonst mit Qualität nicht viel am Hut.

Nachbearbeitung

Viele Ausarbeiter gehen davon aus, dass die angelieferten Bilder direkt aus einer Digitalkamera stammen, und bieten (oft ungefragt) eine kostenlose automatisierte Nachbearbeitung (für Helligkeit, Kontrast, Farbstich) an, um die Aufnahmen zu »verbessern«. Für Ihre mühevoll nachbearbeiteten Fotos bedeutet das höchstens eine Verschlechterung und Sie sollten diesen Service nicht in Anspruch nehmen. Falls Ihr Ausarbeiter keine Option für den Verzicht dieser Nachbearbeitung (oft als Image Intelligence oder DSC-Autocorrection bezeichnet) bietet, können Sie das Gerät mit einem Trick überlisten. Entfernen Sie mit einem entsprechenden Tool (z.B. JPG Cleaner von http://www.rainbow-software.org/programs.html) sämtliche EXIF-TAGs. Da sich die Software an diesen TAGs orientiert, ist sie ohne TAGs ratlos und lässt Ihre Aufnahmen weit gehend unbehelligt.

Haben Sie einen Ausarbeiter gefunden, der alle Fragen zu Ihrer Zufriedenheit beantworten kann, dann schicken Sie beim ersten Auftrag gleich eine Testdatei mit und vergleichen diese am Bildschirm mit der Referenz. Wenn alles passt, dann bleiben Sie bei diesem Ausarbeiter und empfehlen ihn weiter, wenn nicht, dann beginnt die Suche von vorne.

Ausdruck in einer Druckerei

Falls Sie Ihre Aufnahmen einer Druckerei schicken wollen, so möchte ich meinen Hinweis aus Kapitel 3.1 wiederholen:

Die Separation nach CMYK sollte ein Fotograf üblicherweise der Druckerei überlassen, da diese in der Regel über mehr Erfahrung verfügt.

Auch eine Druckerei nimmt Bilder im RGB-Modell entgegen, obwohl ihre Geräte nach dem CMYK-Modell arbeiten. Achten Sie darauf, ein ICC-Profil eingebettet zu haben, die Druckerei kann (im Gegensatz zu den meisten Ausarbeitern) sehr wohl etwas damit anfangen.

In der Druckerei wird die Auflösung als Rasterweite eines Drucks angegeben, entweder in LPI *(Lines per Inch)* oder in l/cm (Linien pro cm). Die Umrechnung von LPI nach PPI erfolgt über den Qualitätsfaktor (Q), der mit 1,5 bis 2 angesetzt wird.

Beispiel mit Q = 2:   60 l/cm = 150 LPI = 300 PPI

Sie finden genormte Profile für den Offsetdruck auf folgender Website: www.eci.org/doku.php?id=de:downloads (unter ECI_Offset_2008.zip)

In der Literatur finden Sie viele weitere wertvolle Hinweise, wie Sie Ihre Fotos am besten an eine Druckerei schicken. Empfehlen möchte ich hier vor allem [WF01].

Ausdruck auf eigenem Fotodrucker

Sie haben die Druckfunktion von CNX inklusive dem »Digitalproof« kennen gelernt und wissen daher, wie Sie vor dem Ausdruck bereits das Ergebnis am Bildschirm simulieren können. Für eine Anleitung zur Druckerkalibrierung verweise ich Sie auf verfügbare Literatur, da dies den Rahmen dieses Buches sprengen würde [DR01]. Hier wollen wir uns nun mit dem Fotodrucker für den Privateinsatz beschäftigen.

Für den Farbausdruck von Fotos werden in der Regel Tintenstrahldrucker oder Thermosublimationsdrucker eingesetzt. Da wir bei SW-Aufnahmen das Bild auch tonen können (z.B. Sepia oder auch Mehrfachtonung), kommt auch für SW-Bilder der Farbdrucker zum Einsatz. Während (finanzierbare) Tintenstrahldrucker häufig in den Formaten A4 oder A3 drucken, findet man bei Thermosublimationsdruckern mehr die Formate 10 x 15 oder 13 x 18.

Tintenstrahldrucker

Während Tintenstrahldrucker für den Officebereich mit vier Farben auskommen, benötigen Fotodrucker sechs oder mehr Farben.

| Cyan | Magenta | Gelb | Schwarz | Fotocyan | Fotomagenta | Grau | Hellgrau |

Bei speziellen Druckern für SW-Aufnahmen werden zusätzlich zu den sechs Fotofarben noch zwei Grautöne eingesetzt. Im Offsetdruck gibt es noch weitere Schmuckfarben (z.B. Orange + Grün), um den möglichen Farbraum zu erweitern. In letzter Zeit ist dieser Trend auch bei Tintenstrahldruckern zu beobachten, wo ebenfalls bereits Grün-, Blau-, Rot- oder Orange-Tinten anzutreffen sind. Da die Anzahl der Tintentanks weiterhin begrenzt bleibt, werden dafür jedoch entweder die hellen Fotofarben oder die Grautinten geopfert.

Wir unterscheiden Drucker mit getrennten oder gemeinsamen Tintentanks sowie die beiden Technologien Piezo und Bubble Jet, die in der Qualität etwa gleichwertig sind.

Bei den Tinten wird zwischen Pigmenttinte für höchste Haltbarkeit und Dye-Tinte unterschieden, wie sie in den meisten Originalpatronen zu finden ist. Der Wechsel zwischen diesen beiden Tintenarten ist meist nur mit einem verschwenderischen Leerpumpen der Zuleitungen zu bewerkstelligen.

Tinte von Fremdherstellern wird entweder zur Nachfüllung oder im professionellen Bereich oft als Permanent-Flow-System geliefert, bei dem externe Tintentanks über ein Schlauchsystem mit den Druckköpfen verbunden werden.

www.mediastreet.com	Niagara-System für Epson- und Canon-Drucker
www.lyson.com	Tintensysteme für viele Epson- und einige Canon-Drucker
www.permajet.com	Farb- und SW-Tinte in externen Tanks für Epson-Drucker

Da der Tintenstrahldrucker jede benötigte Farbe aus den vorhandenen Druckfarben zusammensetzen (*dithern*) muss, wird hier mit einer höheren Auflösung gedruckt, als sie dem Bild (in Pixel) entspricht. Bei einem Dithering von z.B. 16 × 16 Punkten erhalten wir die übliche Auflösung von 300 PPI × 16 = 4.800 DPI.

PPI	Pixel pro Inch (Zoll)	1 Zoll = 2,54 cm
DPI	Dots pro Inch	

Die Angabe der maximalen DPI-Zahl ist kein geeigneter Wert, um die Qualität eines Druckers zu beurteilen. Viel wichtiger sind andere Faktoren wie minimale Größe der Tintentropfen (Dosierbarkeit) in Pico-Liter, Lichtbeständigkeit des Ausdrucks, Verbrauchskosten. Eine gute Grundlage für die Kaufentscheidung liefern Testberichte.

Beispiele für bekannte Photodrucker von A3 bis A2 mit mehr als sechs Tintenfarben:

Hersteller	Marke	Format	Farben	Tropfen	Listenpreis
Epson	Stylus Photo 1400	A3	6	1,5 pl	400 €
Canon	Pixma Pro 9000	A3	8	2 pl	600 €
Epson	Stylus Photo R1900	A3	8	1,5 pl	600 €
HP	Photosmart Pro B9180	A3	8	k. A.	700 €
Canon	Pixma Pro 9500	A3	10	3 pl	800 €
Epson	Stylus Photo R2880	A3	8+1	3 pl	800 €
Epson	Stylus Photo 3800	A2	9	3,5 pl	1600 €
Epson	Stylus Photo 4800	A2	10	3,5 pl	2500 €

Für Fine-Art-Prints wird meist spezielles Papier oder Leinen verwendet. Die Website der bekanntesten Firma für Fine-Art-Papier lautet: www.hahnemuehle.de

→ **Tipp:** Achten Sie beim Kauf des Druckers auch darauf, dass dieser sowohl mattes als auch glänzendes Papier optimal bedrucken kann. Ein dabei eventuell notwendiger Wechsel der Tinte (z.B. beim Epson R2880) kann den Verbrauch jedoch deutlich erhöhen.

Thermosublimationsdrucker

Während Tintenstrahldrucker jede Farbe aus den Grundfarben mischen müssen, können bei diesem Druckverfahren sämtliche Farben ohne Dithering direkt erzeugt werden. Dafür ist jedoch ein spezielles Papier notwendig, das von der Festigkeit her dem Fotopapier sehr ähnlich ist. Als Auflösung hat sich hier wie bei der Bildausarbeitung 300 DPI (seltener 400 DPI) durchgesetzt. Wie bereits beim Tintenstrahldrucker ist auch hier die DPI-Zahl kein direktes Qualitätskriterium.

Als Vorteil kann bei diesem Verfahren angesehen werden, dass dieser Ausdruck einem echten Foto näher kommt als das Papier des Tintenstrahldrucks und dass standardmäßig randlos gedruckt wird (wenn auch oft nur 10×15). Für unterwegs können manche dieser Geräte sogar mit Batterie betrieben werden.

Nachteile sind die im Vergleich zum Tintenstrahlsystem kleinere Papiergröße und höhere Druckkosten (bei vergleichbarer Bildgröße).

Veröffentlichung im Internet

Für die Präsentation oder den Vertrieb von Aufnahmen im Internet sind einige wenige Punkte zu beachten. Wer seine Bilder auf einer Website platziert, muss diese gegebenenfalls vorher in den **sRGB**-Farbraum konvertieren. Eine **Skalierung** auf zwei verschiedene Größen (z.B. 214×320 für Thumbnails und ca. 600×900 für nahezu vollformatige Ansicht nach Klick auf das Thumbnail) versteht sich von selbst. Beachten Sie dabei, dass es auch kleinere Bildschirmauflösungen gibt als die Ihres eigenen Monitors. Ein Bild, das beim Betrachten gescrollt werden muss, verliert seine Wirkung vollständig. Obwohl üblicherweise davon abgeraten wird, das dargestellte Motiv im Dateinamen abzubilden, kann das bei Bildern auf einer Homepage durchaus die Suche durch Suchmaschinen erleichtern.

Falls Sie Ihre Bilder über das Internet vertreiben wollen (z.B. über eine Fotoagentur), dann sorgen Sie dafür, dass Ihre Bilder dort auch gefunden werden. Vollständig ausgefüllte IPTC-Felder helfen dabei, da diese Angaben beim Einstellen der Bilder automatisch übernommen werden.

Präsentation über Beamer

Wenn Sie einen Ersatz für Ihren Diaprojektor suchen oder Ihre Fotos nicht länger über den Fernseher präsentieren wollen, dann kommt dafür ein Beamer infrage.

Leider werden fast alle Beamer nur für zwei Anwendungsgebiete konstruiert: Präsentation von Computergrafik und bewegte Videobilder.

Bei der Präsentation von Computergrafik stören senkrechte und waagerechte feine Linien im Bild normalerweise nicht, da auch in Excel-Tabellen solche Linien vorkommen. Bei Videobildern stört es nicht, wenn der Beamer Standbilder nicht absolut flimmerfrei darstellen kann. Beim Überblendvortrag von Standbildern jedoch stören beide Effekte. Zusätzlich wird beim Standbild eine höhere Auflösung als angenehm empfunden als es bei Videobildern notwendig ist. Das Ergebnis ist, dass Beamer für unsere Zwecke sehr selten und entsprechend teuer sind.

Hier eine Liste der am Markt üblichen hochauflösenden Beamer:

Firma	Type	Auflösung	Chip	Lampe	Helligkeit [Lumen]	Kontrast (Hersteller)	Kontrast (Test)
JVC	DLA-SX21	1400 × 1050	LCoS	250 W UHP	1500	800 : 1	
Canon	XEED SX60	1400 × 1050	LCoS	180 W UHP	2500	2000 : 1	470 : 1
Canon	XEED SX6	1400 × 1050	LCoS	270 W UHP	3500	1000 : 1	
Canon	XEED SX7	1400 × 1050	LCoS	275 W NSH	4000	1000 : 1	
Mitsubishi	HC 5000	1920 × 1080	LCD	160 W UHP	1000	10.000 : 1	360 : 1
Sony	VPL-VW50	1920 × 1080	LCoS	200 W UHP	900	15.000 : 1	1120 : 1
Sony	VPL-VW100	1920 × 1080	LCoS	400 W Xenon	800	15.000 : 1	
JVC	D-ILA HD10KS	1920 × 1080	LCoS	200 W NSH	600	2000 : 1	

Die Kontrastangaben des Herstellers sind zumeist bei völlig unrealistischen Bedingungen ermittelt, die Kontrastwerte in Testberichten werden bei Projektionsbedingungen gemessen. Gute Testberichte finden Sie in der Zeitschrift fotoforum (z.B. Ausgabe 2/2007).

Als Software benötigen wir ein Programm, bei dem für jeden einzelnen Übergang die Überblenddauer individuell festgelegt werden kann. Außerdem muss die Software in der Lage sein, die Überblendung absolut ruckelfrei ablaufen zu lassen, was natürlich auch voraussetzt, dass die Grafikkarte dafür geeignet ist. Eine perfekte Bild-Ton-Synchronisation versteht sich von selbst.

Die folgenden Programme haben sich am Markt dafür etabliert:

Stumpfl Wings	www.AVStumpfl.com
mObjects	www.mObjects.com
screenAV / NEXUS	www.screenAV.de

Wer nur eine einfache TV-Show präsentieren will und auf perfekte Übergänge oder synchronen Ton keinen Wert legt, der kann jedes einfache Diashow-Programm dafür verwenden.

DaviDeo für Fotos	www.gdata.de
Diashow XP	www.aquasoft.de
FotoBrennerei	www.ulead.de
Fotos auf CD und DVD	www.magix.de
iDVD, iPhoto	www.apple.com
MediaShow	www.cyberlink.de
MemoriesOnTV	www.picturetotv.com
MyDVD & Fotoshow	www.roxio.de
Photo DVD	www.honestech.com
Photo2DVD Studio	www.photo-to-dvd.com
Toast Titanium	www.roxio.de

→ **Hinweis:** Die grün markierten Programme sind auch für Mac OS verfügbar, die gelb markierten ausschließlich.

Gute Software-Testberichte finden Sie laufend in der Zeitschrift c't.

Für die Präsentation selbst können wir einen PC, ein Notebook oder am besten einen Barebone-Rechner einsetzen. Falls ein Notebook verwendet wird, sollte dieses unbedingt am Netz betrieben werden und sämtliche Stromsparmodi (inkl. Bildschirmschoner) sollten deaktiviert sein.

Als Grafikkarte ist ein DirektX 9-Modell ab 256 MB RAM völlig ausreichend. . Auf die Anzahl der Shader kommt es bei der Diashow mit Überblendung weniger an als beim Spieleeinsatz. Wichtig sind hingegen ausreichend Grafikspeicher und eine hohe Speicherbandbreite (> 30 GB/s).

Die folgende Liste von Grafikchips stellt das untere Ende der empfohlenen Karten dar. Wer bei der Diashow auf Bewegtbilder verzichtet, kann auch noch ältere Karten einsetzen. Aktuelle (hier nicht aufgelistete Grafik-Chips) sind in der Regel leistungsfähiger und daher für Überblendung ebenfalls geeignet.

Hersteller	Grafik-Chip	Bezeichnung	Speicher	Taktfrequenz
Nvidia	GeForce	6800 Ultra	256 MB	400 / 550 MHz
ATI	Radeon	X 800 XL	256 MB	400 / 490 MHz
Nvidia	GeForce	7800 GT	256 MB	400 / 500 MHz
ATI	Radeon	X 1800 XL	256 MB	500 / 500 MHz
Nvidia	GeForce	7900 GS	256 MB	450 / 660 MHz
ATI	Radeon	X 1900 GT	256 MB	550 / 700 MHz
Nvidia	GeForce	7900 GT	256 MB	450 / 660 MHz
ATI	Radeon	X 1900 XT	256 MB	625 / 725 MHz
Nvidia	GeForce	7900 GTO	512 MB	650 / 660 MHz
Nvidia	GeForce	7950 GT	512 MB	550 / 700 MHz
ATI	Radeon	X 1900 XT	512 MB	625 / 725 MHz
ATI	Radeon	X 1900 XTX	512 MB	650 / 775 MHz

Der Monitor sollte zumindest die Auflösung des Beamers darstellen können. Bitte beachten Sie bei Flachbildschirmen, dass diese nur eine fixe Auflösung exakt darstellen können, kleinere Auflösungen werden bei den meisten Modellen durch eine Interpolation hochskaliert und dadurch zwangsweise unscharf. Im Idealfall ist diese Skalierung abschaltbar oder zumindest auf verzerrungsfreie Seitentreue fixierbar.

Sollten Sie eine kleinere Auflösung anzeigen wollen, so gibt es zwei Möglichkeiten, eine Hochskalierung zu verhindern: Entweder Sie besitzen einen der seltenen Monitore, bei denen die Interpolation abschaltbar ist (z.B. Eizo, Sony, ViewSonic ...), oder Sie besitzen eine Grafikkarte mit Nvidia-Chipsatz, die auch bei kleinerer Auflösung den Monitor mit seiner vollen Auflösung ansteuern kann, indem sie einfach einen schwarzen Rahmen dazu einblendet, wodurch die Interpolation des Monitors gar nicht erst zum Einsatz kommt.

Hier eine Tabelle üblicher Monitorauflösungen:

Seitenverhältnis:	5 : 4 (1,25)	4 : 3 (1,33)	16 : 10 (1,60)
17 Zoll	1280 × 1024 (96 dpi)		
19 Zoll	1280 × 1024 (86 dpi)		1440 × 900 (89 dpi) 1680 × 1050 (104 dpi)
20 Zoll		1400 × 1050 (87 dpi) 1600 × 1200 (100 dpi)	1680 × 1050 (98 dpi)
21 Zoll		1600 × 1200 (94 dpi)	1680 × 1050 (94 dpi)
22 Zoll			1680 × 1050 (89 dpi) 1920 × 1200 (102 dpi)
23 Zoll			1920 × 1200 (98 dpi)
24 Zoll			1920 × 1200 (94 dpi)
26 Zoll			1920 × 1200 (86 dpi)
30 Zoll			2560 × 1600 (102 dpi)

In der Textverarbeitung wird gerne mit möglichst hoher Auflösung (z.B. 100 dpi) gearbeitet, um bei Buchstaben keine Pixelstruktur zu erkennen. Beim Einsatz als Spiele-PC oder für Videos sind niedrige Auflösungen von Vorteil (85 bis 90 dpi). Bei der Bildbearbeitung ist eine sichtbare Pixelstruktur in manchen Bearbeitungsschritten erwünscht (z.B. in der 100 %-Ansicht), bei manchen Bearbeitungsschritten (z.B. in der Vollansicht) sollte dagegen die Auflösung möglichst hoch sein, sodass ein Monitor mit 90 bis 100 dpi ideal ist. Es ist generell von Vorteil, den Monitor vorrangig nach der dpi Zahl und nur in zweiter Linie nach der Diagonale auszuwählen, da viele (vor allem jüngere) Anwender einen Monitor mit 86 dpi als rasch ermüdend empfinden, unabhängig davon, ob er nun 19 oder 26 Zoll Diagonale aufweist. Der Kauf eines nächst kleineren Monitors liefert in diesem Fall um weniger Geld mehr Komfort.

Achten Sie nicht so sehr auf Marketingwerte wie z.B. maximaler Kontrast oder maximale Helligkeit; darauf kommt es weniger an als auf eine gleichmäßige Ausleuchtung, Winkelabhängigkeit der Farben und maximale Anzahl der Pixelfehler. Bezüglich Winkelabhängigkeit und auch Farbdarstellung sind IPS- und PVA-Displays am besten. Von den üblichen preiswerten TN-TFTs würde ich abraten, sie sind hauptsächlich schnell, aber nicht farbtreu.

In diesem Zusammenhang möchte ich meine Empfehlung von vorhin wiederholen. Wer einen TFT-Schirm für die Bildbearbeitung sucht, wird mit per Hardware kalibrierbaren Monitoren (z.B. CE- oder CG-Reihe von Eizo) sicher zufrieden sein.

4.12 Sicherung *(Backup)*

Zum Schluss wollen wir noch das leidige Thema der Datensicherung ansprechen, nicht deshalb, weil man erst am Ende des Workflows damit beginnen sollte, sondern weil es den mit Abstand unbeliebtesten (da uninteressantesten) Schritt im gesamten Arbeitsablauf darstellt.

Zu Analogzeiten war es noch relativ einfach, Aufnahmen zu archivieren. Die Negativstreifen verschwanden einfach in irgendwelchen Schuhkartons und Dias hatte man gerahmt in Diamagazinen oder ungerahmt in entsprechenden Taschen. Wann immer man ein Bild nachmachen wollte, konnte man mit genügend Zeitaufwand das Original-Negativ oder -Dia ausfindig machen.

Mittlerweile bestehen die Originalaufnahmen aus Bits und Bytes, die sich irgendwo auf einer Magnetscheibe mit Namen Festplatte *(Harddisc)* herumtreiben. Wenn man heute seinen (vielleicht drei Jahre alten) »Uralt-PC« durch ein modernes Gerät ersetzt, so werden zumeist die alten Daten dabei auf den neuen PC überspielt (und dabei vielleicht höchstens das E-Mail-Postfach vergessen). Wenn jedoch der neue PC erst dann angeschafft wird, wenn das Altgerät bereits den Geist aufgegeben hat, dann ist es ohne Backup gar nicht so leicht, an die alten Daten heranzukommen. Wir haben ein paar Hinweise zur Plattenaufteilung bereits in Kapitel 2.1 im Zuge der Cache-Einrichtung besprochen und wollen hier nun das reine Backup der Bilddaten betrachten.

Die erste Frage lautet: Warum machen wir ein Backup?
Der einzige Grund ist, im Falle eines Datenverlustes die alten Daten wiederherstellen zu können. Als Gründe für einen Datenverlust können das unbeabsichtigte Überschreiben bzw. Löschen einer Datei oder auch der Totalausfall der Festplatte gelten.

Die zweite Frage lautet: Wann sollen wir welches Backup machen?

Hier müssen wir zwei gänzlich unterschiedliche Backup-Methoden unterscheiden. Bei der so genannten Image-Methode wird immer eine gesamte Partition einer Festplatte (z.B. das gesamte Betriebssystem mit allen installierten Programmen) gesichert, bei der zweiten Methode handelt es sich um ein File-Backup, das einzelne Dateien sichert und für unseren Anwendungsfall hier infrage kommt.

Beim File-Backup können wir wieder zwei Methoden unterscheiden. Beim Full-Backup werden alle Dateien gesichert, auch die, die sich seit dem letzten Backup gar nicht geändert haben. Beim Differenz-Backup werden nur jene Dateien betrachtet, die seit dem letzten (Full- oder Diff-)Backup geändert wurden. Auch bei einem Diff-Backup wird regelmäßig (in größeren Abständen) immer ein Full-Backup gemacht. Wir werden bei unseren Bildern diese Methode einsetzen.

Auf welches Medium sollen wir unsere Bilddaten sichern?

Während diese Frage im Serverbereich klar beantwortet werden kann, nämlich auf Backup-Bänder, müssen wir im Heimbereich eine andere Lösung suchen. Zu Zeiten von CD-Brennern waren zusätzlich DAT-Bänder mit 2 oder 4 GB sehr beliebt, seit DVD-Brennern und größeren Festplatten hat DAT an Bedeutung verloren. Die Datenmenge, die bei der Digitalfotografie anfällt, sollte nicht unterschätzt werden. Wir fotografieren zumeist auf Speicherkarten mit ca. 1 bis 8 GB Kapazität und können so eine Karte (mit RAW-Aufnahmen) sicher in einem Tag vollbekommen. Das heißt natürlich nicht, dass wir 365 Tage im Jahr so viel fotografieren werden, aber mit durchschnittlich 10 GB pro Monat oder sogar etwas mehr müssen wir schon rechnen.

Für diese Datenmenge sind heute zwei Backup-Medien ideal geeignet: entweder eine DVD mit ca. 4 GB (bzw. der Nachfolger Blu-ray mit ca. 25 GB pro Layer) oder eine externe Festplatte (z.B. über USB, FireWire oder eSATA angebunden) mit ca. 500 GB oder mehr. Falls Sie auf eine externe Festplatte sichern, dann lösen Sie unbedingt die Verbindung zu Ihrem Computer nach dem Backup-Vorgang, damit im Falle einer Virusinfektion nur die interne Festplatte, jedoch nicht die externe Backup-Festplatte in Mitleidenschaft gezogen werden kann. Wer auf DVDs sichert, sollte diese mit einem Permanent Marker beschriften und nicht, wie bei CDs noch oft üblich, mit einem Label bekleben. Der Klebstoff reduziert bei DVDs aufgrund der dünnen Schutzschicht die Haltbarkeit oft erheblich. Für eine DVD-Sicherung empfiehlt es sich, alle Ordner mit Bildern auf maximal 4,5 GB zu begrenzen. Dann müssen keine Ordner beim Backup geteilt werden.

Eine Sicherung auf DVD-R hat den Vorteil, dass die Daten kaum unabsichtlich gelöscht werden können. Die Haltbarkeit wird bei Qualitätsmedien (z.B. Verbatim Archival Grade) auf ca. 50 Jahre geschätzt. DVR-RW können von modernen Brennern nicht immer optimal beschrieben werden und über die Haltbarkeit von DVD-RAM sind keine verlässlichen Daten zu bekommen. Die Haltbarkeit von Festplatten ist zwar deutlich geringer, wenn wir abwechselnd auf zwei externe Geräte sichern (und eines davon jeweils an einem entfernten Ort aufbewahren), können wir uns vor Datenverlust wohl ausreichend schützen.

Welche Daten sollen wir wie oft sichern?

Da wir uns nicht hauptberuflich um unser Backup kümmern können, werden wir Bilddateien nur dann sichern, wenn es wirklich notwendig ist. Die erste Sicherung ist notwendig, sobald wir die Daten aus der Speicherkarte in den PC übertragen haben und bevor die Speicherkarte wieder gelöscht wird. Wir stellen damit sicher, dass unsere Bilder zu keinem Zeitpunkt nur an einer Stelle (der Festplatte) existieren. Sollte die Festplatte zu diesem Zeitpunkt ausfallen, dann haben wir entweder noch die Speicherkarte oder bereits das erste Backup.

→ **Hinweis:** Wer unterwegs mit Notebook oder ImageTank arbeitet, sollte auch dabei bereits das gleiche Pinzip anwenden und alle Bilddateien immer doppelt speichern (z.B. auf der Festplatte und zusätzlich auf DVD).

Sobald wir unsere Bilder nachbearbeiten, werden wir auch dieses Ergebnis (täglich oder wöchentlich) sichern. Es wäre zwar im Prinzip möglich, aus den Originaldateien noch einmal das nachbearbeitete Bild zu erstellen, dieser Zeitaufwand steht bei umfangreicher Nachbearbeitung jedoch in keinem Verhältnis zu dem vergleichsweise geringen Aufwand einer Differenzsicherung.

Wenn wir auf ein DVD-Medium sichern, dann können die meisten Brennprogramme automatisch erkennen, welche Dateien in einem Backup-Set geändert wurden, und wählen diese Files für einen neuerlichen Brennvorgang automatisch aus. Wenn wir auf eine externe Festplatte (oder auch auf DVD-RAM) sichern, so verwenden wir dafür am einfachsten eine Software, die zwei Verzeichnisse vergleichen kann und geänderte Files automatisch auswählt. Wir haben so eine Software in Kapitel 4.1 beim Einlesen der Bilder in den PC bereits kennen gelernt. Sie können dafür auch ein spezielles Backup-Programm verwenden (z.B. TrueImage von Acronis).

Sehen wir uns zum Schluss das Diagramm im Anhang A.2 noch einmal an. Wir können hier einige Stellen erkennen, an denen ein Backup geeignet wäre. Ich habe in der Liste die Stellen grün markiert, wo ich ein Backup empfehlen würde, und rot, wo es nicht unbedingt notwendig ist, da dieser Vorgang leicht wiederholt werden könnte. Gelb sind Grenzfälle in Abhängigkeit der Bildanzalıl.

1. NEF | JPG nach jedem Einlesen
2. JPG bewerten und NEF | JPG löschen
   (Bewertungsvorgang müsste wiederholt werden.)
3. NEF | JPG umbenennen
4. NEF verschlagworten (beschriften)
5. NEF bearbeiten
6. NEF nach JPG (TIF) konvertieren
7. NEF nach DNG konvertieren
   (Backup der DNG-Files empfohlen, siehe Kapitel 4.6, Abschnitt NEF)
8. DNG (NEF, JPG) in Datenbank importieren (Backup der Datenbank)
9. a) DNG bearbeiten;   b) TIF | PSD bearbeiten
10. nach JPG konvertieren

Sollten Sie mit einem BV-Programm arbeiten, das über eine Datenbank verfügt, so vergessen Sie keinesfalls, auch diese Datenbank in Ihr Backup-Konzept aufzunehmen. In den meisten Fällen besteht diese Datenbank aus einem (oder wenigen) Files und sollte immer als Full-Backup gesichert werden.

4.13 Workflow: Zusammenfassung

Es wird darauf hinauslaufen, dass Sie für Ihren gesamten Workflow mehrere Programme einsetzen. Ich zeige hier beispielhaft zwei Varianten auf, wobei es bei der Vielfalt an Programmen und persönlichen Anforderungen sicher nahezu unendlich viele mögliche Kombinationen gibt.

Workflow-Schritt	Variante 1		Variante 2	
Bewertung	Nikon View NX	0 €	Adobe Lightroom	300 €
Umbenennen	Stamp	0 €		
Beschriftung	Capture NX 2	200 €		
RAW-Konvertierung				
Nachbearbeitung	FixFoto	ab 35 €	Adobe Photoshop	1000 €
Verwaltung	iMatch	65 $	iView	200 $
Überblendshow	Stumpfl Wings		Adobe Premiere	

Statt Adobe Photoshop können Sie auch Photoshop Elements (ca. 100 €) einsetzen und statt Adobe Lightroom kann auch Adobe Camera Raw als RAW-Konverter eingesetzt werden. Es kann daher auch bei der hier gezeigten Variante 2 noch erheblich eingespart werden.

Ein Tool, das alle Workflow-Schritte ideal vereint, ist derzeit nicht in Sicht. Wenn Adobe sich nicht iView von Microsoft vor der Nase hätte wegschnappen lassen, dann wäre Lightroom heute vermutlich schon sehr nahe an einem Universal-Tool dran.

Es bleibt abzuwarten, ob Adobe irgendwann einmal von den zwei getrennten Bildformaten DNG und PSD auf ein gemeinsames Format umschwenkt, so wie es heute bei Nikon bereits machbar ist, im NEF-File auch gleich Bearbeitungsschritte für JPEG-Bilder abzulegen. Für den Fotografen hätte diese Vorgehensweise den unschätzbaren Vorteil, jederzeit die RAW-Bearbeitungsschritte ändern zu können, ohne zwischen zwei Formaten vermitteln zu müssen. Wer in Photoshop schon einmal versucht hat, bei in PSD vorhandenen Einstellebenen nachträglich Änderungen am originalen DNG-File vorzunehmen, kennt die derzeitige Problematik.

Nikon hat mit Capture NX ein Programm entwickelt, das genau diese Vorteile bietet, und auch in anderen wesentlichen Punkten konkurrenzlos am Markt ist. Für den Nikon-Fotografen bietet diese Software daher einen einzigartigen durchgängigen Workflow von RAW- und Bildbearbeitung und macht ein Ausweichen auf teurere Programme immer seltener notwendig. Trotzdem bietet die aktuelle Version noch genügend Verbesserungspotential und wir wollen daher hoffen, dass Capture NX zügig um zusätzliche Funktionen (wie z.B. perspektivisches Transformieren oder Split-Toning) erweitert wird.

A Anhang

A.1 Farbtemperaturtabelle für Weißabgleich

Kelvin [K]	Mired [MK⁻¹]	Lichtquelle	Glühlampenlicht	direkte Sonne	bewölkt	Schatten	Leuchtstofflampe	Blitz
10000	100	Schnee mit Sonne						
9100	110					░	▓	
8300	120					░	▓	
8000	125	**Schatten**, Nebel				█	▓	
7700	130						▓	
7100	140	bedeckter Himmel					▓	
6700	150	Normlicht C (6774 K)			░		▓	
6500	155	Normlicht D65 (Fotografie)			░		█	
6300	160				░		▓	
5900	170	bewölkter Himmel			█		▓	
5600	180				░		▓	
5400	185	**Blitzlicht** (real ca. 5800 K bis 6100 K)			░		▓	█
5300	190				░		▓	
5200	192	direktes Sonnenlicht		█	░		▓	
5000	200	Normlicht D50 (Druck)		░			█	
4800	210	Morgen-, Abendsonne		░			▓	
4500	220			░			▓	
4300	230			░			▓	
4200	240	Leuchtstofflampe (kaltweiß)		░			█	
4000	250	Mondlicht					▓	
3800	260	Kohlebogenlampe					▓	
3700	270						█	
3600	280						▓	
3400	290	Halogenlampe (1000 W)	░				▓	
3300	300	Halogenlampe (500 W)	░				▓	
3200	310	Halogenlampe (250 W)	░				▓	
3100	320		░				▓	
3000	330	Kunstlicht	█				█	
2950	340	Kryptonlampe (500 W)	░				▓	
2850	350	Normlicht A (2856 K)	░				▓	
2800	360	Glühlampe (200 W)	░				▓	
2700	370	Glühlampe (100 W)	░				▓	
2650	380	Glühlampe (40 W)	░				▓	

Die farbig markierten Bereiche entsprechen den Einstellungen beim manuellen Weißabgleich in Capture NX. Die Mired-Skala entspricht unserem Empfinden nach einem linearen Verlauf mit gleichmäßigen Abständen, hat sich aber leider bisher noch nicht durchgesetzt (Mired = 1.000.000 / Kelvin).

A.2 Workflow

JPEG	PSD	TIFF	DNG	NEF

\JPG
\JPG
\JPG

2.) bewerten und löschen

3.) umbenennen

8.) verschlagworten mit Datenbank

6.) konvertieren (CNX)

\JPG

10.) konvertieren (PS)

\JPG

\PSD

9b.) bearbeiten (PS)

\TIF

9a.) bearbeiten (ACR)

7.) konvertieren (DNG -C)

\DNG

\DNG

\DNG

1.) einlesen

\NEF

\NEF

\NEF

\NEF

4.) in IPTC -Tags beschriften

5.) bearbeiten (CNX)

A.3 IPTC-Tags

Nr.	Länge	IPTC-Name	XMP-Name	Label	Beschreibung
25	n x 64	Keywords	Keywords	Stichwörter	Liste von Suchbegriffen
Beschreibung					
120	2000	Caption / Abstract	Caption / Description	Beschreibung	2000 Zeichen langer Text
05	64	Object Name (Title)	Title	Titel (Objektname)	z.B. Original-Filename
116	128	Copyright Notice	Copyright Notice	Copyright-Vermerk	mit Jahreszahl und Name
Kontaktinformationen					
80	32	By-line (Author)	Creator	Ersteller (Autor)	Name des Fotografen
85	32	By-line Title	Creator's Jobtitle	Berufsbezeichnung (Position des Autors)	freier Fotograf oder Ähnliches
			Creator's Contact Info (CCI)	Adresse, Ort, Bundesland, Land, PLZ, E-Mail, Telefon, Website	Kontaktinformationen
Inhalt					
105	256	Headline	Headline	Überschrift	256 Zeichen langer Bildtitel
	n x 8	nicht definiert	Subject Code	Themencode	8 stelliger Code (z.B. 15000000 für Sport)
		nicht definiert	Intellectual genre	Genre	Freie Bezeichnung wählbar
	n x 6	nicht definiert	IPTC Scene	Motiv	6 stelliger Code (z.B. 010100 für Porträt)
92	32	nicht definiert	Location	Aufnahmeort (Standort)	Aufnahmestandort
100	3	nicht definiert	ISO Country Code	ISO-Ländercode	zwei- oder dreistelliger Ländercode laut ISO 3166 (z.B. AT oder AUT für Österreich)
122	32	Writer / Editor	Caption / Description Writer	Verfasser der Beschreibung (Autor der Objektbeschreibung)	Name des Erstellers der Beschriftung
Herkunft					
55	8	Date Created	Date Created	Erstellungsdatum (erstellt am)	Aufnahmedatum, (siehe auch EXIF-Daten)
90	32	City	City	Ort	Ortschaft oder Gebiet
95	32	Province / State	State / Province	Bundesland / Kanton / Region	z.B. Bundesland
101	64	Country	Country	Land	Staat
103	32	Transmission Reference	Job Identifier	Jobkennung (Auftraggeber-Code)	für Workflow des Auftraggebers
40	256	Special Instructions	Instructions	Anweisungen	z.B. für zusätzliche Nachbearbeitung
110	32	Credit	Provider	Anbieter (Bildrechte)	Wer vertreibt die Rechte?
115	32	Source	Source	Quelle	Wer besitzt die Rechte?
		nicht definiert	Rights Usage Terms	Nutzungsrechte (Nutzungsbedingungen)	erlaubte Verwertung
Kategorien					
15	3	Category	nicht mehr definiert	Kategorie	dreistelliger NAARTNDA-Code
20	n x 32	Supplemental Categories	nicht mehr definiert	zusätzliche Kategorien	Liste von Kategorien

Ich habe grün die häufig verwendeten Felder gekennzeichnet und rot jene Felder, die wenig Bedeutung haben. Die alte CNX1 Bezeichnung ist im Feld »Label« in Klammern angegeben. Siehe auch: http://de.wikipedia.org/wiki/IPTC-NAA-Standard

A.4 Literaturverzeichnis

Das Verzeichnis ist in folgende Kategorien gegliedert:

NK Nikon-Kameras
BV Bildverarbeitung
FA Fotografie allgemein
SW Schwarz-Weiß-Fotografie

FT Farbtheorie und Fototechnik
FM Farbmanagement
DR Drucken
WF Workflow und Digital Asset Management

Verweis	Titel	Autor	Verlag	Datum	ISBN
NK01	Nikon D70	Wolfgang Kubak	vfv	07 / 2004	3-88955-164-5
NK02	Nikon D200	Frank Späth	Point of Sale	04 / 2006	3-925334-69-6
NK03	Nikon D50	Christian Haasz	Franzis	05 / 2006	3-7723-7198-1
NK04	Nikon D200	Rainer Dorau	dpunkt	07 / 2006	3-8986-4411-1
NK05	Nikon D50	Christian Haasz	Franzis	09 / 2006	3-7723-6549-3
NK06	Nikon D200	Christian Haasz	Franzis	09 / 2006	3-7723-7560-X
NK07	Nikon D200	Michael Gradias	Markt und Technik	10 / 2006	3-8272-4181-2
NK08	Nikon D80	Christian Haasz	Franzis	01 / 2007	3-7723-7575-8
NK09	Nikon D40	Wolfgang Kubak	Vfv	01 / 2007	3-88955-176-9
NK10	Nikon D80	Michael Gradias	Markt und Technik	02 / 2007	3-8272-4231-2
NK11	Nikon D80	Rainer Dorau / Rudolf Krahm / Helmut Kraus	dpunkt	05 / 2007	3-89864-446-4
NK12	Nikon D300	Michael Gradias	Markt und Technik	01 / 2008	3-8272-4352-1
NK13	Nikon D300	Frank Späth	Point of Sale	04 / 2008	3-925334-85-8
NK14	Nikon D300	Bettina Löffler / Klaus Harms	Galileo Press	06 / 2008	3-8362-1156-4
BV01	The Photographer's Guide to Capture NX	Jason P. Odell	www.Luminescent Photo.com	2006	
BV02	Photoshop CS2 für digitale Fotografie	Scott Kelby	Addison Wesley	08 / 2005	3-8273-2271-5
BV03	Photoshop für Fotografen	Martin Evening	Addison Wesley	02 / 2006	3-8273-2328-6
BV04	Die Kunst der RAW-Konvertierung	Uwe Steinmüller	dpunkt	02 / 2006	3-89864-389-1
BV05	Photoshop LAB Color	Dan Margulis	Addison Wesley	06 / 2006	3-8273-2377-4
BV06	Photoshop Farbkanäle	Scott Kelby	Addison Wesley	07 / 2006	3-8273-2399-1
BV07	Adobe Camera Raw	Mike Schelhorn	Addison Wesley	08 / 2006	3-8273-2450-4
BV08	Real World Nikon Capture NX	Ben Long	Peachpit Press	03 / 2007	0-3214-8999-3
BV09	Das HDRI-Handbuch	Christian Bloch	dpunkt	(11 / 2007) 02 / 2008	978-3-89864-430-3
BV10	Nikon Capture NX	Dirk Fietz	Data Becker	02 / 2008	978-3-8158-2642-3
FA01	Nahfotografie in der Natur	Fritz Pölking	Augustus Verlag	1997	3-8043-5097-6
FA02	Naturfotografie gestern & heute	Fritz Pölking	Erich Hoyer	09 / 2005	3-929192-21-7
SW01	Schwarzweiß-Fotografie digital	Reinhard Merz	dpunkt	06 / 2006	3-89864-403-0
SW02	Photoshop: Schwarzweiß-Labor	Christoph Künne	Addison Wesley	09 / 2006	3-8273-2409-2
SW03	Digitale Schwarzweißfotografie	Frans Barten	Focus Publishing BV	09 / 2006	90-72216-73-3
FT01	Handbuch der Fotografie (Band 1 – Grundlagen)	Jost J. Marchesi	Verlag Photographie	1993	3-933131-76-6
FT02	Handbuch der Fotografie (Band 3 – Digitalfotografie)	Jost J. Marchesi	Verlag Photographie	(1998) 11 / 2005	3-933131-76-6
FT03	Digitale Fotografie	Helmut Kraus	Galileo Press	03 / 2003	3-89842-278-X
FT04	Digitale Highend-Fotografie	Helmut Kraus	dpunkt	04 / 2005	3-89864-356-5
FM01	Farbmanagement für Fotografen	Tim Grey	dpunkt	02 / 2005	3-89864-329-8
FM02	Farbmanagement in der Digitalfotografie	Andreas Kunert	Mitp	(2004) 07 / 2006	3-8266-1417-8
FM03	Farbmanagement	Rolf Gierling	Mitp	08 / 2006	3-8266-1626-X
DR01	Fotodruck in Farbe	Helmut Kraus	Galileo Press	10 / 2004	3-89842-569-X
DR02	Fine Art Printing für Fotografen	Uwe Steinmüller, Jürgen Gulbins	dpunkt	(05 / 2006) 08 / 2008	(3-89864-377-8) 3-89864-542-3
DR03	Fine Art Printing	Gerhard Zimmert	Mitp	09 / 2006	3-8266-1638-3
WF01	Digital Workflow für Fotografen	Gerhard Zimmert	Mitp	10 / 2005	3-8266-1603-0
WF02	The DAM Book	Peter Krogh	O'Reilly	11 / 2005	0-596-10018-3
WF03	Professionelle Bildverwaltung für den Fotografen	Peter Krogh	dpunkt	02 / 2007	3-89864-441-3

→ **Hinweis:** Beim Datum ist zusätzlich die Erstausgabe in Klammern vermerkt. Gelb hinterlegte Literatur geht stark ins Detail und ist nur für Profis zu empfehlen. Englischsprachige Literatur ist blau hinterlegt.

A.5 Internetadressen

Englischsprachige Seiten sind orange hinterlegt, deutschsprachige grün.

www.nikon.de	www.CaptureNX.com
Berichte über Kameras und Fotografie:	
www.digitalkamera.de	Digitalkamera (Das Online-Magazin)
www.fotofenster.de	Fotofenster (inkl. Forum und Fotogalerie)
www.letsgodigital.org	LetsGoDigital (Online Magazin)
www.lausch.com/einleitung1.htm	Peter Lausch (Nikon-Story)
www.digitaldarrell.com	Digital Darrell (Planet Nikon)
www.dpreview.com	Digital Photography Review
www.outbackphoto.com	Digital Outback Photo
www.photozone.de	PhotoZone (Reviews)
www.robgalbraith.com	Rob Galbraith (Digital Photography Insights)
Internetforen mit Schwerpunkt Nikon und Bildbearbeitung:	
www.nikon-fotografie.de	Das Nikon Fotografie-Forum (Die Nikon-Community)
http://forum.digitalfotonetz.de	DigitalFotoNetz (Die freundliche DigitalFoto-Community)
www.dslr-forum.de	DSLR-Forum
www.nikonians.org	Nikonians (Forum mit eigenem Bereich: »Deutsches Café«)
Lehrgänge und Tutorials über Bildbearbeitung und Photoshop:	
www.adf.de/themen/digipix3.html	Arbeitskreis Digitale Fotografie (Leitfaden: DigiPix 3)
www.striewisch-fotodesign.de	Striewisch-Fotodesign (Fotolehrgang)
www.filmscanner.info	FilmScanner (gute Infos über Farbmanagement)
www.fotokollegium.ch	Fotoseminar Professional
www.photocd.de	ImagePac Forum (Info über Kodak Photo CD)
www.wargalla.de	Henning Wargalla (Digitale Bildgestaltung)
http://digitalfotografie.beitinger.org/	Andreas Beitinger (Sammlung von losen Beiträgen)
www.chainstyle.com	ChainStyle (Photoshop-Tutorials)
www.russellbrown.com	The Russell Brown Show (Photoshop-Tipps)
www.handson.nu	Hands-On (Training by DocOzone)
www.ronbigelow.com	Ron Bigelow (Gallery & Articles about Photoshop)
Tutorials über Nikon Capture:	
www.luminescentphoto.com	Luminescence of Nature (Capture NX eBook)
http://dpmac.com/nikon-capture/002-upoint.html	
www.earthboundlight.com/phototips/nikon-capture-cookbook.html	
www.earthboundlight.com/phototips/nikon-capture-nx-color-management.html	
www.earthboundlight.com/phototips/nikon-color-modes.html	

A.6   Verwendete Abkürzungen

Abkürzung	Text	Beschreibung
AA	Automatische Blitzmessung	Blitzmessmethode nicht durch die Objektivlinse (siehe auch TTL)
AF	Autofokus	automatische Scharfstellung
APS	Advanced Photo System	Filmformat kleiner als 36 mm Kleinbild
APS-C	Advanced Photo System compact	Compact-Format des APS im Verhältnis 2 : 3
AV	Audio-Video	Schnittstelle zum Anschluss an Fernsehgeräte
AWL	Advanced Wireless Lighting	Blitz-Fernsteuerung (Teil des CLS)
BV	Bildverarbeitung	Prozess der Bildbearbeitung und Verwaltung
CCD	Charge Couple Device	Sensortechnologie (siehe auch CMOS)
CF	Compact Flash	Speicherkarte
CIE	Commission Internationale de l‹Éclairage	Gremium zur Definition von Farbmodellen
CLS	Creative Lighting System	modernes Nikon-Blitzsystem (siehe auch AWL)
CMOS	Complementary Metal Oxid Semiconductor	Sensortechnologie (siehe auch CCD)
CMYK	Cyan-Magenta-Yellow-Key	Farbmodell im Druck
CNX	Capture NX	Bildverarbeitungsprogramm von Nikon
CPU	Central Processing Unit	Mikroprozessor in Kameras, Objektiven, PCs ...
DPI	Dots per Inch	Druckpunkte pro Zoll (siehe auch PPI)
DSLR	Digital Single Lens Reflex Camera	digitale Spiegelreflexkamera
EXIF	Exchangeable Image File Format	genormte Felder zur Aufzeichnung von Kameraeinstellungen
FAT	File Allocation Table	Formatierungsformat aus MS-DOS-Zeiten
FF	Full Frame	Vollformatsensor (Sensoren in der Größe des KB-Formats werden manchmal so bezeichnet.)
GB	Gigabyte	1 Milliarde Bytes
HD	Harddisc	Festplatte
HDTV	High Definition TV	neue hochauflösende Fernsehnorm
HDMI	High Definition Multimedia Interface	Schnittstelle (inkl. Steckverbinder) für HDTV-Signale
HDP	HD Photo	Neues Bildformat von Microsoft (siehe auch WDP, WMP)
ICC	International Color Consortium	Spezifikation des ICC-Profilstandards
ICM	Integrated Color Management	Farbmanagementmodul von Windows
IPTC	IPTC-NAA-Standard	genormte Felder zur Beschriftung von Bilddateien (entwickelt vom International Press Telecommunications Council)
IR	Infrarot	Signal in Fernbedienungen, auch in der Natur vorhanden
JPEG	Digitales Bildformat	definiert von der Joint Photographic Experts Group
KB	Kleinbild	Bildformat 24 x 36 mm
LCoS	Liquid Crystal on Silicon	hochwertiger LCD-Chip in Beamern
LPI	Lines per Inch	Linien pro Zoll (Rasterweite beim Druck)
LZ	Leitzahl	Angabe der Blitzleistung
MF	Mittelformat	Bildformat größer als Kleinbild
MP	Megapixel	1 Million Pixel
NR	Noise Reduction	Rauschreduzierung

Abkürzung	Text	Beschreibung
PAL	Phase Alternating Line	alte Fernsehnorm (durch)DVB abgelöst
PC	Personal Computer	Arbeitsplatzrechner (zur Bildverarbeitung)
PPI	Points per Inch	Bildpunkte pro Zoll (oft auch mit DPI bezeichnet)
PS	Photoshop	Bildverarbeitungsprogramm von Adobe
RAW	Rohdatenformat	unbearbeitetes Bild von Digitalkameras
RGB	Rot-Grün-Blau	Farbmodell in der Bildverarbeitung
SD	Secure Digital	Speicherkarte (Nachfolger von SM)
SM	Smart Media	Speicherkarte (durch SD abgelöst)
sRGB	standard RGB	Farbraum in der Bildverarbeitung
SVA	Spiegelvorauslösung	Möglichkeit, die Verwacklungsgefahr zu verringern
SW	Schwarz-Weiß	Schwarz-Weiß-Fotografie
TAG	übersetzt Anhängsel	siehe IPTC-TAG, EXIF-TAG
TTL	Through the Lens	Blitzmessmethode durch die Objektivlinse
USB	Universal Serial Bus	Computerschnittstelle zum Anschluss von Kameras, Kartenlesegeräten u.v.m.
USB-OTG	USB on the go	Spezielle USB-Norm, bei der ein Image-Tank ohne PC mit einer Kamera kommunizieren kann
USM	Unscharf maskieren	Filter zur Scharfzeichnung
VR	Vibration-Reduction	Verwacklungsreduzierung
WB	White Balance	Weißabgleich
WDP	Windows Media Photo	Neues Bildformat von Microsoft (siehe auch HDP)
WMP	Windows Media Photo	Neues Bildformat von Microsoft (siehe auch HDP)
WW	Weitwinkel	Objektiv mit geringer Brennweite
XMP	Extensible Metadata Platform	Erweiterung der IPTC-Norm

A.7 Tastaturtabelle

Tastaturabkürzungen für Capture NX und View NX

Funktion	CNX Werkzeug	CNX Tastatur	View NX
Direktauswahl	◤	`A`	
Verschieben	🖐	`H`	
Temporäres Umschalten auf Verschieben		Leertaste	
Zoomwerkzeug	🔍	`Z`	
Bild vergrößern	🔍	`Strg` + `+`	
Bild verkleinern	🔍 + `Alt`	`Strg` + `-`	
Temporäres Bild vergrößern		`Strg` + Leertaste	
Temporäres Bild verkleinern		`Strg` + `Alt` + Leertaste	
An Bildschirmgröße anpassen	Doppelklick auf 🖐	`Strg` + `0`	`Strg` + `Alt` + `1`
Bild in halber Größe anzeigen (50%)			`Strg` + `Alt` + `5`
Bild in voller Größe anzeigen (100%)	Doppelklick auf 🔍	`Strg` + `Alt` + `0`	`Strg` + `Alt` + `0`
Vollbild		`F`	`F`
Darstellung (vor schwarzem Hintergrund)		`P`	
Alle Paletten ausblenden		`→`	
Verlorene Lichter Anzeigen		`⇧` + `H`	`H` , `L`
Verlorene Schatten Anzeigen		`⇧` + `S`	`S`
Doppel-Schwellenwert		`⇧` + `T`	
Autofokus-Messfeld einblenden			`Strg` + `⇧` + `F`
Arbeitsbereiche		`Alt` + `1` … `4`	
Umschalten zwischen geöffneten Bildern		`Strg` + `→`	
Browser öffnen		`Strg` + `Alt` + `B`	
Mit Label versehen (Label 1 bis 9)		`1…9`	`1…9`
Label entfernen		`0`	`0`
Bewertung hinzufügen (1 bis 5)		`Strg` + `1…5`	`Strg` + `1…5`
Bewertung entfernen		`Strg` + `6`	`Strg` + `0`
Sortieren nach Label		`⇧` + `0…9`	
Sortieren nach Bewertung		`Strg` + `⇧` + `1…5`	
Sortieren nach Namen (Alphabetisch)			

Funktion	CNX Werkzeug	CNX Tastatur	View NX
90° nach rechts drehen		`Strg` + `R`	`Strg` + `R`
90° nach links drehen		`Strg` + `⇧` + `R`	`Strg` + `⇧` + `R`
Beschnittwerkzeug		`C`	
Farbkontrollpunkt		`Strg` + `⇧` + `A`	
Auto-Retusche-Pinsel		`R`	
Auswahl-Kontrollpunkt		`Strg` + `⇧` + `C`	
Pinsel		`B`	
Lasso		`L`	
Auswahl-Rechteck		`M`	
Verlauf		`G`	
Füllen		`Alt` +Rücktaste	
Füllung entfernen		`⇧` +Rücktaste	
Temporäre Umschaltung + / − Auswahl		`Alt`	
Dauerhafte Umschaltung + / − Auswahl		`+` / `−`	
Auswahl überlagert anzeigen (ein/aus)		`⇧` + `O`	
Auswahl als Maske anzeigen (ein/aus)		`⇧` + `M`	
Voreinstellungen		`Strg` + `K`	
Öffnen		`Strg` + `O`	`Strg` + `O`
Ordner im Browser öffnen		`Strg` + `Alt` + `O`	
Nikon Transfer starten		`Strg` + `Alt` + `T`	
Speichern		`Strg` + `S`	
Speichern unter…		`Strg` + `⇧` + `S`	
Dateikonvertierung			`Strg` + `E`
Schließen		`Strg` + `W`	
Seite einrichten		`Strg` + `⇧` + `P`	`Strg` + `⇧` + `P`
Drucken		`Strg` + `P`	`Strg` + `P`
Beenden		`Strg` + `Q`	`Strg` + `Q`
Rückgängig machen		`Strg` + `Z`	`Strg` + `Z`
Erneut ausführen		`Strg` + `⇧` + `Z`	`Strg` + `⇧` + `Z`

A.7 Tastaturtabelle

Funktion	CNX Werkzeug	CNX Tastatur	View NX
Ausschneiden		`Strg` + `X`	`Strg` + `X`
Kopieren		`Strg` + `C`	`Strg` + `C`
Einfügen		`Strg` + `V`	`Strg` + `V`
Duplizieren		`Strg` + `D`	`Strg` + `D`
Alles auswählen (z.B. Bearbeitungsschritte)		`Strg` + `A`	`Strg` + `A`
Auswahl umkehren			`Strg` + `I`
Auswahl aufheben		`Strg` + `Alt` + `A`	
Größe/Auflösung		`Strg` + `Alt` + `S`	
Tonwerte & Gradationskurven		`Strg` + `L` `Strg` + `M`	
LCH-Editor		`Strg` + `⇧` + `L`	
Farbabgleich		`Strg` + `B`	
Sättigung/Wärme		`Strg` + `U`	
Schwarz-Weiß-Konvertierung		`Strg` + `⇧` + `B`	
Stapelverarbeitungsprozess ausführen		`Strg` + `Alt` + `⇧` + `B`	

➜ **Hinweis:** Auf dem Mac ist statt `Strg` die Cmd- bzw. Befehlstaste und statt `Alt` die Opt- bzw. Wahltaste zu verwenden.

Index

233

◼

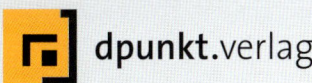

3., aktualisierte Auflage 2008, 248 Seiten,
komplett in Farbe, Festeinband, mit DVD
€ 42,00 (D)
ISBN 978-3-89864-522-5

Stimmen zur ersten Auflage:

»Den Leser erwarten 15 Kapitel geballtes
Fachwissen – dem Buchautor Sascha Steinhoff
gelingt es eindrucksvoll, dieses verständlich
zu vermitteln.« (Prophoto-Newsletter
Nummer 25/18.11.2005)

»Insgesamt ein sehr empfehlenswertes Buch
und unverzichtbar für Fotografen, die ihre
vorhandenen Dia- und Negativbestände in
hochwertiger Qualität digitalisieren und
damit zur Weiterverarbeitung am PC und zur
Archivierung nutzbar machen möchten.«
(www.docma.info, 25.11.05)

»Steinhoffs Buch lohnt sich letztlich aber für
alle digital arbeitenden Fotografen ebenso
wie für Bildbearbeiter und Grafiker, die mit
Diapositiven und Negativen arbeiten und eine
hohe Qualität der Scanergebnisse sichern
wollen.« (PHOTOPRESSE, 7-2006)

Sascha Steinhoff

Digitalisieren von Dias und Negativen

3., aktualisierte Auflage

Das Buch richtet sich an Fotografen, die ihre
Dia- und Negativbestände digitalisieren und
damit zur Weiterverarbeitung und zur
Archivierung nutzen möchten. Die Scan-
techniken werden anhand von Beispielen
dargestellt.

Die Möglichkeiten der Nikon-Programme
Scan, Viewer und Capture werden erläutert
und mit anderen Programmen (Silver Fast,
VueScan, Photoshop) verglichen. Sorgfältig
ausgearbeitete Workflows helfen, den
Scanprozess effizient zu machen. Das Buch
bezieht sich primär auf die Scan-Hardware
und -Software von Nikon, kann aber ebenso
auf Systeme anderer Hersteller angewendet
werden.

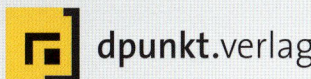

Ringstraße 19 · 69115 Heidelberg
fon 0 62 21/14 83 40
fax 0 62 21/14 83 99
e-mail hallo@dpunkt.de
http://www.dpunkt.de

2008, 144 Seiten, komplett in Farbe, Festeinband
€ 34,00 (D)
ISBN 978-3-89864-440-2

Harald Woeste

Panoramafotografie: Theorie und Praxis

Dieses Buch spricht alle an, die hochwertige Panoramen digital erstellen wollen.

Zunächst werden die notwendigen Grundlagen erläutert, anschließend die Herausforderungen der Produktion an mehreren Beispielen dargestellt. Anhand eines stringenten Ablaufs werden die Leser durch die einzelnen Projekte geführt, von denen jedes seine individuellen Besonderheiten und Herausforderungen hat: bei der Aufnahme (Standort, Kamera, Stativ, Objektiv, Ausrüstung, Belichtung), der Produktion (Bildauswahl, Konvertierung, Korrektur) oder in der weiteren Aufbereitung für die Ausgabe.

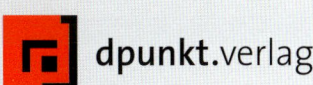

dpunkt.verlag

Ringstraße 19 · 69115 Heidelberg
fon 0 62 21/14 83 40
fax 0 62 21/14 83 99
e-mail hallo@dpunkt.de
http://www.dpunkt.de

2008, 292 Seiten, komplett in Farbe,
Festeinband,
€ 38,00 (D)
ISBN 978-3-89864-499-0

Matthias Matthai

Porträts gekonnt retuschieren mit Photoshop

Alle Schritte für eine zielgerichtete Schönheits-retusche von Personen mit Photoshop CS3 zeigt das Buch, ob Augen, schmalere Hüften, Falten, perfekte Haut oder das Betonen von bildgebenden Elementen. Dargestellt wird der gesamte Workflow, wobei deutlich wird, welche Korrekturen in welcher Reihenfolge vorgenommen werden müssen. Neben den Anleitungen werden Hintergründe, Wirtschaft-lichkeitsfaktoren und alternative Vorgehens-weisen erklärt und zum Experimentieren angeregt. Für Fotografen, Auszubildende der Fotobranche, Fotostudios und alle, die sich der hochwertigen Nachbearbeitung widmen wollen.

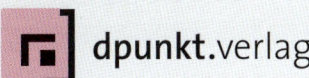 dpunkt.verlag

Ringstraße 19 · 69115 Heidelberg
fon 0 62 21/14 83 40
fax 0 62 21/14 83 99
e-mail hallo@dpunkt.de
http://www.dpunkt.de

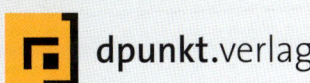